智能物流设施与设备

宋 歌 主编

中国财富出版社有限公司

图书在版编目（CIP）数据

智能物流设施与设备 / 宋歌主编 .—北京 ：中国财富出版社有限公司，2023.12

ISBN 978－7－5047－8062－1

Ⅰ.①智…　Ⅱ.①宋…　Ⅲ.①智能技术—应用—物流—设备管理　Ⅳ.①F253.9-39

中国国家版本馆 CIP 数据核字（2024）第 017624 号

策划编辑　黄正丽　　责任编辑　刘　斐　雷晓玲　　版权编辑　李　洋
责任印制　尚立业　　责任校对　杨小静　　责任发行　敬　东

出版发行　中国财富出版社有限公司
社　　址　北京市丰台区南四环西路 188 号 5 区 20 楼　　邮政编码　100070
电　　话　010－52227588 转 2098（发行部）　　010－52227588 转 321（总编室）
　　　　　010－52227566（24 小时读者服务）　　010－52227588 转 305（质检部）
网　　址　http://www.cfpress.com.cn　　排　　版　义春秋
经　　销　新华书店　　印　　刷　宝蕾元仁浩（天津）印刷有限公司
书　　号　ISBN 978－7－5047－8062－1/F·3668
开　　本　787mm×1092mm　1/16　　版　　次　2024 年 9 月第 1 版
印　　张　16.75　　印　　次　2024 年 9 月第 1 次印刷
字　　数　376 千字　　定　　价　58.00 元

前　言

随着科技的迅猛发展和全球化的深入推进，物流行业正经历着前所未有的变革。智能物流，作为这场变革的核心驱动力，正在重塑着传统物流的运作模式和业务流程。物流设施与设备是物流系统的重要组成部分，也是现代化物流运营的硬件基础和关键要素，配置完善的物流设施与设备，对规范经营、完善服务、强化成本控制、充分利用资源、提高经济效益等都具有积极的促进作用，对物流企业经济运行质量有重大影响，因而越来越受到我国物流行业和企业的高度重视。加强物流设施与设备操作和管理人员的应用技能培训，可以提高我国物流设施与设备管理水平，推动物流产业化进程。在这一背景下，《智能物流设施与设备》一书的出版，旨在全面、系统地介绍智能物流领域的相关设施与设备，帮助读者深入了解并把握智能物流的最新发展动态。

本书共八章，从物流设施与设备的认知入手，以学习者应用能力培养为主线，根据现代物流产业发展新形势，结合实体物流作业场景，系统地介绍了仓储、装卸搬运、分拣、配送、包装与流通加工、集装单元、运输等领域所应用的智能物流设施与设备。

由于本书融入了物流设施与设备最新的实践教学理念，力求严谨，注重与时俱进，具有知识系统、案例丰富、语言简练、条理清晰、注重创新等特点，因此本书不仅可以作为物流管理专业学生的学习教材，还可以作为物流和工商企业在职从业者和管理人员的培训教材。

在编写过程中，我们广泛参考了国内外智能物流领域的最新研究成果和业界实践案例，力求使本书内容具有前瞻性和实用性。同时，我们还邀请了多位业内专家对书稿进行审阅和指导，以确保内容的准确性和权威性。然而，由于智能物流领域的快速发展和不断变化，本书涉及的理论和技术可能存在一定的局限性和时效性。因此，我们恳请广大读者在阅读过程中保持批判性思维，不断关注和学习新的知识和技术，以适应智能物流领域的快速发展。

最后，我们要感谢所有为本书编写和出版付出辛勤劳动的人们，包括参与编写的作者、审稿的专家及提供支持和帮助的出版社工作人员。正是有了你们的共同努力，本书才得以顺利问世。因编者水平及时间有限，书中难免有疏漏和不足之处，恳请同行和读者批评指正。

编　者

2024 年 5 月

目录 CONTENTS

项目一　物流设施与设备概述

任务一　认知物流设施与设备

任务二　物流设施与设备的分类体系

项目二　智能仓储设施与设备

任务一　认知货架

任务二　认知自动化立体仓库

任务三　认知堆垛机

任务四　认知穿梭车

项目三　智能装卸搬运设备

任务一　认知起重设备

任务二　认知输送设备

任务三　认知叉车

任务四　认知装载机

任务五　认知 AGV

项目四　智能分拣设备

任务一　认知自动分拣设备

任务二　认知“货到人”拣选系统

任务三　认知电子标签拣选系统

项目五　智能配送设备

任务一　认知无人配送车

任务二　认知无人机

任务三　认知智能快递柜

项目六　智能包装与流通加工设备

任务一　认知智能包装设备

任务二　认知智能流通加工设备

项目七　物流集装单元设备

任务一　认知周转箱

任务二　认知托盘

任务三　认知集装箱

项目八　智能运输设施与设备

任务一　认知交通运输设施

任务二　认知智能运输设备

项目一　物流设施与设备概述

任务一　认知物流设施与设备

任务目标

知识目标	了解物流设施与设备的基本概念 了解常见的物流设施与设备 掌握物流设施与设备的构成
技能目标	能够根据货物特性选择合适的物流设备 能够阐述物流设施与设备的发展趋势
素养目标	树立科技自立自强的意识

任务发布

链云物流有限公司（以下简称链云）是一家集货物的储存、保养、配送等业务于一体的综合型物流公司，具有先进的物流设施与设备和物流信息化系统，可实现全过程的物流监控和跟踪管理。在给客户提供优质、高效服务的同时，追求综合的物流成本效益，创造物流附加值，与客户实现共赢。

链云拟在A园区建设仓库，该仓库计划为遍布本省的356家电器商城提供仓储配送服务。根据市场需求对物流设施与设备进行调研，确定该仓库的类型和需要配套的设备。刘波是链云的一名高级物流专员，此次调研由刘波来进行。

知识储备

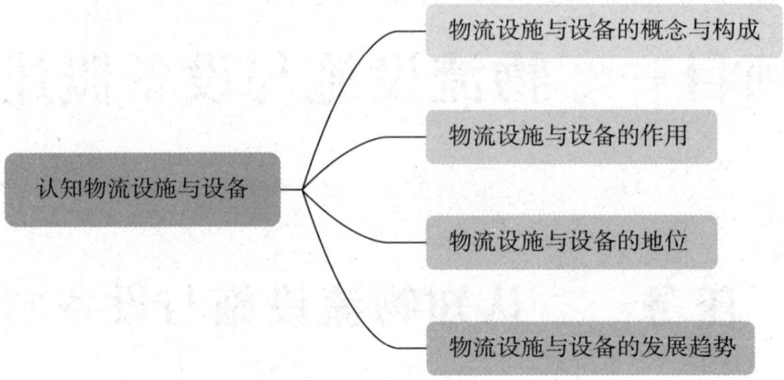

一、物流设施与设备的概念与构成

物流设施与设备由物流设施、物流设备两大部分构成。物流设施指用于物流活动所需的、不可移动的建筑物、构筑物及场所。物流设备是物流活动所需的装备及器具的总称。物流设施与设备的构成如图 1-1-1 所示。

图 1-1-1　物流设施与设备的构成

1. 物流设施

物流设施作为物流活动的关键空间载体，贯穿整个物流过程，涉及物流活动的各个作业环节。物流设施主要有以下两大类。

①基础性物流设施。这类设施多为公共设施，是宏观物流的基础，主要由政府或国有机构投资建设，其特点是战略地位高、服务辐射范围大。

②功能性物流设施。这类设施专注于提供具体的物流服务功能，是实现物流操作的关键。

2. 物流设备

物流设备可供长期使用并在使用过程中基本保持原来的实物形态，包括用于仓储、运输、装卸搬运、分拣、包装、流通加工、配送、信息采集与处理等物流活动的装备及器具。

①物流仓储设备主要用于各种配送中心和仓库存取货物。主要有货架、堆垛机、室内

搬运车、出入库输送设备、提升机、自动导引车（AGV）及计算机管理和监控系统。这些设备可以组成自动化、半自动化、机械化的商业仓库，完成对货物的堆垛、存取等作业。

②起重设备用于将重物提升、降落、移动、放置于需要的位置。起重设备是生产过程中不可缺少的物料搬运设备，包括千斤顶、起重葫芦、桥架式起重机、臂架式起重机、装卸桥等。

③输送设备是按照规定路线连续或间歇地运送散状物料或成件物品的装卸搬运设备，是现代物料搬运系统的重要组成部分，主要有带式输送机、斗式提升机、刮板式输送机、悬挂式输送机、架空索道等。

④流通加工设备是完成流通加工作业的专用设备，主要有切割设备与包装设备两大类。切割设备有金属、木材、玻璃、塑料等原材料切割设备；包装设备有充填设备、罐装设备、捆扎设备、裹包设备、贴标设备、封口设备、真空包装设备、多功能包装设备等。

⑤集装单元设备，其主要有集装箱、托盘、周转箱和其他集装单元器具。

⑥工业搬运设备，主要指在工厂、码头中应用极为广泛的 AGV、叉车、牵引车等搬运设备。

二、物流设施与设备的作用

利用现代化物流设施与设备，能为物流企业提供多功能、一体化的服务。物流设施与设备是现代物流系统重要的内容，先进的物流设施与设备是物流全过程高效、优质、低成本运行的保证。

物流设施与设备是贯穿于整个物流系统全过程、深入每个作业环节、实现物流各项作业功能的物质基础要素。物流设施的布局及水平、物流设备的选择与配置，直接影响着物流功能的实现，影响着物流系统的效益。

简而言之，物流设施为物流运作提供了良好的场所，而物流设备为物流运作提供了技术支持。借助物流设施与设备，能够提高物流运作效率，使物流企业更具竞争力。

三、物流设施与设备的地位

物流设施与设备在现代物流系统中的地位可概括为以下几个方面。

1. 物流设施与设备是物流系统的物质技术基础

为了确保物流系统高效运转，必须配备与其需求相匹配的物流设施与设备。因此，物流设施与设备是实现物流功能的技术保证，是实现物流现代化、科学化、自动化的重要手段。物流系统的正常运转离不开物流设施与设备，正确、合理地配置和运用物流设施与设备是提高物流效率的根本途径，也是降低物流成本、提高经济效益的关键。

2. 物流设施与设备是物流系统的重要资产

在物流系统中，物流设施与设备的投资较大。随着物流设施与设备技术含量和技术水平的日益提高，现代物流设施与设备既是技术密集型的生产工具，也是资金密集型的社会财富，配置和维护这些设施与设备需要大量的资金和相应的专业知识。现代物流设施与设备的正确使用和维护，对物流系统的运行是至关重要的，一旦出现故障，将会使物流系统处于瘫痪状态。

3. 物流设施与设备涉及物流活动的各个环节

在整个物流过程中，物料或商品要经过包装、运输、装卸搬运等作业环节，并且伴随着多项辅助操作。各个环节的实现，都离不开相应的物流设施与设备，因此，这些设施与设备的性能和配置直接影响各环节的作业效率。

4. 物流设施与设备的现代化水平是物流技术水平的主要标志

高效的物流系统建立在先进的物流技术和物流管理之上。先进的物流技术是通过物流设施与设备体现的，而先进的物流管理同样需要依靠现代的高科技工具才能实现。例如，在现代化的物流系统中，自动化仓库综合运用了自动控制技术、计算机技术、现代通信技术、无线射频技术等高科技手段，实现半自动化或自动化仓储作业。在物流管理过程中，从信息的自动采集、处理到信息的发布完全可以实现智能化，依靠功能完善的高水平监控管理软件可以实现对物流各环节的自动监控，依靠专家系统可以对物流系统的运行情况进行及时诊断，对系统的优化提出合理化建议。因此，物流设施与设备的现代化水平是物流技术水平的主要标志。

四、物流设施与设备的发展趋势

随着现代物流业的发展，物流设施与设备作为其物质基础表现出以下几个方面的发展趋势。

1. 大型化与高速化

大型化是指物流设施与设备的规模越来越大。大型化是实现物流规模效应的基本手段，可以提升物流系统功能，例如，中国自主研发的“新埔洋”号油轮可装载闪点低于60℃的原油30.8万吨。高速化是指物流设施与设备运行速度大大加快，提高了物流作业效率，例如，利用高铁网络进行快递配送，实现当日达或次日达。

2. 实用化与轻型化

物流设施与设备适应不同的作业要求，具备易维护、易操作等特性，具有良好的耐久性、无故障性、经济性，以及较高的安全性、可靠性和环保性。选择物流设施与设备要考虑综合效益，可通过缩减外形尺寸、简化结构、降低造价，减少运行成本。

3. 专用化与通用化

随着物流需求的多样化，物流设施与设备的种类也越来越多且不断更新。物流活动的系统性、经济性、机动性，要求一些设施与设备向专用化方向发展，而另一些设施与设备向通用化方向发展。

物流设施与设备的专用化是提高物流效率的基础，表现为专门为某一物流环节作业、某一专门商品等提供设施与设备，如从客货混载到客货分载，出现了专门运输货物的飞机、轮船、汽车等。

通用化的物流设施与设备为物流系统的高效运行提供了基本保证，实现物流作业的快速转换，极大地提高物流作业效率。物流设施与设备通用化主要以集装箱运输的发展为代表。

4. 自动化与智能化

自动化与智能化是物流设施与设备未来的主要发展方向，将机械技术、电子技术与智能算法相结合，将先进的微电子技术、模糊控制技术、智能算法等应用到机械驱动和控制系统中，实现物流设施与设备的自动化和智能化。例如，AGV、无人机、公路运输智能交通系统的开发和应用，已引起物流从业者的广泛重视。

5. 成套化与系统化

成套化与系统化的物流设施与设备具有广阔的发展前景，只有当组成物流系统的设施与设备成套匹配时，物流系统才是最有效、最经济的。通过计算机把各种物流设施与设备组成一个集成系统，通过中央控制室的控制与物流系统协调配合，形成不同机种的最佳匹配和组合，发挥最佳效用。例如，货物配送集散系统、集装箱装卸搬运系统、货物自动分拣与搬运系统等都是成套化与系统化的典型代表。

6. 绿色化

绿色环保需要贯穿物流作业的全过程。绿色化意味着物流设施与设备必须满足环保标准，一是涉及能源的有效利用、减少污染排放、使用清洁和可回收材料等；二是在物流设施与设备使用过程中，做到合理调度和恰当使用。

◉**思政园地**

党的二十大提出“建设现代化产业体系”

坚持把发展经济的着力点放在实体经济上，推进新型工业化，加快建设制造强国、质量强国、航天强国、交通强国、网络强国、数字中国。实施产业基础再造工程和重大技术装备攻关工程，支持专精特新企业发展，推动制造业高端化、智能化、绿色化发展。巩固优势产业领先地位，在关系安全发展的领域加快补齐短板，提升战略性资源供应保障能力。推动战略性新兴产业融合集群发展，构建新一代信息技术、人工智能、生物技术、新能源、新材料、高端装备、绿色环保等一批新的增长引擎。构建优质高效的服务业新体系，推动现代服务业同先进制造业、现代农业深度融合。加快发展物联网，建设高效顺畅的流通体系，降低物流成本。加快发展数字经济，促进数字经济和实体经济深度融合，打造具有国际竞争力的数字产业集群。优化基础设施布局、结构、功能和系统集成，构建现代化基础设施体系。

任务实施

步骤 1：分小组调研常见的物流设备。

根据班级人数进行分组，每组 5~6 人，每组设一名组长。

根据功能要求，请在表 1-1-1 中列出 2~3 种物流设备。

表 1-1-1　各种功能的物流设备

功能要求	设备名称
存货取货	
分拣配货	
验货养护	
防火防盗	
流通加工	
配套使用	

步骤 2：分析货物特性。

通过查询资料，梳理出电器货物特性，至少列出 3 条。

____

____

____

步骤 3：分析仓储作业设备。

基于货物特性及主要储存货物的类别，基于各项设备的具体使用场景，可知货物搬运需要用到的设备主要有：______________________________。

货物入库后，储存时需要的设备主要有：______________________________

______________________________。

任务评价

学生互评表[①]

<table>
<tr><td>任务名称</td><td colspan="7">认知物流设施与设备</td></tr>
<tr><td>班级</td><td></td><td>组别</td><td></td><td>姓名</td><td></td><td>学号</td><td></td></tr>
</table>

<table>
<tr><td colspan="2">评价项目
（占比）</td><td>评价标准</td><td>满分
（分）</td><td>得分
（分）</td></tr>
<tr><td colspan="2">考勤（10%）</td><td>学生考勤情况（无故旷课、迟到、早退，一次扣 10 分，请假一次扣 2 分）</td><td>10</td><td></td></tr>
<tr><td rowspan="2">学习能力
（10%）</td><td>合作学习能力</td><td>小组合作参与程度（优秀为 6 分，良好为 4 分，一般为 2 分，未参与为 0 分）</td><td>6</td><td></td></tr>
<tr><td>个人学习能力</td><td>个人自主探究参与程度（优秀为 4 分，良好为 2 分，未参与为 0 分）</td><td>4</td><td></td></tr>
<tr><td rowspan="4">工作过程
（60%）</td><td>分小组调研常见的物流设备</td><td>能根据不同功能要求找到对应物流设备（每少一项扣 5 分，每错一处扣 5 分）</td><td>25</td><td></td></tr>
<tr><td>分析货物特性</td><td>能根据查询的资料分析出货物属性（每少一条扣 5 分）</td><td>15</td><td></td></tr>
<tr><td rowspan="2">分析仓储作业设备</td><td>能基于货物特性、储存货物的类别及设备使用场景，确定合适的货物搬运设备（每错一处扣 2 分）</td><td>10</td><td></td></tr>
<tr><td>能基于货物特性、储存货物的类别及设备使用场景，确定合适的储存设备（每错一处扣 2 分）</td><td>10</td><td></td></tr>
<tr><td rowspan="2">工作成果
（20%）</td><td>成果完成情况</td><td>能按规范及要求完成任务（未完成一处扣 2 分）</td><td>10</td><td></td></tr>
<tr><td>成果展示情况</td><td>能正确认识物流设施与设备（失误一次扣 5 分）</td><td>10</td><td></td></tr>
<tr><td colspan="4">总得分</td><td></td></tr>
</table>

教师评价表

<table>
<tr><td>任务名称</td><td colspan="7">认知物流设施与设备</td></tr>
<tr><td>授课信息</td><td colspan="7"></td></tr>
<tr><td>班级</td><td></td><td>组别</td><td></td><td>姓名</td><td></td><td>学号</td><td></td></tr>
</table>

① 本书中学生互评表和教师评价表里每项得分最低为 0 分。

续 表

<table>
<tr><th colspan="2">评价项目
（占比）</th><th>评价标准</th><th>满分
（分）</th><th>得分
（分）</th></tr>
<tr><td colspan="2">考勤（10%）</td><td>学生考勤情况（无故旷课、迟到、早退，一次扣 10 分，请假一次扣 2 分）</td><td>10</td><td></td></tr>
<tr><td rowspan="2">学习能力
（10%）</td><td>合作学习能力</td><td>小组合作参与程度（优秀为 6 分，良好为 4 分，一般为 2 分，未参与为 0 分）</td><td>6</td><td></td></tr>
<tr><td>个人学习能力</td><td>个人自主探究参与程度（优秀为 4 分，良好为 2 分，未参与为 0 分）</td><td>4</td><td></td></tr>
<tr><td rowspan="4">工作过程
（60%）</td><td>分小组调研常见的物流设备</td><td>能根据不同功能要求找到对应物流设备（每少一项扣 5 分，每错一处扣 5 分）</td><td>25</td><td></td></tr>
<tr><td>分析货物特性</td><td>能根据查询的资料分析出货物属性（每少一条扣 5 分）</td><td>15</td><td></td></tr>
<tr><td rowspan="2">分析仓储作业设备</td><td>能基于货物特性、储存货物的类别及设备使用场景，确定合适的货物搬运设备（每错一处扣 2 分）</td><td>10</td><td></td></tr>
<tr><td>能基于货物特性、储存货物的类别及设备使用场景，确定合适的储存设备（每错一处扣 2 分）</td><td>10</td><td></td></tr>
<tr><td rowspan="2">工作成果
（20%）</td><td>成果完成情况</td><td>能按规范及要求完成任务（未完成一处扣 2 分）</td><td>10</td><td></td></tr>
<tr><td>成果展示情况</td><td>能正确认识物流设施与设备（失误一次扣 5 分）</td><td>10</td><td></td></tr>
<tr><td colspan="4">总得分</td><td></td></tr>
</table>

任务反思

在完成任务的过程中遇到了哪些问题，应如何解决？

知识巩固

1.（单选题）物流设施与设备是指进行各项物流活动所需的工具、设备、设施和其他物质手段的总称，请问下列哪一项不属于物流设备范畴。（　　）

A. 托盘　　B. AGV　　C. 港口　　D. AS/RS

2.（多选题）物流设备包括用于（　　）、装卸搬运、分拣、包装、流通加工、配送、信息采集与处理等物流活动的装备及器具。

A. 仓储　　B. 运输　　C. 租赁　　D. 拣选

3.（多选题）随着现代物流业的发展，我国物流设施与设备将朝着（　　）不断发展。

A. 精简化与高速化　　B. 实用化与轻型化

C. 专用化与通用化　　D. 自动化与智能化

4.（判断题）物流设施与设备的现代化水平是物流技术水平的主要标志。（　　）

5.（判断题）物流设施为物流运作提供了良好的场所，而物流设备为物流运作提供了技术支持。（　　）

任务二　物流设施与设备的分类体系

任务目标

知识目标	了解物流设施的分类体系 了解物流设备的分类体系
技能目标	能够正确识别及区分物流设施 能够正确识别及区分物流设备
素养目标	具有团队协作精神

任务发布

2022 年的“双十一”促销盛会，在年度促销带来的巨大消费热情和内需拉动下，取得了令人欣喜的销售成果。综合电商平台（主要包括天猫、京东、拼多多等）销售额为 9340 亿元，同比增长 2.9%；直播电商平台（主要包括抖音、点淘、快手等）销售额为 1814 亿元，同比增长 146.1%；新零售销售额为 218 亿元，同比增长 10.8%；社区团购销售额为 135 亿元，同比增长 1.1%。

当然，“双十一”所展示的成绩单背后离不开物流公司的亮眼表现。2022 年“双十一”期间，像链云这样的物流公司，更加广泛地将自动分拣设备、可穿戴设备、自动包装设备、无人机、无人车等应用于物流分拣、运输、配送等环节，成为推动物流行业向自动化、智能化方向发展的重要力量。

除了上述物流设备，还有哪些物流设施被应用到物流各环节作业中呢？这些设施与设备在物流行业的大量应用可产生哪些益处呢？请和刘波一起了解一下物流设施与设备的分类体系。

知识储备

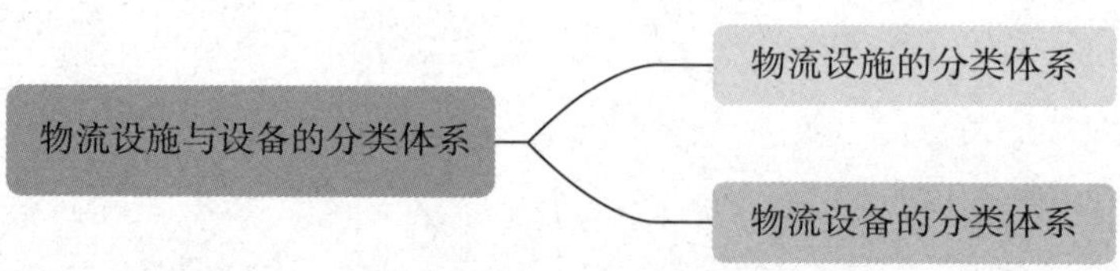

一、物流设施的分类体系

物流设施种类繁多、形式多样，大致可分为基础性物流设施和功能性物流设施。

1. 基础性物流设施

基础性物流设施一般具有公共设施性质，是宏观物流的基础，它的主要特点是由政府投资（或主导）建设，战略地位高，辐射范围大。基础性物流设施如下。

①物流网络中的枢纽，包括全国性或区域性铁路枢纽、公路枢纽、航空枢纽、水路枢纽、国家战略物流储备基地、辐射全国经济区域的物流基地等。

②物流网络中的铁路线、公路线、航道、输送管路等。

③物流基础信息平台，该平台是提供综合物流数据服务的系统，主要作用包括提供基础信息服务、支持企业间信息交换、服务政府行业管理、推动标准化发展和实现资源共享。

2. 功能性物流设施

功能性物流设施是提供特定物流服务的基本设施，一般由企业所拥有，并针对企业的物流需求提供支持。功能性物流设施如下。

①以存放货物为主要职能的设施，如储备仓库（用于长期储存货物）、营业仓库（提供第三方物流服务）、中转仓库（临时存放货物）等。

②以组织货物在物流系统中运动为主要职能的设施，如配送中心、流通加工中心等。

二、物流设备的分类体系

1. 运输设备

运输是创造空间效用的主要功能要素，是物流的主要活动之一，它保证了物品在空间上的位置移动，解决了供给者和需求者之间场所分离的问题。由于运输在物流中的独特地位，要求运输设备具有高速化、智能化、通用化、大型化、安全可靠等特点，以提高运输作业效率，降低运输成本，最大限度地发挥运输设备的作用。

运输设备是指用于较长距离运输货物的设备。根据运输方式的不同，运输设备可分为公路运输设备、铁道运输设备、水路运输设备、航空运输设备和管道运输设备等。

2. 仓储设备

仓储是指利用仓库等设施及相关设备进行物品的入库、储存、出库的作业过程。仓储在物流系统中起着缓冲、调节、集散和平衡的作用，是物流系统的核心环节。仓储设备是指在仓储过程中所需要的装备和器具，主要包括货架、起重堆垛机、商品质量检验器具和商品保管维护工具等。

3. 装卸搬运设备

装卸是指在指定地点对物品进行以垂直移动为主的物流作业；搬运是指对物品进行以

水平移动为主的物流作业。装卸搬运设备是指用于搬移、升降、装卸和短距离输送物料的设备，是物流系统中使用频率最高、使用数量最多的一类设备，是物流设备的重要组成部分，主要包括人力、机械化、自动化搬运车辆，连续输送及自动分拣机，起重机等。

装卸搬运设备主要应用于港口码头、物流园区、配送中心、货运站场、仓库等物流节点。由于装卸搬运在整个物流过程中占有很大的比重，因此，合理配置装卸搬运设备对提高整个物流系统的效率和降低物流总成本都有很大的影响。

4. 流通加工设备

流通加工作业是为了更有效地满足客户多样化的需要，衔接产销、促进销售的一种高效、辅助性的加工活动，是指物品在从生产地到使用地的过程中，根据需要施加包装、分割、计量、分拣、贴标签、组装等简单作业的总称。流通加工设备是指进行流通加工活动所需的各类设备。

5. 物流信息技术设备

物流信息技术是指运用于物流各环节中的信息技术。根据物流的功能及特点，物流信息技术包括计算机技术、网络技术、信息分类编码技术、条码技术、射频识别技术、电子数据交换技术等。

在信息技术的应用过程中，必须配备相应的技术设备。例如，条码技术的典型设备包括条码数据采集器、条码识读器等；射频识别技术的典型设备包括电子标签读写器和读写天线等。

6. 集装单元设备

集装单元设备是一种便于储运的物料承载单元，是物流机械化、自动化作业的基础。集装单元设备主要有托盘、集装箱、周转箱、集装袋和其他类型的集装单元器具。

货物经集装和组合包装后，大大提高了搬运活性，随时处于准备流动的状态，便于储存、装卸搬运、运输等活动的合理组织，便于实现物流作业的标准化、机械化和自动化。

◉思政园地

党的二十大提出“加快构建新发展格局，着力推动高质量发展”

没有坚实的物质技术基础，就不可能全面建成社会主义现代化强国。必须完整、准确、全面贯彻新发展理念，坚持社会主义市场经济改革方向，坚持高水平对外开放，加快构建以国内大循环为主体、国内国际双循环相互促进的新发展格局。

我们要坚持以推动高质量发展为主题，把实施扩大内需战略同深化供给侧结构性改革有机结合起来，增强国内大循环内生动力和可靠性，提升国际循环质量和水平，加快建设现代化经济体系，着力提高全要素生产率，着力提升产业链供应链韧性和安全水平，着力推进城乡融合和区域协调发展，推动经济实现质的有效提升和量的合理增长。

任务实施

步骤 1：分组认识各种物流设施。

根据班级人数进行分组，每组 5~6 人，每组设一名组长。

收集物流设施的图片，并对其进行分类（基础性物流设施/功能性物流设施），补充表 1-2-1。

表 1-2-1　**各种物流设施**

序号	物流设施图片	名称	类型
1		公路	
2			基础性物流设施
3		港口	
4		仓库	
5		配送中心	功能性物流设施

步骤 2：分组认识各种物流设备。

分组收集物流设备的图片，并对其进行分类（运输设备/仓储设备/装卸搬运设备/流通加工设备/物流信息技术设备/集装单元设备），填入表 1-2-2。

表 1-2-2　　各种物流设备

序号	物流设备图片	名称	类型
1		货架	仓储设备
2			
3		托盘	
4			
5		条码扫描枪	物流信息技术设备

任务评价

学生互评表

<table>
<tr><td>任务名称</td><td colspan="7">物流设施与设备的分类体系</td></tr>
<tr><td>班级</td><td></td><td>组别</td><td></td><td>姓名</td><td></td><td>学号</td><td></td></tr>
<tr><td colspan="2">评价项目
（占比）</td><td colspan="4">评价标准</td><td>满分
（分）</td><td>得分
（分）</td></tr>
<tr><td colspan="2">考勤（10%）</td><td colspan="4">学生考勤情况（无故旷课、迟到、早退，一次扣 10 分，请假一次扣 2 分）</td><td>10</td><td></td></tr>
<tr><td rowspan="2">学习能力
（10%）</td><td>合作学习能力</td><td colspan="4">小组合作参与程度（优秀为 6 分，良好为 4 分，一般为 2 分，未参与为 0 分）</td><td>6</td><td></td></tr>
<tr><td>个人学习能力</td><td colspan="4">个人自主探究参与程度（优秀为 4 分，良好为 2 分，未参与为 0 分）</td><td>4</td><td></td></tr>
<tr><td rowspan="2">工作过程
（60%）</td><td>分组认识各种物流设施</td><td colspan="4">能找到各种物流设施的图片并正确描述类型（每少一项扣 2 分，每错一处扣 2 分）</td><td>30</td><td></td></tr>
<tr><td>分组认识各种物流设备</td><td colspan="4">能找到各种物流设备的图片并正确描述类型（每少一项扣 2 分，每错一处扣 2 分）</td><td>30</td><td></td></tr>
<tr><td rowspan="2">工作成果
（20%）</td><td>成果完成情况</td><td colspan="4">能按规范及要求完成任务（未完成一处扣 2 分）</td><td>10</td><td></td></tr>
<tr><td>成果展示情况</td><td colspan="4">能正确识别并区分物流设施与设备（失误一次扣 5 分）</td><td>10</td><td></td></tr>
<tr><td colspan="7">总得分</td><td></td></tr>
</table>

教师评价表

<table>
<tr><td>任务名称</td><td colspan="7">物流设施与设备的分类体系</td></tr>
<tr><td>授课信息</td><td colspan="7"></td></tr>
<tr><td>班级</td><td></td><td>组别</td><td></td><td>姓名</td><td></td><td>学号</td><td></td></tr>
<tr><td colspan="2">评价项目
（占比）</td><td colspan="4">评价标准</td><td>满分
（分）</td><td>得分
（分）</td></tr>
<tr><td colspan="2">考勤（10%）</td><td colspan="4">学生考勤情况（无故旷课、迟到、早退，一次扣 10 分，请假一次扣 2 分）</td><td>10</td><td></td></tr>
<tr><td rowspan="2">学习能力
（10%）</td><td>合作学习能力</td><td colspan="4">小组合作参与程度（优秀为 6 分，良好为 4 分，一般为 2 分，未参与为 0 分）</td><td>6</td><td></td></tr>
<tr><td>个人学习能力</td><td colspan="4">个人自主探究参与程度（优秀为 4 分，良好为 2 分，未参与为 0 分）</td><td>4</td><td></td></tr>
</table>

续 表

<table>
<tr><th colspan="2">评价项目
（占比）</th><th>评价标准</th><th>满分
（分）</th><th>得分
（分）</th></tr>
<tr><td rowspan="2">工作过程
（60%）</td><td>分组认识各种物流设施</td><td>能找到各种物流设施的图片并正确描述类型（每少一项扣 2 分，每错一处扣 2 分）</td><td>30</td><td></td></tr>
<tr><td>分组认识各种物流设备</td><td>能找到各种物流设备的图片并正确描述类型（每少一项扣 2 分，每错一处扣 2 分）</td><td>30</td><td></td></tr>
<tr><td rowspan="2">工作成果
（20%）</td><td>成果完成情况</td><td>能按规范及要求完成任务（未完成一处扣 2 分）</td><td>10</td><td></td></tr>
<tr><td>成果展示情况</td><td>能正确识别并区分物流设施与设备（失误一次扣 5 分）</td><td>10</td><td></td></tr>
<tr><td colspan="4">总得分</td><td></td></tr>
</table>

任务反思

在完成任务的过程中遇到了哪些问题，应如何解决？

知识巩固

1.（单选题）下列（　　）不属于基础性物流设施。

A. 物流网络中的交通运输线　　B. 各类运输工具

C. 物流网络中的枢纽　　D. 物流基础信息平台

2.（单选题）（　　）设备是物流系统中使用频率最高、使用数量最多的一类设备。

A. 搬运装卸　　B. 起重　　C. 包装　　D. 运输

3.（单选题）在物流活动中，（　　）保证了物品在空间上的位置移动，解决了供给者和需求者之间场所分离的问题，是创造空间效用的主要功能要素。

A. 仓储　　B. 运输　　C. 配送　　D. 加工

4.（单选题）（　　）在物流系统中起着缓冲、调节、集散和平衡的作用，是物流系统的核心环节。

A. 流通加工　　B. 信息技术　　C. 搬运装卸　　D. 仓储

5.（多选题）以下选项中（　　）属于物流功能性设施。

A. 物流网络中的枢纽　　B. 流通加工中心

C. 仓库　　D. 配送中心

项目二　智能仓储设施与设备

任务一　认知货架

任务目标

知识目标	了解货架的定义与分类 了解常见的智能仓储货架
技能目标	能够明确选用货架时应考虑的因素 能够正确进行货架的选择
素养目标	具备效率与成本意识

任务发布

2023 年 4 月，链云与华兴电器贸易公司（以下简称华兴）签订了物流合同，链云将为华兴提供仓储运输综合服务，其中，仓储面积为 2000m^2（50m×40m），地坪承重量为 200kg/m^2。需要储存的货物包括空调、冰箱、液晶电视、洗衣机、烘干机、吹风机、饮水机、电饭锅、电磁炉、净水器。

链云希望能够提供更好的服务，优化物流管理，减少库存和管理成本，提高客户满意度。

目前，首要任务是购置一批货架，前期的准备工作交由刘波来进行，请协助他完成，并思考下列问题。

1. 常见的货架有哪些？

2. 链云需要购置哪些货架，才能开展正常的仓储业务？

3. 链云在购置货架时应注意什么？

知识储备

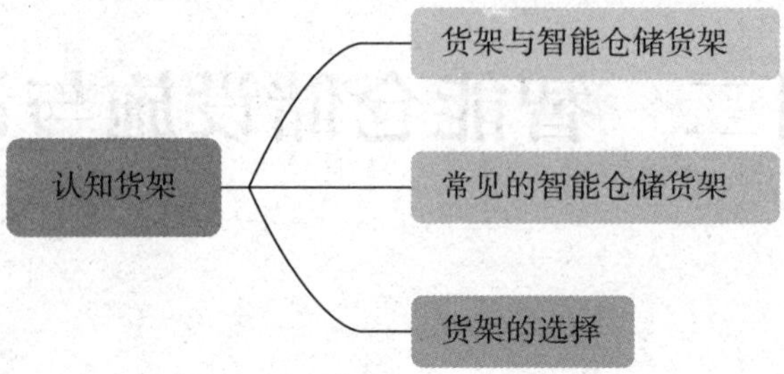

一、货架与智能仓储货架

（一）货架的定义与分类

1. 货架的定义

货架是指存放货物的架子。《物流术语》（GB/T 18354—2021）中对货架的定义是由立柱、隔板或横梁等结构件组成的储物设施。货架结构如图 2-1-1 所示。

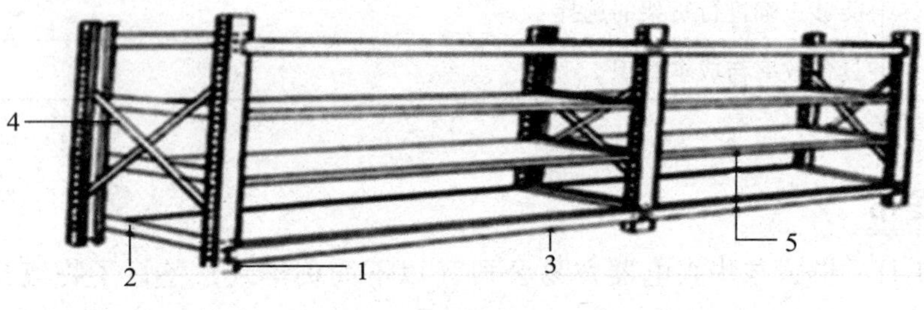

1—立柱；2—托板；3—拉杆；4—侧拉；5—层板

图 2-1-1　货架结构

2. 货架的分类

①按货架的适用性分为专用货架、通用货架。

②按货架的制造材料分为钢货架、钢筋混凝土货架、钢与钢筋混凝土混合式货架、木制货架、钢木合制货架等。

③按货架的结构特点分为层架、层格架、橱架、抽屉架、悬臂架、三脚架、栅型架等。

④按货架的可动性分为固定式货架、移动式货架、旋转式货架、组合货架、可调动货架、流动储存货架等。

⑤按货架与仓库的结构关系分为整体结构式货架（该类货架直接支撑仓库屋顶和围墙，是库架合一结构）和分体结构式货架（该类货架与建筑是两个独立系统）。

⑥按货架的载货方式分为悬臂式货架、橱柜式货架、棚板式货架。

⑦按货架的构造分为组合可拆卸式货架、固定式货架（又可分为单元式货架和贯通式货架）。

⑧按货架的高度分为低层货架（5 米以下）、中层货架（5~10 米）、高层货架（10 米以上）。

⑨按货架的重量分为重型货架（每层货架载重在 500 千克以上）、中型货架（每层货架载重在 150~500 千克）、轻型货架（每层货架载重在 150 千克以下）。

（二）智能仓储货架的定义与功能

1. 智能仓储货架的定义

智能仓储货架是一种能够自动识别货物并对其进行储存、管理、查询、调配等操作的货架系统。通过集成传感、射频识别（RFID）、激光扫描和计算机视觉等尖端技术，能够自动完成货物的入库、出库、库内搬运等操作，以提高货物的管理效率和精度，降低库存成本，实现智能化、自动化的物流管理。

智能仓储货架具有高效、安全、智能、高可靠性、低成本等优点，能够帮助企业在提高物流效率、降低成本、提高客户满意度等方面做出贡献。

2. 智能仓储货架的功能

智能仓储货架是一种集成先进技术进行智能化管理和控制的仓储货架系统，其主要功能如下。

（1）库存管理。

智能仓储货架能够实时监控货架上的库存状况，及时反馈库存数量和位置信息，方便进行物料的统一管理、调拨等操作。

（2）货物跟踪。

智能仓储货架通过传感、RFID 等技术，可以实时监控货物的位置、状态等信息，并能够自动化地进行物流输送，减少人工干预，提高效率。

（3）安全管理。

智能仓储货架可以通过传感、激光扫描等技术来保障安全，防止货物丢失、损坏等情况的发生。

（4）数据分析。

智能仓储货架还能够自动生成物流数据，如物流流程、路径、速度等，并可进行数据分析优化仓库物流流程，提高效率和准确性。

二、常见的智能仓储货架

（一）堆垛机式立体货架

1. 概念

堆垛机式立体货架是一种将货物储存在高度较大的立体仓库内的货架系统，如图 2–1–2 所示。堆垛机式立体货架是一种高度自动化的仓储设备，一般由堆垛机（一台或多台）、立柱、横梁和货板组成。堆垛机运行在轨道上，可以在多个垂直货道中移动，并用自动叉车将货物从储存位置移动到取货位置。堆垛机式立体货架一般用于储存数量大和尺寸相对较小的物品。该类货架可通过计算机系统实现自动化操作，提高了效率和准确性，降低了劳动力成本和物料损耗，是现代化物流仓库不可或缺的组成部分。

图 2–1–2　堆垛机式立体货架

2. 特点与用途

（1）堆垛机式立体货架的特点。

①大容量储存。堆垛机式立体货架利用垂直空间，可在有限的占地面积内储存大量货物。不同于传统的平面货架，堆垛机式立体货架能够储存更多的货物，使得仓库的货物储存密度和存货量更大。

②高度自动化。堆垛机式立体货架内配备了堆垛机和控制系统等高度自动化的设备，实现自动储存和取货功能，有效节约了人力成本，提高了工作效率。

③安全性高。由于堆垛机长时间处于高空操作，必须配备各种安全设备保障货架运行过程中的安全，如急停按钮、安全传感器等。

④高度定制化。堆垛机式立体货架可以根据不同的需求进行设计和定制，满足各类物品的储存需求。

（2）堆垛机式立体货架的用途。

堆垛机式立体货架主要用来对货物进行储存和管理，在占地面积受限的场合实现货物仓储管理。具体应用领域如下。

①电子仓库。堆垛机式立体货架可为大量的电子元器件、半导体芯片提供高密度的储存区域。

②医药仓库。堆垛机式立体货架可满足药品制造商、批发商和医院等在药品储存和管理方面的需求，配合专业的货位规划、优化库存管理等方式节省运营成本。

③商品冷链仓库。堆垛机式立体货架配合冷藏设备、冷冻设备和温控系统，可以维持商品参数范围内的储存温度，保证货物质量不受损害。

综上所述，堆垛机式立体货架因为其高效性、强容量和安全性等特点，被广泛应用于电子仓库、医药仓库、商品冷链仓库等场合。

（二）穿梭车式立体货架

1. 概念

穿梭车式立体货架是一种通过自动化技术实现货物的储存、提取和转移的货架系统，如图 2-1-3 所示。与传统货架相比，穿梭车式立体货架不需要人工搬运货物，而是采用机械化设备进行自动化操作，使货物的储存、提取效率和准确度更高。

图 2-1-3　穿梭车式立体货架

2. 特点与用途

（1）穿梭车式立体货架的特点。

①节约空间。穿梭车式立体货架采用垂直储存方式，可以充分利用仓库空间，提高储存密度。

②高效率。穿梭车可以通过自动控制，快速、高效地储存、提取和转移货物，提高仓储和物流效率。

③精确度高。穿梭车式立体货架的电子控制系统可以实现精准的操作和控制，提高货物储存、提取及转移的准确性。

④灵活性好。穿梭车可以适应不同尺寸和形状的货物，以及不同的储存需求。同时，穿梭车也可以在多个货架之间转移货物，灵活性更好。

⑤实现可视化。穿梭车式立体货架的电子控制系统可以实现对货物储存、提取和转移等操作的可视化，便于跟踪和管理库存。

⑥节约人力成本。穿梭车式立体货架减少了人工搬运货物的劳动强度和成本，同时提高了工作的安全性。

⑦可靠性高。穿梭车式立体货架的自动控制系统实现了设备的可靠运行，降低了设备故障的概率和维修成本。

（2）穿梭车式立体货架的用途。

①物流中心和大型仓储中心。穿梭车式立体货架作为物流中心和大型仓储中心的核心设备，用于储存和管理大量的物品和补给物料，提高储存管理水平和物流效率。

②饮料和食品公司。用穿梭车式立体货架储存和管理食品和饮品等物品，能够快速完成储存、提取等操作，提高饮料和食品公司的生产效率。

③机械工业。用穿梭车式立体货架储存机械工业产品中的零部件、半成品和成品，提高机械工业生产线的效率和安全性。

④电子工业。用穿梭车式立体货架储存电子工业产品中的零部件、成品和原材料，可以提高电子工业生产线的效率和精度。

⑤服装公司。用穿梭车式立体货架储存服装公司的成品、样品、面辅料等，快速准确地进行储存、提取等操作，提高了服装公司库存管理的效率。

（三）AGV 智能货架

1. 概念

AGV 智能货架是一种高度自动化的仓储设备，如图 2-1-4 所示，其中的 AGV 是指自动引导车，它通过程序化控制来完成自动运输与监控。AGV 智能货架主要由智能货架、自动导引车、控制系统、功率供应系统和传送链等组成。智能货架的设计参照传统货架，融入了先进的电子标签和传感技术等，可以把货物和货架监测管理、自动化打包等新业务结合起来。

图 2-1-4　AGV 智能货架

2. 特点与用途

（1）AGV 智能货架的特点。

①自动化。自动导引车和控制系统可以实现自动储存、提取和搬运货物。这种自动化特点可以提高操作效率、降低人力成本，消除人为错误和安全隐患。

②灵活性。AGV 智能货架可以根据物品的大小、重量和形状进行个性化设计和调整，以满足客户的需求。

③空间利用率高。AGV 智能货架的设计允许实现高密度储存，更好地利用储存空间，提升储存效能。

④节能。自动导引车采用电动驱动和电池供电，具有高效的能源利用率。通过精心制定的充电周期规划，AGV 智能货架能够实现节能降耗，有助于企业实现绿色可持续发展。

⑤易于管理。当 AGV 智能货架与电子商务系统、工业制造系统和仓储管理系统等集成时，可以实现对物品库存状态的智能化监控。借助物联网技术，可以通过仓储管理系统实时监测货物信息，进一步提高了管理的效率和准确性。

⑥提高生产效率。AGV 智能货架可实现高度集成、无人员干预的运作模式，使储存、调配等运作耗时减少，从而提高了生产效率。

（2）AGV 智能货架的用途。

AGV 智能货架在多个行业中得到了广泛应用，成为现代仓库、工厂和物流中心不可或缺的组成部分。

①生产制造行业。在生产线上，AGV 智能货架系统能够提供原材料的及时补给，半成品的转运、组装及成品的打包等服务。这些自动化流程显著提高了生产制造效率和效益，同时减少了订单处理和物料储存的时间，优化了整个生产制造周期。

②物流行业。在物流中心和配送中心，AGV 智能货架负责物料的运输、装卸、分拣、存放和管理等任务。这些自动化操作提高了物流效率，减轻了人工劳动强度，降低了运营成本，推动了物流行业的智能化转型。

③电商行业。电商仓库通过采用 AGV 智能货架，实现了自动化的库存管理和货物流转，增加了储存密度，节约了仓库空间和作业时间，降低了储存成本，同时也为电商行业的发展提供了强有力的支持。

④医疗卫生行业。在医院、药店、美妆店等场所，AGV 智能货架用于药品和化妆品等物品的安全储存及自动配送，确保了物品的时效性。

⑤教育、办公和零售行业。如在学校，可以用 AGV 智能货架自动存放和管理常用的教学器材；在办公室，用 AGV 智能货架可以实现文件和办公用品的自动化分配与整理；在零售领域，AGV 智能货架可以提供自动化储存和分配功能，在满足多种要求的情况下交付零售商品。

综上所述，AGV 智能货架在许多领域得到了广泛的应用，它的引入使得整个物流系统更为高效、智能。在未来，AGV 智能货架将在不同细分市场中得到应用，产生更大的商业价值。

三、货架的选择

1. 选用货架时应考虑的因素

（1）货物类型。

根据不同的货物类型选择相应的货架，以保证货物储存和管理的安全性和高效性。例如，对于易碎品，应选用具有特殊保护性能的货架；而对于箱装货物，则可以选用普通货架。

（2）货物体积与重量。

货架的承载能力与规格需要与货物的体积和重量匹配，以确保储存安全，避免超负荷。例如，对于大型货物和超重货物，应选用具有较高承载力的货架，如钢制货架，它具有更高的承载力和更强的稳定性。

（3）库存空间。

对于仓储面积有限的企业而言，应选择规格和尺寸大小适宜的货架，以充分利用库存空间。

（4）管理效率。

选择智能货架可以提高管理效率，减少人工成本。例如，智能货架可以自动识别和拣选货物，减少人力操作，提高工作效率。

（5）数据管理能力。

选择智能货架可以更好地管理库存，因为智能货架不仅能够自动识别和记录货物信息，还具备数据分析和管理能力。例如，智能货架可以记录货物的入库和出库信息并将数据上传至云端，提供出库量、库存量、领料单等信息的分析报告。

（6）成本。

选用适合的货架，并在满足需求的前提下选择成本相对较低的货架，以达到合理的物流管理成本。例如，对于数量少且没有太大重量的零部件，可以选择成本相对较低的托盘式货架或普通货架。

2. 各类货架特性比较

货架结构不同，自动化水平、成本效益、安全性等均有所差异。表 2-1-1 从不同维度对各类货架进行了对比分析，为科学、合理地选择货架提供依据。

表 2-1-1　　各类货架特性比较

维度	AGV 智能货架	升降式智能货架	自动化立体货架	无人机式智能货架
自动化水平	配备 AGV，自动储存、提取和搬运货物	可将货架升降至不同高度，充分利用空间	自动储存和检索货物	配备多轴飞行器系统，自动储存和搬运货物
成本效益	减少人力成本，提高运输效率和准确度	投入成本可能较高，但由于充分利用空间和提高工作效率，具有一定的成本效益	长期运营成本可能较高，但由于货物堆积更少，具有一定的成本效益	提高运输效率，避免人工操作
安全性	载重能力较强，稳定性较好，可以避免人为损坏和货物堆积	可以提供较强的安全性，防止货物在升降过程中掉落和损坏	长期运营安全性强，可以避免货物的人为损坏	避免人为损坏和货物掉落
系统集成	易于与其他智能设备和软件系统进行集成，系统集成能力较强	可以与物流信息系统集成，实现货物的自动跟踪和监控	可以集成后台管理系统，实现实时监控和库存管理	集成度较高，可以实现自动化运输和管理
适应性和可扩展性	可以适应不同类型和尺寸的货物	可以根据需求进行灵活的升降和扩展，满足不同尺寸货物的需要	可以垂直堆积货物，适应不同类型和尺寸的货物	可以快速适应不同类型和尺寸货物的储存和载重需求，充分利用空间

扫一扫

扫描右侧二维码，观看视频，了解托盘货架上架操作。

任务实施

步骤 1：分组讨论。

根据班级人数进行分组，每组 5~6 人，每组设一名组长，组长带领组员收集常见的货架，讨论任务发布中的问题。

步骤 2：了解常用货架的结构和功能特点。

根据小组的讨论结果，补充表 2-1-2。

表 2-1-2 常用货架的结构和功能特点

序号	货架类型	结构	功能特点
1	抽屉式货架	按存放货物重量可分为重型货架和轻型货架	
2	托盘式货架	钢质结构，通过立柱和横梁等构件连接起来，可按货物堆码的高度任意调整横梁位置	
3	阁楼式货架	利用钢架和楼板将储存空间分割为上下两层，下层货架结构支撑上层楼板	
4	悬臂式货架	在立柱上装设悬臂，悬臂可以是固定的，也可以是移动的，其尺寸一般根据所存货物的尺寸确定	
5	移动式货架	货架底部装有滚轮，通过开启控制装置，滚轮可沿轨道滑动	
6	重力式货架	货位面与水平面呈一定的倾斜角度，低端作为出货端，高端作为入货端	
7	驶入/驶出式货架	钢质结构，货架两边钢柱上有水平凸出的悬轨，叉车将托盘送入，由货架两边的悬轨托住托盘及货物	

步骤 3：分析选用货架时应考虑的因素。

货物种类和尺寸：长条形货物可以使用__________货架，重量较大的货物可以使用__________货架，小型货物可以使用__________货架。

仓库大小和布局：小型仓库可以选择__________货架，大型仓库则可以选择__________货架。

货架的承载能力：较重的货物需要使用承载能力__________货架，以确保能够承受重量和保持稳定。

安全要求：有些货物需要保持在安全的环境中，比如__________或__________货物。在这种情况下，要使用带有__________的货架或者将货架放置在__________。

步骤 4：为任务发布中需要储存的货物选择所需货架。

任务发布中需要储存的货物的属性为__________类，且都以__________或__________的形式出库，货物的周转能力__________，普通仓库需要配以叉车进行仓储作业，自动化仓库需要配以 AGV、穿梭车等自动化设备进行仓储作业。

对于不同规格的货物，需要采用不同类型的货架进行储存。对于空调、冰箱、液晶电视、洗衣机、净水器等大中型家用电器，需要采用______货架储存，可供选择的普通货架有__________，智能仓储货架有__________。对于烘干机、吹风机、饮水机、电饭锅、电磁炉等小型家用电器，需要选择__________、__________货架，可供选择的普通货架有__________、__________，智能仓储货架有__________、__________。

任务评价

学生互评表

<table>
<tr><td>任务名称</td><td colspan="7">认知货架</td></tr>
<tr><td>班级</td><td></td><td>组别</td><td></td><td>姓名</td><td></td><td>学号</td><td></td></tr>
<tr><td colspan="2">评价项目
（占比）</td><td colspan="4">评价标准</td><td>满分
（分）</td><td>得分
（分）</td></tr>
<tr><td colspan="2">考勤（10%）</td><td colspan="4">学生考勤情况（无故旷课、迟到、早退，一次扣 10 分，请假一次扣 2 分）</td><td>10</td><td></td></tr>
<tr><td rowspan="2">学习能力
（10%）</td><td>合作学习能力</td><td colspan="4">小组合作参与程度（优秀为 6 分，良好为 4 分，一般为 2 分，未参与为 0 分）</td><td>6</td><td></td></tr>
<tr><td>个人学习能力</td><td colspan="4">个人自主探究参与程度（优秀为 4 分，良好为 2 分，未参与为 0 分）</td><td>4</td><td></td></tr>
<tr><td rowspan="4">工作过程
（60%）</td><td>分组讨论</td><td colspan="4">与小组成员认真、积极讨论，共同完成实践目标（优秀为 10 分，良好为 8 分，一般为 6 分，未参与为 0 分）</td><td>10</td><td></td></tr>
<tr><td>填写表单</td><td colspan="4">能正确填写常用货架的结构和功能特点（每错一处扣 2 分）</td><td>10</td><td></td></tr>
<tr><td>分析选用货架时应考虑的因素</td><td colspan="4">能正确分析选用货架时应考虑的因素（每错一空扣 2 分）</td><td>20</td><td></td></tr>
<tr><td>分析所需货架</td><td colspan="4">能正确分析链云所需货架（每错一空扣 2 分）</td><td>20</td><td></td></tr>
<tr><td rowspan="2">工作成果
（20%）</td><td>成果完成情况</td><td colspan="4">能按规范及要求完成任务（未完成一处扣 2 分）</td><td>10</td><td></td></tr>
<tr><td>成果展示情况</td><td colspan="4">能正确认识并选用货架（失误一次扣 5 分）</td><td>10</td><td></td></tr>
<tr><td colspan="7">总得分</td><td></td></tr>
</table>

教师评价表

<table>
<tr><td>任务名称</td><td colspan="7">认知货架</td></tr>
<tr><td>授课信息</td><td colspan="7"></td></tr>
<tr><td>班级</td><td></td><td>组别</td><td></td><td>姓名</td><td></td><td>学号</td><td></td></tr>
<tr><td colspan="2">评价项目
（占比）</td><td colspan="4">评价标准</td><td>满分
（分）</td><td>得分
（分）</td></tr>
<tr><td colspan="2">考勤（10%）</td><td colspan="4">学生考勤情况（无故旷课、迟到、早退，一次扣 10 分，请假一次扣 2 分）</td><td>10</td><td></td></tr>
</table>

续　表

评价项目（占比）		评价标准	满分（分）	得分（分）
学习能力（10%）	合作学习能力	小组合作参与程度（优秀为 6 分，良好为 4 分，一般为 2 分，未参与为 0 分）	6	
	个人学习能力	个人自主探究参与程度（优秀为 4 分，良好为 2 分，未参与为 0 分）	4	
工作过程（60%）	分组讨论	与小组成员认真、积极讨论，共同完成实践目标（优秀为 10 分，良好为 8 分，一般为 6 分，未参与为 0 分）	10	
	填写表单	能正确填写常用货架的结构和功能特点（每错一空扣 2 分）	10	
	分析选用货架时应考虑的因素	能正确分析选用货架时应考虑的因素（每错一空扣 2 分）	20	
	分析所需货架	能正确分析链云所需货架（每错一空扣 2 分）	20	
工作成果（20%）	成果完成情况	能按规范及要求完成任务（未完成一处扣 2 分）	10	
	成果展示情况	能正确认识并选用货架（失误一次扣 5 分）	10	
总得分				

任务反思

在完成任务的过程中遇到了哪些问题，应如何解决？

知识巩固

1.（单选题）智能仓储货架常采用（　　）实现智能化管理。

A. 人脸识别技术　　B. 传感技术

C. 机器视觉技术　　D. 语音识别技术

2.（多选题）智能仓储货架的推广和应用有助于提高（　　）。

A. 货物的管理效率　　B. 仓储管理成本

C. 出入库速度　　D. 仓库的安全性

3.（多选题）（　　）是智能仓储货架常见的功能。

A. 库存管理　　B. 安全管理　　C. 数据分析　　D. 跟踪

4.（判断题）智能仓储货架不需要提前进行规划和设计，只要放置该货架即可实现仓储管理的智能化。（　　）

5.（判断题）智能仓储货架只能在固定位置进行使用，不具备移动性。（　　）

任务二　认知自动化立体仓库

任务目标

知识目标	了解自动化立体仓库的概念、特点 掌握自动化立体仓库的分类 掌握自动化立体仓库的构成
技能目标	能够识别自动化立体仓库并分析其构成 能够结合案例准确描述自动化立体仓库的优越性
素养目标	具备效率与成本意识

任务发布

随着未来业务量的增加，链云的仓储经理担心普通货架不能满足未来出入库需求，考虑引入立体货架，在此之前需要刘波进行前期调研。下面的资料是刘波调研后整理的，阅读后思考下列问题。

1. 结合本案例分析自动化立体仓库由哪些设备构成？

2. 自动化立体仓库的优点是什么？

3. TA 乳制品自动化立体仓库的优越性有哪些？

资料：TA 乳制品自动化立体仓库，是 M 公司委托太原一家物流工程有限公司设计制造的第三座自动化立体仓库。该仓库后端与 TA 乳制品生产线相衔接，与出库区相连接，库内主要存放成品纯鲜奶和成品瓶装酸奶。库区面积为 8323 平方米，货架最大高度为 21 米，托盘尺寸为 1200 毫米×1000 毫米，库内货位总数为 19632 个，其中，常温区货位数为 14964 个，低温区货位数为 4668 个。入库能力为 130 盘/时，出库能力为 300 盘/时。出入库采用联机自动。

知识储备

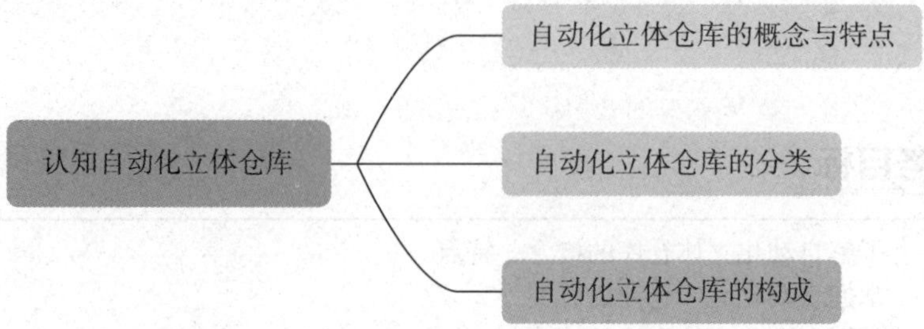

一、自动化立体仓库的概念与特点

1. 自动化立体仓库的概念

自动化立体仓库又称自动化高架仓库或自动储存系统（AS/RS 系统），如图 2-2-1 所示。它是一种基于高层货架、采用计算机进行控制管理、自动进行存取作业的仓储系统。自动化立体仓库是实现高效率物流和大容量储存的关键系统，在现代化生产和商品流通中具有举足轻重的作用。自动化立体仓库是当代货架储存系统发展的最高阶段，它与自动化分拣系统和自动导向车被并称为物流技术现代化的三大标志。

图 2-2-1　自动化立体仓库

从广义的角度来说，自动化立体仓库是在不直接进行人工处理的情况下，自动地储存和取出物料的系统，是一个对半成品、配套件、产成品、工具等自动存取、自动检索的系统，是物流系统的重要组成部分。

2. 自动化立体仓库的特点

自动化立体仓库是现代物流仓储领域的重要革新，它的应用能够产生巨大的社会效益和经济效益，具有以下特点。

（1）提高仓库单位面积的利用率。

由于在储存货物时，采用的是高层货架，储存区域可以大幅度、大范围地向高处拓展，有效地提高了仓储空间的利用率。另外，和托盘货架相比，高层货架的通道宽度大幅减少，大大提高了仓库面积利用率。

（2）提高劳动生产率，降低劳动强度。

自动化立体仓库运用机械化、自动化、智能化设备对货物进行储存，运行和处理速度显著提高，大大提高了劳动生产率，同时降低了操作人员的劳动强度。此外，自动化立体仓库还能较好地适应黑暗、低温、污染、有毒和易爆等特殊场合，有效地改善了作业人员的劳动条件。

（3）提高作业的准确率。

由于自动化立体仓库通过计算机进行控制管理，并对各种信息进行储存和处理，因此能减少货物出入库作业及信息处理过程中的差错，提高了仓储工作的准确率。

（4）降低管理成本。

自动化立体仓库能充分利用仓库的储存能力，可以随时掌握库存状况，容易实现先入先出的库存原则，有效地抑制了货物的自然老化、变质、生锈或发霉等情况，从而能够对库存进行有效管理，降低管理成本。

（5）提高作业质量。

自动化立体仓库通常采用集装单元化储存，对货物进行搬运时，搬运机械不直接与货物接触，因此，有利于防止货物在搬运过程中的意外破损，保证货物在整个仓储过程中的安全运行和货物的完整性。

（6）为企业的生产指挥和决策提供科学的依据。

连接自动化立体仓库的信息系统与企业的生产信息系统，便于企业管理人员随时了解并掌握现有的库存情况，及时根据生产及市场情况对企业规划做出合理调整，科学地制订相应的战略和计划，指挥、监测和调整企业的行动。

（7）提高物料调节水平，加快储备资金周转。

自动化立体仓库采用计算机对各种信息进行储存和管理，能减少货物处理过程中的差错，同时通过科学储备，还能有效地利用仓库储存能力，便于清点和盘库，能够合理减少库存，提高物料调节水平，加快储备资金周转，节约流动资金，从而提高仓库的管理水平。

扫一扫

扫描右侧二维码，阅读材料，了解 A 公司自动化立体仓库智能物流解决方案。

二、自动化立体仓库的分类

自动化立体仓库是一个复杂且综合的自动化系统，作为一种特定的仓库形式，目前还没有统一的划分标准，常见的分类方法有以下几种。

（一）按建筑形式分类

自动化立体仓库按建筑形式可分为整体式自动化立体仓库和分离式自动化立体仓库。

1. 整体式自动化立体仓库

整体式自动化立体仓库是指货架除具有储存货物的基本功能，同时还作为建筑物的支撑结构，成为建筑物的一个构成部分，即货架与建筑物形成一个整体。这种形式的仓库，建筑费用低、抗震能力强，一般适用于 15 米以上的大型自动化立体仓库。整体式自动化立体仓库结构如图 2-2-2 所示。

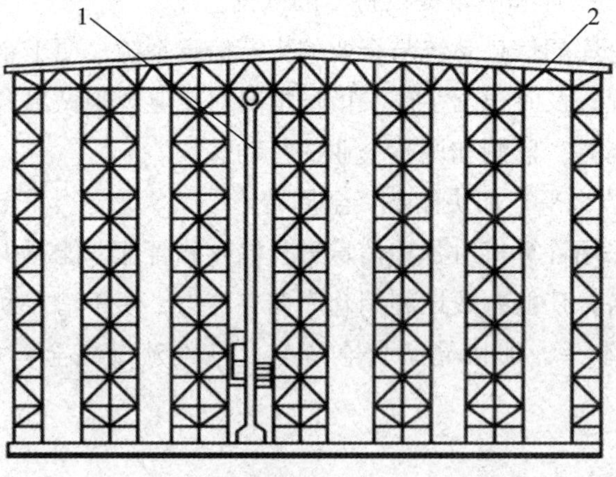

1—堆垛机；2—货架

图 2-2-2　整体式自动化立体仓库结构

2. 分离式自动化立体仓库

分离式自动化立体仓库是指货架与建筑物没有形成整体，彼此相互独立。它可以将原有的建筑物改造为自动化立体仓库，也可以将仓库的货架拆除，使建筑物作其他用途。分离式自动化立体仓库结构如图 2-2-3 所示。

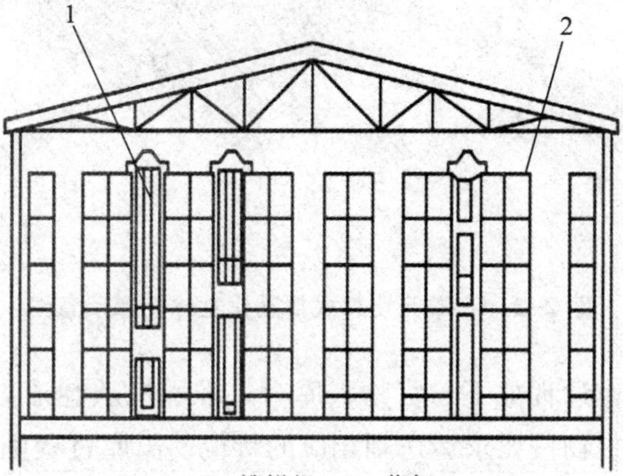

1—堆垛机；2—货架

图 2-2-3　分离式自动化立体仓库结构

（二）按货架的结构形式分类

自动化立体仓库按货架的结构形式可分为四种类型，即单元货格式自动化立体仓库、贯通货架式自动化立体仓库、旋转货架式自动化立体仓库和移动货架式自动化立体仓库。下面重点介绍前两种仓库。

1. 单元货格式自动化立体仓库

单元货格式自动化立体仓库是最常见、应用最广泛，且适用性较强的一种仓库形式。其结构特点是货架沿着仓库宽度方向分成若干排，各组货架之间预留有堆垛机或其他机械进行存取作业所需的巷道；沿仓库的长度方向分为若干列；沿仓库高度的方向分为若干层。这样，整个货架就形成了能够储存货物的大量货格，通常要求货格的开口面向巷道，每个货架可存放一个货物单元。单元货格式自动化立体仓库示意图如图 2-2-4 所示。

图 2-2-4　单元货格式自动化立体仓库示意图

这类仓库的基本工作过程如下：货物入库时，堆垛机从巷道口的出入库货台上取货，根据控制系统的指令将货物按要求运送到相应的货位；出库过程则与入库过程相反，堆垛机按照控制系统的指令，到相应的货位取货，然后再将货物运送到巷道口的出入库货台。巷道堆垛机一直不间断地接受控制系统的存取货指令，在巷道内来回穿梭，以实现存取货作业。

2. 贯通货架式自动化立体仓库

贯通货架式自动化立体仓库是以单元货格式自动化立体仓库为基础发展而来的一种仓库形式。它将货架合并在一起，使同层、同列的货物互相贯通，形成了能依次存放多货物单元的通道，这样就大大提高了仓库面积的利用率。其基本工作过程如下：在巷道两端，分别设置一台或多台提升机，负责货物的出入库。

（三）按仓库的储存条件分类

自动化立体仓库按仓库的储存条件可分为常温自动化立体仓库、低温自动化立体仓库和防爆型自动化立体仓库。

常温自动化立体仓库的库内温度一般要求控制在 5~40℃，相对湿度控制在 90%以下。

低温自动化立体仓库又分为恒温自动化立体仓库、冷藏自动化立体仓库和冷冻自动化立体仓库等。

①恒温自动化立体仓库是按照货物所要求的存放条件（通常指温度和湿度条件）而设计的。根据货物的特性，可自动调节仓库的环境温度和湿度。

②冷藏自动化立体仓库的温度一般要求控制在 0~5℃，它主要适用于蔬菜和水果的储存，要求库内有较高的湿度。

③冷冻自动化立体仓库的温度一般要求控制在−25~−18℃，由于这种仓库温度比较低，在这样的低温条件下，普通的钢材性质会发生变化，从而导致钢材的使用性能下降，

因此在系统的总体设计及材料选择时都必须考虑到温度的影响。

防爆型自动化立体仓库主要用来存放易燃、易爆等危险货物，必须严格按照防爆的要求进行系统设计。

三、自动化立体仓库的构成

自动化立体仓库主要包括货物储存系统、货物存取和传送系统、控制和管理系统三大部分，同时还需要有配套的供电、消防、称重计量和信息通信等其他系统。自动化立体仓库是机械、电气、计算机以及土建等学科相结合的产品，是一个综合性工程，在整个立体仓库的运行中，需要各个硬件设备配合软件系统来完成任务操作。自动化立体仓库的构成示意图如图 2-2-5 所示。

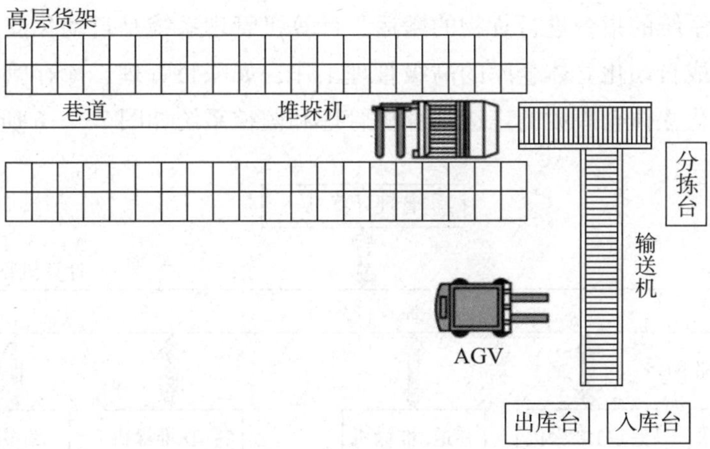

图 2-2-5　自动化立体仓库的构成示意图

（一）货物储存系统

在自动化立体仓库的货物储存系统中，核心的组成部分是高层货架，它提供了大量的储存位置。这些高层货架配合专用的托盘、货箱及集装容器等仓储配件，共同构成了一个密集且有序的货物储存环境。

（二）货物存取和传送系统

货物存取和传送系统的作用主要是完成货物存取、出入库作业，一般由堆垛机、堆垛叉车、AGV、输送机等组成。堆垛机和堆垛叉车是自动化立体仓库中货物存取的主要设备。堆垛机在各个高层货架间的巷道内来回移动，它的载重平台沿着堆垛机的支架上下移动，而堆垛机的货叉沿平台的左右方向移动，这样就可以方便地将货物存入货架的货位或从货位取出所需货物。输送机的作用在于将入库的货物输送到货架巷道口，以供堆垛机将货物存入货格，或者将取出的货物转送到货物要出库的位置，再通过叉车、起重机等装卸机械完成所需入库货物的卸车作业和出库货物的装车作业。

（三）控制和管理系统

1. 控制和管理系统的架构

控制和管理系统一般是根据自动化立体仓库的不同要求决定的。有的仓库只对堆垛机、输送机的单台 PLC（可编程控制器）进行控制；有的仓库则对各单台机械实行联网控制；有的仓库采用了先进的三级计算机管理和监控系统。

自动化立体仓库所采用的三级计算机管理和监控系统主要由控制系统、监控系统和计算机管理系统构成。控制系统是自动化立体仓库是否能成功运行的关键，通过输入控制器的相关指令，保证各种机械可以依次运行或并行运行。监控系统是自动化立体仓库的信息枢纽，通过对仓库中各类设备的运行任务、运行路线和运行方向进行监控和统一调度，保证它们按照控制系统的指令进行货物的搬运。计算机管理系统是自动化立体仓库的指挥中心，主要用来完成自动化立体仓库的高级管理工作，如账目管理、库存管理、货位管理及数据管理。自动化立体仓库中的三级计算机管理和监控系统如图 2-2-6 所示。

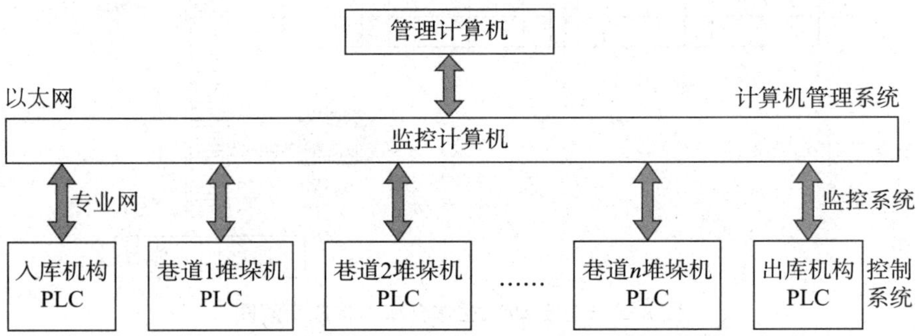

图 2-2-6　自动化立体仓库中的三级计算机管理和监控系统

2. 控制和管理系统的核心功能模块

存取作业管理模块是控制和管理系统的核心功能模块，主要包括入库作业管理模块和出库作业管理模块。

（1）入库作业管理模块。

货物单元入库时，由输送系统运输到入库台，货物进入射频识别读卡器可读取范围时，条码或电子标签携带的信息被读入，传递给中央服务器。控制系统根据中央服务器返回的信息来判断是否入库，当能够确定入库时根据管理系统货位分配原则自动分配货位，并发送包含货位坐标的入库指令给执行系统。堆垛机通过自动寻址，将货物存放到指定货位。在完成入库作业后，堆垛机向控制系统返回作业完成信息，并等待接收下一条作业命令，控制系统同时把作业完成信息返回给中央服务器。入库作业流程如图 2-2-7 所示。

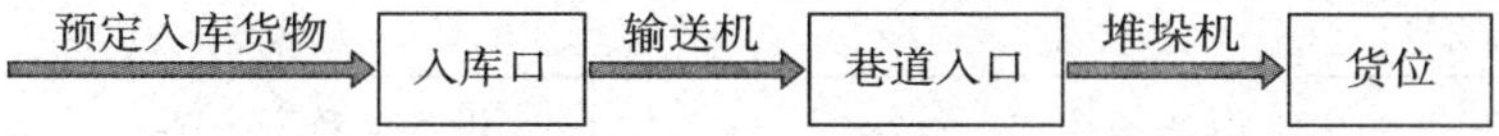

图 2-2-7　入库作业流程

（2）出库作业管理模块。

管理员在收到货物出库信息后，根据要求将货物信息输入管理系统，中央服务器将自动进行库存查询，并按照先入先出、均匀出库、就近出库等原则生成出库作业命令，传输到控制系统。控制系统根据当前出库作业及堆垛机状态，安排堆垛机的作业序列，将安排好的作业命令逐条发送给相应的堆垛机。堆垛机到指定货位将货物取出并放置到巷道出口，然后向控制系统返回作业完成信息，等待进行下一个作业。控制系统向中央服务器返回该货物出库完成信息，管理系统更新库存数据库中的货物信息和货位占用情况，完成出库管理。如果某一货位上的货物已全部出库，则从货位占用表中清除此货物记录，并清除该货位占用标记。出库作业流程如图 2-2-8 所示。

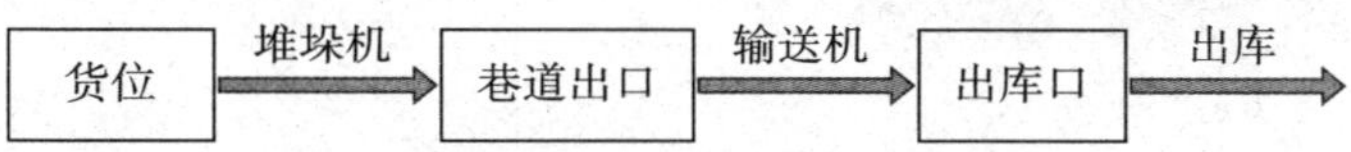

图 2-2-8　出库作业流程

任务实施

步骤 1：分析自动化立体仓库的构成。

请在表 2-2-1 空白处填入相应的内容。

表 2-2-1　自动化立体仓库的构成

序号	设备图片	设备名称	系统构成
1		立体式货架	
2	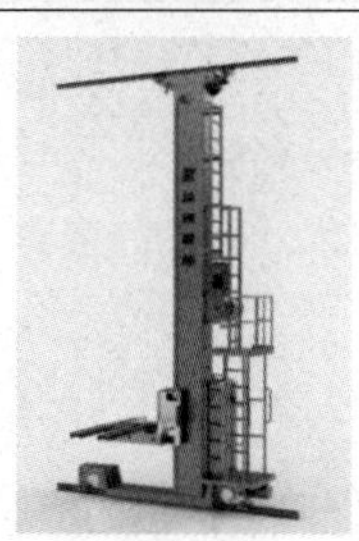		货物存取和传送系统

续 表

序号	设备图片	设备名称	系统构成
3			货物存取和传送系统
4		巷道	货物存取和传送系统
5	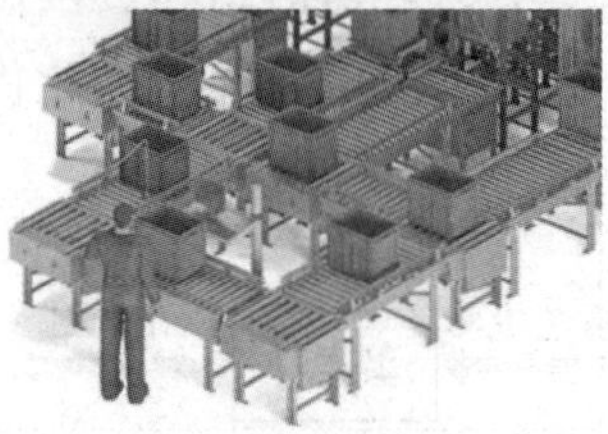		

步骤 2：总结自动化立体仓库的优点。

通过查询资料，梳理自动化立体仓库的优点，至少列出 3 条。

步骤 3：分析 TA 乳制品自动化立体仓库的优越性。

通过查询资料，分析 TA 乳制品自动化立体仓库的优越性，至少列出 4 条。

任务评价

学生互评表

<table>
<tr><td>任务名称</td><td colspan="8">认知自动化立体仓库</td></tr>
<tr><td>班级</td><td></td><td>组别</td><td></td><td>姓名</td><td></td><td>学号</td><td colspan="2"></td></tr>
<tr><td colspan="3">评价项目
（占比）</td><td colspan="4">评价标准</td><td>满分
（分）</td><td>得分
（分）</td></tr>
<tr><td colspan="3">考勤（10%）</td><td colspan="4">学生考勤情况（无故旷课、迟到、早退，一次扣 10 分，请假一次扣 2 分）</td><td>10</td><td></td></tr>
<tr><td rowspan="2">学习能力
（10%）</td><td colspan="2">合作学习能力</td><td colspan="4">小组合作参与程度（优秀为 6 分，良好为 4 分，一般为 2 分，未参与为 0 分）</td><td>6</td><td></td></tr>
<tr><td colspan="2">个人学习能力</td><td colspan="4">个人自主探究参与程度（优秀为 4 分，良好为 2 分，未参与为 0 分）</td><td>4</td><td></td></tr>
<tr><td rowspan="3">工作过程
（60%）</td><td colspan="2">分析自动化立体仓库的构成</td><td colspan="4">能识别自动化立体仓库的构成设备（每少一项扣 5 分，每错一处扣 5 分）</td><td>25</td><td></td></tr>
<tr><td colspan="2">总结自动化立体仓库的优点</td><td colspan="4">能正确描述自动化立体仓库的优点（每少一条扣 5 分）</td><td>15</td><td></td></tr>
<tr><td colspan="2">分析 TA 乳制品自动化立体仓库的优越性</td><td colspan="4">能正确分析 TA 乳制品自动化立体仓库的优越性（每错一处扣 2 分）</td><td>20</td><td></td></tr>
<tr><td rowspan="2">工作成果
（20%）</td><td colspan="2">成果完成情况</td><td colspan="4">能按规范及要求完成任务（未完成一处扣 2 分）</td><td>10</td><td></td></tr>
<tr><td colspan="2">成果展示情况</td><td colspan="4">能正确认识自动化立体仓库（失误一次扣 5 分）</td><td>10</td><td></td></tr>
<tr><td colspan="8">总得分</td><td></td></tr>
</table>

教师评价表

<table>
<tr><td>任务名称</td><td colspan="8">认知自动化立体仓库</td></tr>
<tr><td>授课信息</td><td colspan="8"></td></tr>
<tr><td>班级</td><td></td><td>组别</td><td></td><td>姓名</td><td></td><td>学号</td><td colspan="2"></td></tr>
<tr><td colspan="3">评价项目
（占比）</td><td colspan="4">评价标准</td><td>满分
（分）</td><td>得分
（分）</td></tr>
<tr><td colspan="3">考勤（10%）</td><td colspan="4">学生考勤情况（无故旷课、迟到、早退，一次扣 10 分，请假一次扣 2 分）</td><td>10</td><td></td></tr>
</table>

续 表

<table>
<tr><th colspan="2">评价项目
（占比）</th><th>评价标准</th><th>满分（分）</th><th>得分（分）</th></tr>
<tr><td rowspan="2">学习能力（10%）</td><td>合作学习能力</td><td>小组合作参与程度（优秀为 6 分，良好为 4 分，一般为 2 分，未参与为 0 分）</td><td>6</td><td></td></tr>
<tr><td>个人学习能力</td><td>个人自主探究参与程度（优秀为 4 分，良好为 2 分，未参与为 0 分）</td><td>4</td><td></td></tr>
<tr><td rowspan="3">工作过程（60%）</td><td>分析自动化立体仓库的构成</td><td>能识别自动化立体仓库的构成设备（每少一项扣 5 分，每错一处扣 5 分）</td><td>25</td><td></td></tr>
<tr><td>总结自动化立体仓库的优点</td><td>能正确描述自动化立体仓库的优点（每少一条扣 5 分）</td><td>15</td><td></td></tr>
<tr><td>分析 TA 乳制品自动化立体仓库的优越性</td><td>能正确分析 TA 乳制品自动化立体仓库的优越性（每错一处扣 2 分）</td><td>20</td><td></td></tr>
<tr><td rowspan="2">工作成果（20%）</td><td>成果完成情况</td><td>能按规范及要求完成任务（未完成一处扣 2 分）</td><td>10</td><td></td></tr>
<tr><td>成果展示情况</td><td>能正确认识自动化立体仓库（失误一次扣 5 分）</td><td>10</td><td></td></tr>
<tr><td colspan="4">总得分</td><td></td></tr>
</table>

任务反思

在完成任务的过程中遇到了哪些问题，应如何解决？

知识巩固

1. （单选题）自动化立体仓库货物存取和传送系统的设备包括（　　）。

A. 托盘　　B. 堆垛机　　C. 吊车　　D. 平板车

2. （单选题）（　　）不属于自动化立体仓库中的设备。

A. 高层货架　　B. 堆垛机　　C. 包装机器人　　D. 分拣台

3. （多选题）（　　）属于自动化立体仓库的特点。

A. 用高层货架储存货物　　B. 自动存取

C. 计算机控制　　D. 建设成本低

4. （判断题）自动化立体仓库会增加占地面积。（　　）

5. （判断题）自动化立体仓库便于先进先出库存原则的实施。（　　）

任务三　认知堆垛机

任务目标

知识目标	掌握堆垛机的分类 理解堆垛机的基本结构
技能目标	能够准确识别堆垛机的类型 能够准确分析堆垛机的基本结构
素养目标	具备科学探索精神

任务发布

堆垛机是自动化立体仓库的重要组成部分，它有哪些功能？堆垛机由哪些结构组成？下面的资料是刘波进一步调研后整理的，阅读后思考上述问题。

资料： TA乳制品自动化立体仓库中的一项设备——有轨堆垛机的配置如下：起升机构、货叉取货机构、载货台、断绳安全保护装置、限速装置、过载与松绳保护装置及电器控制装置等。

知识储备

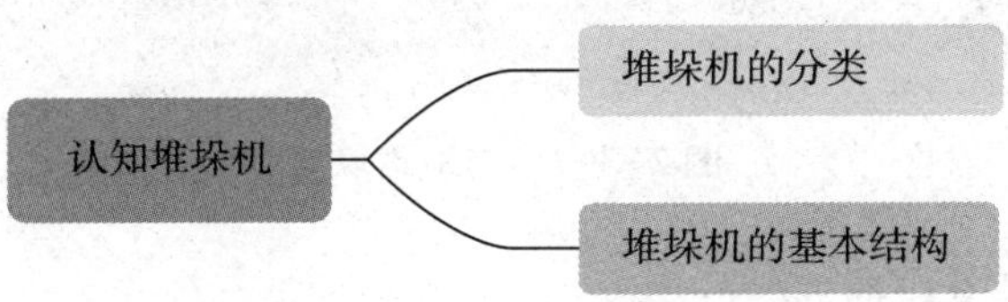

一、堆垛机的分类

堆垛机是现代物流自动化立体仓库中的核心物流设备，是自动化立体仓库中使用最广泛的物料搬运设备。其用途是在自动化立体仓库中的巷道间来回穿梭运行，完成货物的存取作业。

堆垛机按有无轨道设施，可分为有轨堆垛机和无轨堆垛机。有轨堆垛机沿着巷道内的轨道运行，无轨堆垛机也称为高架叉车，其起升高度比普通叉车要高。有轨堆垛机、无轨堆垛机和普通叉车的性能比较如表 2-3-1 所示。

表 2-3-1　有轨堆垛机、无轨堆垛机和普通叉车的性能比较

设备名称	巷道宽度	作业高度	作业灵活性	自动化程度
有轨堆垛机	最小	>12 米	只能在高层货架巷道内作业，必须配备出入库设备	可以进行手动、半自动、自动及远距离集中控制
无轨堆垛机	中	5~12 米	可服务两个以上巷道，并完成高层货架区域的作业	可以进行手动、半自动、自动及远距离集中控制
普通叉车	最大	<5 米	任意移动，非常灵活	一般为手动操作，自动化程度低

（一）有轨堆垛机

有轨堆垛机的整机可沿货架水平方向移动，载货平台可沿堆垛机支架上下垂直移动，载货平台的货叉可以借助伸缩机构向平台的左右方向移动，这样可实现所存取货物在空间各方向进行移动。有轨堆垛机如图 2-3-1 所示。

图 2-3-1　有轨堆垛机

有轨堆垛机可按以下几种方式分类。

1. 按结构分类

按结构分类，有轨堆垛机可分为单立柱堆垛机和双立柱堆垛机。

（1）单立柱堆垛机。

单立柱堆垛机由一根立柱、上横梁和下横梁组成一个矩形框架，结构刚度较差，适用于货物重量在 2 吨以下、起升高度在 16 米以下的仓库。单立柱堆垛机结构如图 2-3-2 所示。

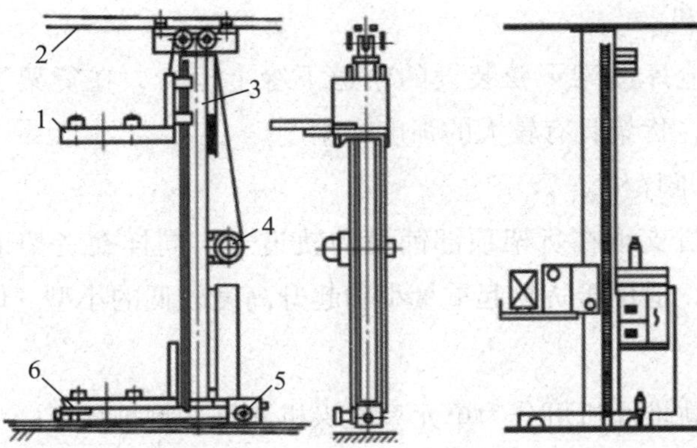

1—载货台及取货装置；2—上横梁；3—立柱；4—起升结构；5—运行结构；6—下横梁

图 2–3–2　单立柱堆垛机结构

（2）双立柱堆垛机。

双立柱堆垛机由两根立柱、上横梁和下横梁组成一个矩形框架，结构刚度比较好，质量更佳，适用于各种起升高度的仓库，起重量一般可达 5 吨，必要时还可以更大，并保持高速运行。双立柱堆垛机结构如图 2–3–3 所示。

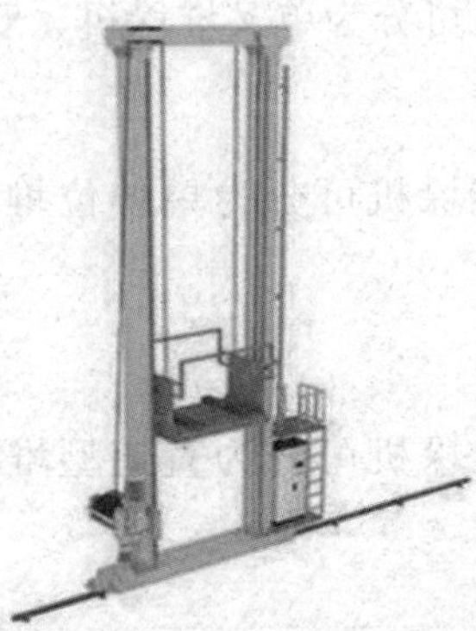

图 2–3–3　双立柱堆垛机结构

2. 按支承方式分类

按支承方式分类，有轨堆垛机可分为地面支承型堆垛机、悬挂型堆垛机和货架支承型堆垛机。

（1）地面支承型堆垛机。

地面支承型堆垛机在地面铺设的轨道上，用下部的车轮支承和驱动，上部导轮用来防止堆垛机倾倒，机械装置安装在下横梁，易保养、易维修，适用于各种起升高度及货物起重量较大的仓库。

（2）悬挂型堆垛机。

悬挂型堆垛机在仓库屋架下弦装设的轨道下缘上运行，在货架下部两侧铺设下部导轨，防止堆垛机摆动，货架具有较大的强度和刚度。

（3）货架支承型堆垛机。

货架支承型堆垛机支承在货架顶部铺设的轨道上，同样在货架下部两侧铺设下部导轨，防止堆垛机摆动，适用于货物起重量小和起升高度较低的小型立体仓库。

3. 按用途分类

按用途分类，有轨堆垛机可分为单元型堆垛机和拣选型堆垛机。

（1）单元型堆垛机。

单元型堆垛机以托盘单元或货箱单元进行出入库作业，自动控制方式下可无驾驶员，该类堆垛机适用于各种控制方式。

（2）拣选型堆垛机。

拣选型堆垛机上设有驾驶室，操作人员可以从货架内的托盘单元或货物单元中取少量货物，进行出库作业，一般为手动或半自动控制，用于“人到货”拣选作业。

4. 按货叉数量分类

按货叉数量分类，有轨堆垛机可分为单叉堆垛机、双叉堆垛机。

5. 按货叉伸取长度分类

按货叉伸取长度分类，有轨堆垛机可分为单伸位堆垛机、双伸位堆垛机和多伸位堆垛机。

6. 按应用巷道形式分类

按应用巷道形式分类，有轨堆垛机可分为直道型堆垛机、转弯型堆垛机和转轨型堆垛机。

（二）无轨堆垛机

无轨堆垛机又称高架叉车或三向堆垛叉车，即叉车向运行方向两侧进行堆垛作业时，车体无须直角转向，只需使前部的门架或货叉直角转向和侧移即可，这样作业通道就可大大减少，很大程度上提高了仓储面积利用率。无轨堆垛机示意图如图 2-3-4 所示，无轨堆垛机分为托盘单元型无轨堆垛机和拣选型无轨堆垛机。

图 2-3-4　无轨堆垛机示意图

二、堆垛机的基本结构

以单立柱堆垛机为例介绍堆垛机的基本结构。单立柱堆垛机由起升机构、运行机构、载货台及取货装置、机架（由上横梁、下横梁和立柱组成）、电气设备和安全保护装置组成。图 2-3-2 展示的是单立柱堆垛机的硬件结构，不含电气设备和安全保护装置。

1. 起升机构

起升机构由电动机、制动器、减速机、滚筒或链轮以及柔性件组成。常用的柔性件有钢丝绳和起重链两种。

2. 运行机构

运行机构由电动机、联轴器、制动器、减速箱和行走轮组成。按运行机构所在位置的不同可以分为地面运行式机构、上部运行式机构、中间运行式机构等，其中地面运行式机构使用最广泛。地面运行机构一般有两个或四个车轮，沿铺设在地面上的单轨运行。堆垛机的运行机构示意图如图 2-3-5 所示。

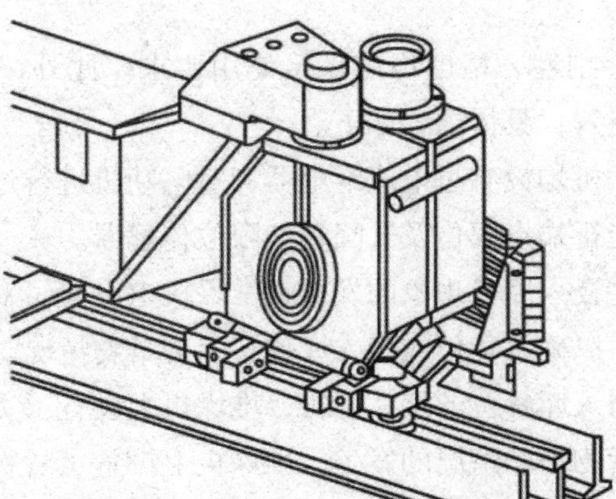

图 2-3-5　堆垛机的运行机构示意图

3. 载货台及取货装置

载货台是货物单元承接装置，通过钢丝绳或起重链与起升机构连接，可沿立柱导轨上下升降。取货装置安装在载货台上，一般是货叉伸缩机构，可以横向伸缩，以便向两侧货格送入（取出）货物。堆垛机的载货台及取货装置示意图如图 2-3-6 所示。

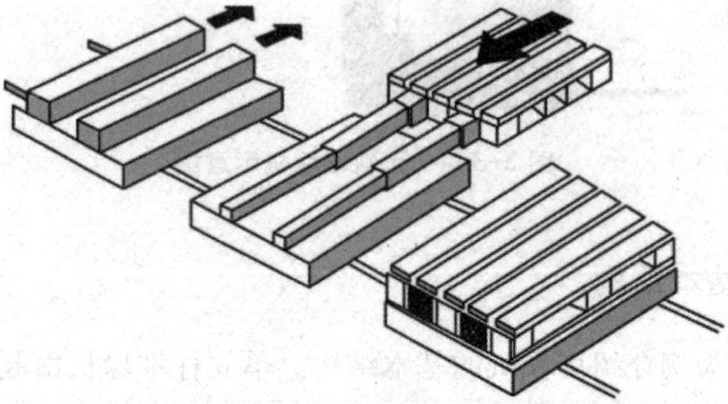

图 2-3-6　堆垛机的载货台及取货装置示意图

4. 机架

机架由上横梁、下横梁和立柱组合而成，是堆垛机的承载构件。机架有单立柱机架和双立柱机架两大类。

5. 电气设备

电气设备包括电力拖动系统、控制系统、检测系统等。电力拖动系统要同时满足快速、平稳和准确三个方面的要求。对堆垛机的控制一般采用可编程控制器、单片机、单板机和计算机等，控制系统的控制方式有手动、半自动和自动三种，其中自动控制方式包括机电控制和远距离控制。检测系统必须具有自动认址、货位虚实检测等功能。

6. 安全保护装置

堆垛机的结构设计、刚性、精度均需满足使用要求。此外，堆垛机还应根据实际需要，增设各种安全保护装置，具体内容如下。

①堆垛机上每个电动机均设有过电流继电器，对电动机进行过载保护。

②堆垛机上设置了走行端点限位及升降端点限位传感器。

③为防止空出库、重复入库等现象的发生，堆垛机上设置了对货位、出入库位置上的货物进行检测的传感器，以确认货位或出入库位置上的货物情况。

④为防止货物尺寸与入库货位的尺寸不符，堆垛机上设置了货物尺寸检测传感器。

⑤为防止堆垛机上货物坍塌情况的发生，堆垛机上设置了货物坍塌检测传感器。

⑥堆垛机上设置了各有关动作及装置的电气联锁。

⑦堆垛机控制盘上设置了紧急停止按钮，以备在非正常情况下切断堆垛机电源。

⑧堆垛机上还设有可在异常状态下发出警报的声光报警装置。

⑨堆垛机的运行和升降动作若存在特殊情况，则被锁定，以确保设备和人身安全。

扫一扫

扫描右侧二维码，观看视频，了解人工智能堆垛机。

任务实施

步骤 1：识别堆垛机的类型。

请在表 2-3-2 的空白处填入相应的内容。

表 2-3-2　　堆垛机的类型

序号	图片	名称
1		
2		
3		

续 表

序号	图片	名称
4		
5		
6		

步骤 2：分析堆垛机的基本结构。

请在表 2-3-3 的空白处填入相应的内容。

表 2-3-3　　堆垛机的基本结构

序号	基本结构	具体内容
1		用于控制载货台垂直方向的移动
2		由电动机、联轴器、制动器、减速箱和行走轮组成
3		取货及承载货物的结构
4		堆垛机的承载构件
5		包括电力拖动系统、控制系统、检测系统等
6		通过传感器检测，保证堆垛机的安全运行，及时预警

任务评价

学生互评表

<table>
<tr><td>任务名称</td><td colspan="8">认知堆垛机</td></tr>
<tr><td>班级</td><td></td><td>组别</td><td></td><td>姓名</td><td></td><td>学号</td><td colspan="2"></td></tr>
<tr><td colspan="2">评价项目
（占比）</td><td colspan="5">评价标准</td><td>满分
（分）</td><td>得分
（分）</td></tr>
<tr><td colspan="2">考勤（10%）</td><td colspan="5">学生考勤情况（无故旷课、迟到、早退，一次扣10分，请假一次扣2分）</td><td>10</td><td></td></tr>
<tr><td rowspan="2">学习能力
（10%）</td><td>合作学习能力</td><td colspan="5">小组合作参与程度（优秀为6分，良好为4分，一般为2分，未参与为0分）</td><td>6</td><td></td></tr>
<tr><td>个人学习能力</td><td colspan="5">个人自主探究参与程度（优秀为4分，良好为2分，未参与为0分）</td><td>4</td><td></td></tr>
<tr><td rowspan="2">工作过程
（60%）</td><td>识别堆垛机的类型</td><td colspan="5">能根据图片识别堆垛机的类型（每错一处扣5分）</td><td>30</td><td></td></tr>
<tr><td>分析堆垛机的基本结构</td><td colspan="5">能根据描述判断对应的堆垛机结构（每错一处扣5分）</td><td>30</td><td></td></tr>
<tr><td rowspan="2">工作成果
（20%）</td><td>成果完成情况</td><td colspan="5">能按规范及要求完成任务（未完成一处扣2分）</td><td>10</td><td></td></tr>
<tr><td>成果展示情况</td><td colspan="5">能正确认别并使用堆垛机（失误一次扣5分）</td><td>10</td><td></td></tr>
<tr><td colspan="8">总得分</td><td></td></tr>
</table>

教师评价表

<table>
<tr><td>任务名称</td><td colspan="8">认知堆垛机</td></tr>
<tr><td>授课信息</td><td colspan="8"></td></tr>
<tr><td>班级</td><td></td><td>组别</td><td></td><td>姓名</td><td></td><td>学号</td><td colspan="2"></td></tr>
<tr><td colspan="2">评价项目
（占比）</td><td colspan="5">评价标准</td><td>满分
（分）</td><td>得分
（分）</td></tr>
<tr><td colspan="2">考勤（10%）</td><td colspan="5">学生考勤情况（无故旷课、迟到、早退，一次扣10分，请假一次扣2分）</td><td>10</td><td></td></tr>
<tr><td rowspan="2">学习能力
（10%）</td><td>合作学习能力</td><td colspan="5">小组合作参与程度（优秀为6分，良好为4分，一般为2分，未参与为0分）</td><td>6</td><td></td></tr>
<tr><td>个人学习能力</td><td colspan="5">个人自主探究参与程度（优秀为4分，良好为2分，未参与为0分）</td><td>4</td><td></td></tr>
</table>

续 表

评价项目（占比）		评价标准	满分（分）	得分（分）
工作过程（60%）	识别堆垛机的类型	能根据图片识别堆垛机的类型（每错一处扣 5 分）	30	
	分析堆垛机的基本结构	能根据描述判断对应的堆垛机结构（每错一处扣 5 分）	30	
工作成果（20%）	成果完成情况	能按规范及要求完成任务（未完成一处扣 2 分）	10	
	成果展示情况	能正确认识并使用堆垛机（失误一次扣 5 分）	10	
总得分				

任务反思

在完成任务的过程中遇到了哪些问题，应如何解决？

知识巩固

1. （单选题）双立柱堆垛机的起重量一般可达（　　）吨。

A. 3　　B. 4　　C. 5　　D. 2

2. （多选题）堆垛机的基本结构包含（　　）。

A. 起升机构　　B. 运行机构　　C. 载货台

D. 取货装置　　E. 机架

3. （判断题）高架叉车是有轨堆垛机。（　　）

4. （判断题）无轨堆垛机的作业灵活性高于有轨堆垛机。（　　）

5. （判断题）有轨堆垛机的作业高度小于 12 米。（　　）

任务四　认知穿梭车

任务目标

知识目标	了解穿梭车的定义 掌握穿梭车的运行原理及使用场景 了解穿梭车的历史及未来发展趋势
技能目标	能够准确分析穿梭车系统的构成 能够认知常用穿梭车的应用 能够正确描述穿梭车的特点
素养目标	具有科学探索精神

任务发布

PL 物流有限公司（以下简称 PL 公司）仓储经理打算提高仓库储存量和出入库效率，了解到有一种穿梭车密集储存货架可以实现该目标，但是不清楚该类货架是否适合电器类商品的储存，于是安排刘波进行调研，并回答下列问题。

1. 通过查阅资料、观看视频、参观立体仓库，了解到的穿梭车的工作原理是什么？有哪些应用？

2. 穿梭车在未来的工业发展中有何作用？

知识储备

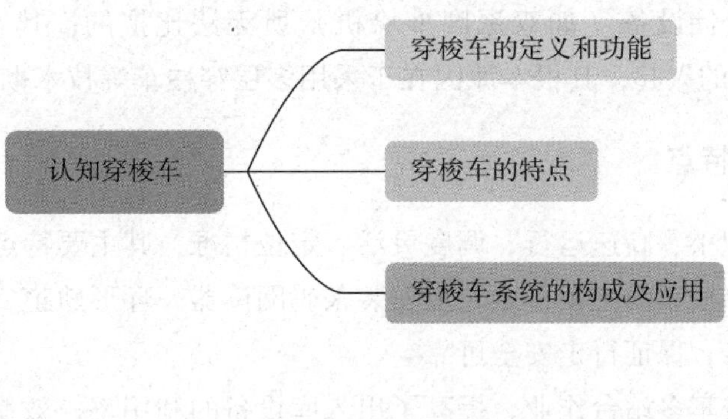

一、穿梭车的定义和功能

穿梭车是物流系统中一种执行往复输送任务的小车，如图2-4-1所示，其基本功能是在物流系统中（平面内）通过轨道上的往复运动完成货物单元（主要是托盘和料箱）的输送。

图2-4-1　穿梭车

穿梭车按照输送货物单元类型可以分为托盘式穿梭车和箱式穿梭车，按照其作业场地不同，可分为输送型穿梭车和存取型穿梭车。穿梭车的基本分类如图2-4-2所示。

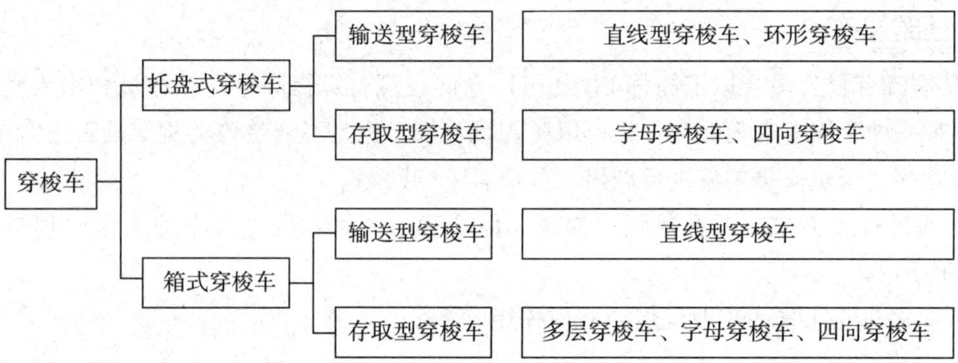

图2-4-2　穿梭车的基本分类

穿梭车解决了两大问题：其一是密集储存问题，采用穿梭车，可以大幅度提升储存密度，这是以前很多仓储设备（如双深度堆垛机）所无法比拟的；其二是快速存取问题，“货到人”拣选技术的兴起，其根本原因在于采用多层穿梭车等技术彻底实现了快速存取。

二、穿梭车的特点

穿梭车车身体积小、高速运行、调度灵活、定位精准，其主要特点如下。

①安全性高：穿梭车的主动行走轮上安装条码阅读器，环形轨道安装条码标识，穿梭车在弯轨处不会丢步，保证行走安全可靠。

②效率高：穿梭车多站台作业，提高了出入库设备的利用率，效率较高。一台穿梭车出现故障时，其他穿梭车可以完成任务，不影响正常作业。

③适应性强：穿梭车集成了计算机调度管理、可编程控制、变频伺服驱动、滑触线供电等技术；高速运行、加减速平稳、调度灵活、定位精准可靠，可高效率完成作业任务，适应性强。

三、穿梭车系统的构成及应用

穿梭车系统作为一个独特的物流系统，它与普通的物流自动化系统有许多相似之处，但也有很大不同。穿梭车系统构成如图 2-4-3 所示。

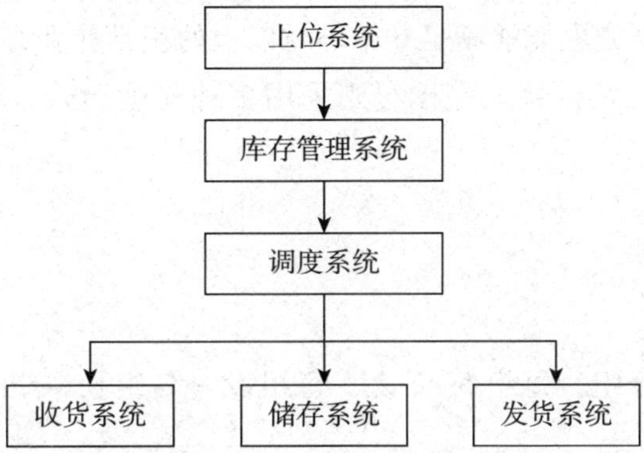

图 2-4-3　穿梭车系统构成

穿梭车系统主要分为托盘式穿梭车系统和箱式穿梭车系统。

托盘式穿梭车系统主要用于密集储存场景。其收货系统主要包括输送机、提升机等；储存系统则包括货架、穿梭车、提升机等，有些储存系统采用堆垛机完成穿梭车的换层；发货系统包括输送机及拣选设备等。

箱式穿梭车系统主要用于“货到人”拣选系统。其收货系统包括收货换箱工作站和收货输送系统；储存系统包括货架及轨道、穿梭车（包括多层穿梭车、子母穿梭车、四向穿梭车等）、提升机等；发货系统则包括拣选工作站、包装工作站和发货输送系统等。根据实际应用情况，有些系统会更简单或复杂一些。

穿梭车是系统的核心产品，其本身包括车体和移载机构。其中，多层穿梭车只能完成往复运动，有的可以依靠提升机完成换层；四向穿梭车可以完成左中方向和上下方向的运动，换层则通过提升机完成；还有一种子母穿梭车，穿梭母车完成巷道内左右方向的运动，穿梭子车可以完成上下方向的运动。多层穿梭车、四向穿梭车、字母穿梭车如图 2-4-4所示。

图 2-4-4　多层穿梭车、四向穿梭车、字母穿梭车

移载机构有很多形式，其中夹抱式货叉应用比较多。采用电池供电的穿梭车，为满足作业需要，要求一次完全充电能够满足 6 个小时以上的正常作业，并能够快速充够电；托盘式穿梭车有固定的充电站；箱式穿梭车则采用多种充电形式，如在提升机上实现快速充电。

任务实施

步骤 1：分组讨论。

根据班级人数进行分组，每组 5~6 人，每组设一名组长，组长带领组员一起讨论任务发布中的问题。

步骤 2：认知常用穿梭车的应用。

根据小组的讨论结果，填写表 2-4-1。

表 2-4-1　　常用穿梭车的应用

图片	名称	应用
		只能完成往复运动，有的可以依靠提升机完成换层
		可以完成左右方向和上下方向的运动，换层则通过提升机完成
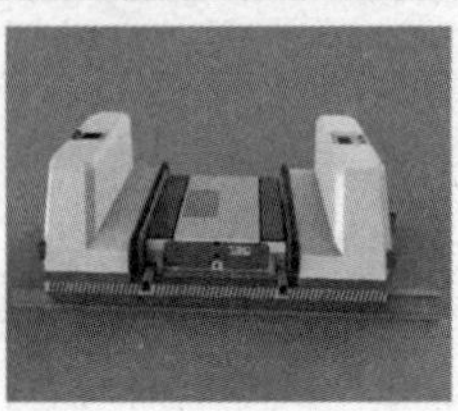		穿梭母车完成巷道内左右方向的运动，穿梭子车可以完成上下方向的运动

步骤 3：总结分析穿梭车的未来发展趋势。

小组讨论穿梭车的未来发展趋势，并分点描述（至少 5 点）。

____

____

____

____

任务评价

学生互评表

<table>
<tr><td>任务名称</td><td colspan="7">认知穿梭车</td></tr>
<tr><td>班级</td><td></td><td>组别</td><td></td><td>姓名</td><td></td><td>学号</td><td></td></tr>
</table>

<table>
<tr><td colspan="2">评价项目
（占比）</td><td>评价标准</td><td>满分
（分）</td><td>得分
（分）</td></tr>
<tr><td colspan="2">考勤（10%）</td><td>学生考勤情况（无故旷课、迟到、早退，一次扣 10 分，请假一次扣 2 分）</td><td>10</td><td></td></tr>
<tr><td rowspan="2">学习能力
（10%）</td><td>合作学习能力</td><td>小组合作参与程度（优秀为 6 分，良好为 4 分，一般为 2 分，未参与为 0 分）</td><td>6</td><td></td></tr>
<tr><td>个人学习能力</td><td>个人自主探究参与程度（优秀为 4 分，良好为 2 分，未参与为 0 分）</td><td>4</td><td></td></tr>
<tr><td rowspan="3">工作过程
（60%）</td><td>分组讨论</td><td>与小组成员认真、积极讨论，共同完成实践目标（优秀为 10 分，良好为 8 分，一般为 6 分，未参与为 0 分）</td><td>10</td><td></td></tr>
<tr><td>填写表单</td><td>能正确填写穿梭车名称（每少一空扣 10 分）</td><td>35</td><td></td></tr>
<tr><td>总结分析</td><td>能正确分析穿梭车的未来发展趋势（每少写一条扣 4 分）</td><td>20</td><td></td></tr>
<tr><td rowspan="2">工作成果
（20%）</td><td>成果完成情况</td><td>能按规范及要求完成任务（未完成一处扣 2 分）</td><td>10</td><td></td></tr>
<tr><td>成果展示情况</td><td>能正确认识并使用穿梭车（失误一次扣 5 分）</td><td>10</td><td></td></tr>
<tr><td colspan="4">总得分</td><td></td></tr>
</table>

教师评价表

<table>
<tr><td>任务名称</td><td colspan="7">认知穿梭车</td></tr>
<tr><td>授课信息</td><td colspan="7"></td></tr>
<tr><td>班级</td><td></td><td>组别</td><td></td><td>姓名</td><td></td><td>学号</td><td></td></tr>
<tr><td colspan="2">评价项目
（占比）</td><td colspan="4">评价标准</td><td>满分
（分）</td><td>得分
（分）</td></tr>
<tr><td colspan="2">考勤（10%）</td><td colspan="4">学生考勤情况（无故旷课、迟到、早退，一次扣 10 分，请假一次扣 2 分）</td><td>10</td><td></td></tr>
<tr><td rowspan="2">学习能力
（10%）</td><td>合作学习能力</td><td colspan="4">小组合作参与程度（优秀为 6 分，良好为 4 分，一般为 2 分，未参与为 0 分）</td><td>6</td><td></td></tr>
<tr><td>个人学习能力</td><td colspan="4">个人自主探究参与程度（优秀为 4 分，良好为 2 分，未参与为 0 分）</td><td>4</td><td></td></tr>
<tr><td rowspan="3">工作过程
（60%）</td><td>分组讨论</td><td colspan="4">与小组成员认真、积极讨论，共同完成实践目标（优秀为 10 分，良好为 8 分，一般为 6 分，未参与为 0 分）</td><td>10</td><td></td></tr>
<tr><td>填写表单</td><td colspan="4">能正确填写穿梭车名称（每少一空扣 10 分）</td><td>30</td><td></td></tr>
<tr><td>总结分析</td><td colspan="4">能正确分析穿梭车未来的发展趋势（每少写一条扣 4 分）</td><td>20</td><td></td></tr>
<tr><td rowspan="2">工作成果
（20%）</td><td>成果完成情况</td><td colspan="4">能按规范及要求完成任务（未完成一处扣 2 分）</td><td>10</td><td></td></tr>
<tr><td>成果展示情况</td><td colspan="4">能正确认识并使用穿梭车（失误一次扣 5 分）</td><td>10</td><td></td></tr>
<tr><td colspan="7">总得分</td><td></td></tr>
</table>

任务反思

在完成任务的过程中遇到了哪些问题，应如何解决？

知识巩固

1. （单选题）穿梭车的（　　）用于导引穿梭车的行走。

A. 车体　　B. 输送装置　　C. 轨道　　D. 检测系统

2. （单选题）箱式穿梭车系统不包括（　　）。

A. 收货系统　　B. 储存系统

C. 发货系统　　　　　　　　　　D. 托盘式穿梭车系统

3.（多选题）穿梭车在巷道可（　　）行驶。

A. 上下　　　　B. 左右　　　　C. 前后　　　　D. 任意角度

4.（判断题）穿梭车可以载人。（　　）

5.（判断题）子母穿梭车是穿梭式立体仓库的主要功能设备，实现托盘货物在仓储货架上密集的存放，主要包含穿梭子车和穿梭母车。（　　）

项目三　智能装卸搬运设备

任务一　认知起重设备

任务目标

知识目标	了解起重设备的概念 了解起重设备的组成 掌握起重设备的分类
技能目标	能够正确分析起重机的类型 能够根据实际情况选择合适的起重机
素养目标	具备责任意识

任务发布

由于PL公司仓库的面积较大，工作人员在搬运货物时需要在距离较远的货架上进行操作，为了提高工作效率和安全性，PL公司引入了起重机。起重机的安装和调试需要精确的技术，PL公司邀请了专业的起重机制造商进行方案设计。最终，公司选择了一个承重高、平稳运行、具有较大作业范围的起重机，并安装了悬挂轨道和控制系统，使起重机的操作更加灵活和高效。现在，在PL公司的仓库内，工作人员只需要通过控制台就可以操作起重机，而不需要上到高处进行操作，这不仅提高了工作效率，还减少了安全隐患。

请思考下列问题。

1. 仓库中适合使用哪种类型的起重机？
2. 在仓库中使用起重机需要满足什么条件？

知识储备

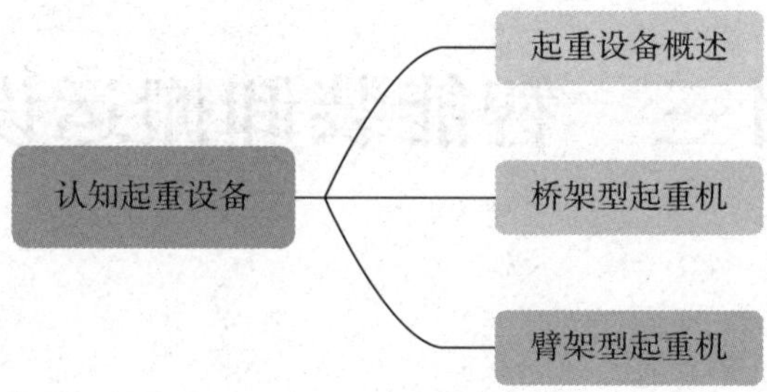

一、起重设备概述

（一）起重设备的概念

起重设备是一种周期性循环、间歇运动的机械，用来垂直升降和水平移动货物，以满足货物的装卸、转载等作业的要求。

起重设备在搬运物料时，通常经历着上料、运送、卸料及回到原处的过程，各工作机构相对应地做周期性的运动。

（二）起重设备的组成

起重设备主要由驱动装置、工作机构、金属结构、控制系统与安全保护装置组成。

1. 驱动装置

起重设备的驱动装置是用来驱动各工作机构动作的动力设备。它是起重设备的重要组成部分，在很大程度上决定着起重设备的工作性能和构造特征。

2. 工作机构

起重设备的工作机构有起升、运行、变幅和回转四大机构。起升机构是用来升降货物的机构，是起重设备最基本的机构；运行机构是用来实现起重设备、起重小车沿固定轨道或路面行走的机构；变幅机构是依靠臂架俯仰或小车运行的方式，使吊具移动而改变幅度的机构；回转机构是使起重设备回转部分在水平面内绕回转中心转动的机构。

3. 金属结构

金属结构是起重设备的机体和骨架。它主要用来布置和安装起重设备的驱动装置和工作机构，以及承受各种载荷并将这些载荷传递给起重设备的支撑基础。起重设备的主要金属结构有臂架、门架、桥架、转台、人字架等。

4. 控制系统

控制系统设有离合器、制动器、停止器、液压传动中的各种操纵阀及各种类型的调速装置。这些装置能够改善起重设备的运动特性，实现各机构的启动、调速、转向、制动和停止，从而完成起重设备作业所要求的各种动作。

5. 安全保护装置

为了使起重设备工作安全可靠，还需要装设一些安全保护装置。例如，为了防止吊重过载破坏起重设备，需装有起重量限制器或起重力矩限制器；为了防止起重设备行至终点或两台机械相碰发生剧烈撞击，需要装设行程限位器、缓冲器；为了防止露天工作的起重设备被风吹动滑行，需装设防风抗滑装置等。

（三）起重设备的分类

1. 桥架型起重机

桥架型起重机是由能前后移动的桥架，以及设置在桥架上的能前后移动和升降的小车运行机构组成的起重机械，如图 3-1-1 所示。它由桥架、起升机构、大车运行机构和小车运行机构组成。桥架沿两条平行轨道运行，小车在桥架沿小车轨道横向移动，起升机构安装在小车上，吊钩上下垂直升降，能在三维立体空间进行作业。桥架型起重机适用于车间、仓库、露天堆场等场所。

图 3-1-1　桥架型起重机

2. 臂架型起重机

臂架型起重机是指以悬伸和可旋转臂架作为主要受力构件，结合起升机构、变幅机构、旋转机构和运行机构的运动，能实现在圆形或椭圆形空间进行装卸作业的起重机械，如图 3-1-2 所示。臂架型起重机有固定式和自行式之分：固定式臂架型起重机由变幅机构、旋转机构和起升机构组成，主要包括悬臂起重机、桅杆起重机；自行式臂架型起重机将起重机装在车辆或其他运输工具上，增加了运行机构，主要包括汽车起重机、轮胎起重机、履带起重机和门座起重机。

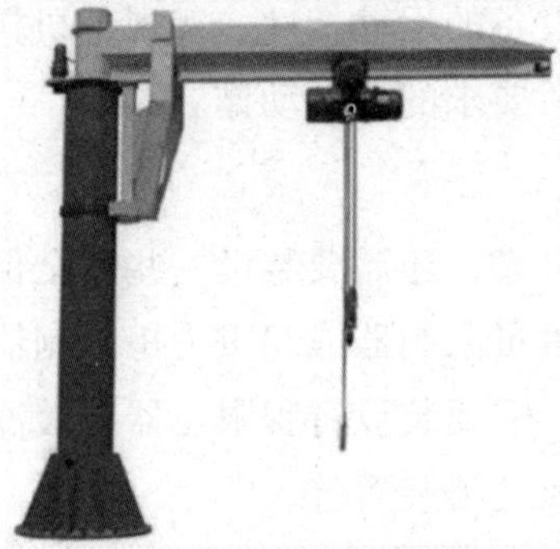

图 3-1-2　臂架型起重机

3. 缆索型起重机

缆索型起重机又称走线滑车，是一种可沿架空承载索运行的挂有取物装置的起重小车的起重机械，如图 3-1-3 所示。它以柔性钢索作为大跨距架空承载构件，供悬吊重物的载重小车在承载索上往返运行，具有垂直运输和水平运输功能，用于在较大空间范围对货物进行起重、运输和装卸作业。缆索型起重机常用在其他吊装方法不便或不经济的场合，以及吊重量不大但跨度、高度较大的场合，如桥梁建造或电视塔塔顶设备吊装等。

图 3-1-3　缆索型起重机

（四）起重设备的主要技术参数

起重设备的主要技术参数有起重量、起升高度、跨度、轨距（轮距）、幅度、工作速度、生产率和工作级别等。这些主要技术参数是体现起重设备性能特征的指标，也是进行起重设备选型和设计的技术依据。

1. 起重量

起重量是衡量起重设备起重能力的参数，是指起重设备在正常工作条件下（保持机械结构稳定性和牢固性的前提下）所能提升重物的质量。

2. 起升高度

起升高度是指起重设备工作场地地面或运行轨道顶面到取物装置上的极限位置之间的垂直距离。

3. 跨度、轨距（轮距）

跨度是指桥式起重机的起重大车运行轨道中心线之间的水平距离。轨距（轮距）是指臂架型起重机和桥式起重机的起重小车运行轨道中心线或行走轮踏面（履带）中心线之间的水平距离。

4. 幅度

幅度是臂架型起重机置于水平场地时，空载吊具垂直中心线至回转中心之间的水平距离。幅度表示的是起重设备不移位时的工作范围，可分为最大幅度和最小幅度，通常所说的起重机械幅度就是指起重设备的最大幅度。

5. 工作速度

起重设备的工作速度包括起升、运行、变幅和回转四个机构的工作速度。起升速度是指起升机构稳定运动状态下，额定载荷的垂直位移速度。运行速度是指运行机构稳定运动状态下，起重设备运行的速度，分为大车运行速度和小车运行速度。变幅速度是指变幅机构稳定运动状态下，额定载荷在变幅平面内水平位移的平均速度。回转速度是指回转机构稳定运动状态下，起重设备回转部分的回转角速度。

起重设备工作速度选择的合理与否，对起重设备的性能有很大影响。在一定的起重量下，通过提高工作速度就可以相应地提高起重设备的生产率，但速度的提高也会带来一定的不利因素，如动载荷的增大、驱动功率的提高等。因此，应根据起重机械的工作性质、使用场合、起重量、工作行程等因素来综合考虑其工作速度。

6. 生产率

生产率是指起重设备在规定的工作条件下连续作业时，单位时间内装卸货物的质量。它是表示起重设备装卸能力的综合指标，也是测算起重设备装卸作业能力的主要依据。

生产率不仅取决于起重机械本身的性能（起重量、工作速度和工作行程等），还与货物的种类、工作条件、生产组织及驾驶员的操作熟练程度等多种因素有关。

7. 工作级别

工作级别也称工作类型，起重量和使用频率都会影响工作级别。为了使起重设备具有先进的技术经济指标，保证其经久耐用、安全可靠，在选用起重设备时，必须考虑由起重设备的工作忙闲程度和载荷大小所决定的工作级别。

起重设备的工作级别由起重设备的利用等级和载荷状态确定，可分为 A1—A8 八个等级，起重设备工作级别如表 3-1-1 所示。它反映了起重设备在设计寿命期内使用时间的长短和负载的繁重程度。对起重设备划分工作级别，有利于合理地设计和选用起重设备。

表 3-1-1　　起重设备工作级别

起重设备形式		工作级别	
桥式起重机	通用吊钩桥式	电站安装及维修用途	A1—A3
		车间及仓库用途	A3—A5
		繁重工作车间及仓库用途	A6、A7
	抓斗桥式	间断装卸用途	A6
		连续装卸用途	A6—A8
门式起重机		一般用途吊钩式	A3—A6
		装卸用途抓斗式	A6—A8
		电站用途吊钩式	A2—A3
		造船安装用途吊钩式	A3—A5
		装卸集装箱用途	A5—A8
装卸桥		料场装卸用途抓斗式	A7、A8
		港口装卸用途抓斗式	A8
		港口装卸集装箱用途	A6—A8
门座起重机		安装用途吊钩式	A3—A5
		装卸用途吊钩式	A5—A7
		装卸用途抓斗式	A6—A8
塔式起重机		一般建筑安装用途	A2—A4
		用吊罐装卸混凝土	A4—A6

二、桥架型起重机

桥架型起重机一般包括桥式起重机、门式起重机、梁式起重机和装卸桥等。下面重点介绍桥式起重机和门式起重机。

（一）桥式起重机

桥式起重机安装在厂房两侧的吊车梁上，可以沿铺设在吊车梁上的轨道纵向行驶，因此它的工作面是整个所能行驶地段范围的长方体空间，是拥有量较大和使用较广泛的一种轨道运行式起重机。桥式起重机如图 3-1-4 所示。

图 3-1-4　桥式起重机

1. 桥式起重机的构造

桥式起重机一般由桥架、大车运行机构、起重小车、驾驶室四大部分组成。

（1）桥架。

桥架是桥式起重机的基本骨架，由主梁、端梁、走台和栏杆等组成。在主梁的盖板上铺设轨道，供起重小车行走，在主梁连接的一侧走台上安装起重机的大车运行机构，另一侧走台上安装小车供电的滑线。走台的外侧设有栏杆，以保障检修人员的安全。

（2）大车运行机构。

大车运行机构是驱使起重机车轮转动，并使车轮沿建筑物高架上铺设的轨道做水平方向运动的机构，主要由电动机、制动器、减速器、传动轴和联轴器等部件组成。

（3）起重小车。

①小车架。小车架由钢板焊接而成，在小车架上安装有栏杆、缓冲器和行程限位开关等安全保护装置。

②小车运行机构。小车运行机构是用来驱使起重小车沿主梁上的轨道运行的机构。起重小车的四个车轮都是驱动轮，由两套驱动装置分别驱动。

③起升机构。起升机构由驱动装置（电动机）、传动装置（减速器、联轴器、传动轴）、制动装置（制动器）、卷绕系统（卷筒、滑轮组、钢丝绳）、取物装置（吊钩装置）和安全保护装置（起升高度限制器、起重量限制器）等组成。

（4）驾驶室。

驾驶室是起重机操作者工作的地方，又称操纵室。在驾驶室里有大车运行机构、小车运行机构、起升机构的操纵设备及其相关电气设备，如控制器、控制屏、电铃及紧急开关等。驾驶室有的固定在主梁下方的一端，有的随小车一起移动。

2. 桥式起重机的类型

常用的桥式起重机有以下几种类型。

（1）通用吊钩桥式起重机。

通用吊钩桥式起重机是最常见、最典型的桥式起重机，如图 3-1-5 所示，其取物装置为吊钩。

图 3-1-5　通用吊钩桥式起重机

（2）抓斗桥式起重机。

抓斗桥式起重机的取物装置为抓斗，以钢丝绳分别连接抓斗、起升机构和开闭机构，主要适用于散货等的装卸、吊运作业。

（3）电磁桥式起重机。

电磁桥式起重机的基本构造与通用吊钩桥式起重机相同，不同的是电磁桥式起重机的吊钩上挂着一个直流起重电磁铁（又称电磁吸盘），用来吊运具有导磁性的黑色金属及其制品。

（4）三用桥式起重机。

三用桥式起重机是一种一机多用的起重机，根据需要可以用吊钩吊运重物，也可以在吊钩上挂一个抓斗来装卸物料，还可以把抓斗卸下来再挂上电磁吸盘吊运黑色金属及其制品。三用桥式起重机结构如图 3-1-6 所示。

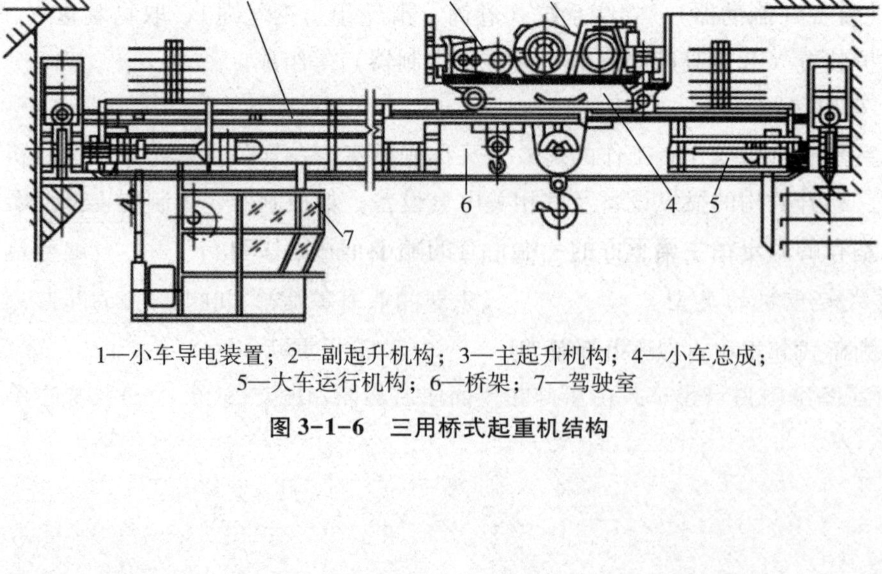

1—小车导电装置；2—副起升机构；3—主起升机构；4—小车总成；
5—大车运行机构；6—桥架；7—驾驶室

图 3-1-6　三用桥式起重机结构

（5）双小车桥式起重机。

双小车桥式起重机与通用吊钩桥式起重机的结构基本相同，不同的是双小车桥式起重机在桥架上装有两台起重量相同的小车。双小车桥式起重机结构如图 3-1-7 所示。

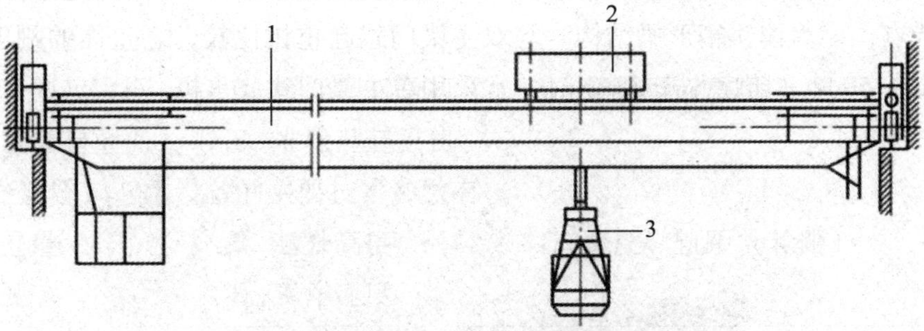

1—主梁；2—运行小车；3—抓斗

图 3-1-7　双小车桥式起重机结构

（6）电动葫芦型桥式起重机。

电动葫芦型桥式起重机的特点是用自行式电动葫芦代替起重小车，或者将固定式电动葫芦作为起重小车上的起升机构。该类起重机一般起重量较小、工作速度较慢、工作级别较低，但其自重轻、能耗较小。

（二）门式起重机

门式起重机的金属结构的外形像龙门架，所以又称龙门起重机。其中，桥架一侧直接支承在高架的轨道上，另一侧通过支腿支承在地面轨道或地基上的称为半门式起重机。门式起重机的支腿沿铺设在地面上的轨道由大车运行机构驱动运行。吊货的起重小车装有起升机构和小车运行机构，小车沿主梁上的小车轨道移动。为了在增加作业面积的同时降低主梁自重，用于装卸作业的门式起重机都将主梁两端向外延伸一定长度，延伸出去的部分称为悬臂。门式起重机的主梁和两条支腿都采用刚性连接，这样可以使金属结构的水平刚度增大，有利于大车行走。

1. 门式起重机的构造

门式起重机主要由门架（由支腿和横梁构成）、起重小车、运行机构、电气及安全装置等组成。

2. 门式起重机的类型

门式起重机有场地利用率高、作业范围大、适应面广、通用性强等特点，广泛使用于港口、堆场等物流场所。下面介绍几种常用的门式起重机。

（1）通用门式起重机。

通用门式起重机是指在一般环境中工作的普通用途的门式起重机，按主梁形式可分为单主梁门式起重机和双主梁门式起重机。这两类门式起重机均有吊钩式、抓斗式、电磁式、抓斗吊钩式、抓斗电磁式、三用式等几种类型。其中，吊钩式又分为单小车和双小车两种形式。

①单主梁门式起重机如图 3-1-8 所示。单主梁门式起重机具有结构简单，安装方便，自重轻的特点，多为偏轨箱形梁结构。与双主梁门式起重机比较，它整体的刚度略差。一般起重量小于 50 吨、跨度小于 35 米时，常采用单主梁门式起重机。

图 3-1-8 单主梁门式起重机

②双主梁门式起重机如图 3-1-9 所示。双主梁门式起重机的品种比单主梁门式起重机的品种多，具有承载能力强、整体跨度稳定性好、整体刚度大的优点，但整机自重较大、造价高。双主梁门式起重机的主梁可采用箱形和桁架等结构。

图 3-1-9 双主梁门式起重机

（2）专用门式起重机。

专用门式起重机按用途可分为造船用门式起重机、水电站门式起重机、集装箱门式起重机和装卸桥等类型。下面重点介绍集装箱门式起重机和装卸桥。

①集装箱门式起重机。这类起重机的特殊性在于支腿的间距大，能满足过往集装箱的

需要。其支腿是竖直的，无上拱架，支腿中心间距 16 米，完全能够使 40 英尺（约 12.192 米）标准集装箱顺利通过。

②装卸桥如图 3-1-10 所示。装卸桥是双主梁门式起重机的特例，它的特殊之处在于跨度大、悬臂长、小车运行速度快。装卸桥构造与桥式起重机（除支腿外）基本一样。因为其跨度大、主梁长度大，所以安装误差和温度变化引起的支腿间距变化较大。为了补偿这些变化，不致使主梁和支腿承受很大的附加应力，装卸桥两边的支腿通常做成一边与桥架刚性连接，一边与桥架铰接，故有刚性支腿和柔性支腿之分，刚性较小的支腿称为柔性支腿。

图 3-1-10　装卸桥

（3）电动葫芦门式起重机。

电动葫芦门式起重机是一种简易的门式起重机，由门架、电动葫芦、运行机构和电控部分组成。其主梁一般采用箱形、桁架或组合主梁结构，支腿一般采用双刚性支腿，跨度大时采用“一刚性、一柔性”支腿。

三、臂架型起重机

臂架型起重机主要有固定式臂架型起重机和移动式臂架型起重机。其中，固定式臂架型起重机包括固定式转柱旋臂起重机和固定式定柱旋转起重机；移动式臂架型起重机主要有门座式起重机、汽车起重机、轮胎起重机、履带起重机和塔式起重机等。

（一）固定式臂架型起重机

1. 固定式转柱旋臂起重机

固定式转柱旋臂起重机适用于起重量不大、作业服务范围为圆形或扇形的场合。固定式转柱旋臂起重机有一根能够旋转的柱子（转柱），其机架固定在转柱上随转柱一起旋转，如图 3-1-11 所示。

图 3-1-11　固定式转柱旋臂起重机

2. 固定式定柱旋转起重机

固定式定柱旋转起重机的机架被支承在一个固定的定柱上，并绕此定柱旋转，如图 3-1-12所示。其机架的支撑装置均安置在定柱的上下端，省去了外部上方支承，所以可以做到 360°旋转。

图 3-1-12　固定式定柱旋转起重机

（二）移动式臂架型起重机

1. 门座式起重机

门座式起重机又称门机，是可以沿地面轨道运行，下方可通过铁路车辆或其他地面车辆，门形座架上装有可转动起重装置的一种臂架型起重机。这类起重机由固定部分和回转部分构成，固定部分通过台架支承在运行轨道上，回转部分通过回转支撑装置安装在门架上。门座式起重机结构如图 3-1-13 所示。

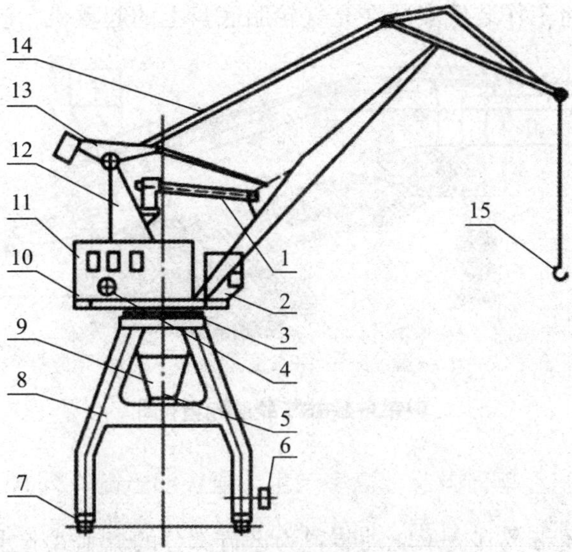

1—变幅机构；2—驾驶室；3—旋转机构；4—起升机构；5—电气驱动装置；
6—卷筒；7—运行机构；8—门架；9—转柱；10—转盘；11—机房；
12—人字架；13—变幅平衡系统；14—臂架系统；15—吊钩

图 3-1-13　门座式起重机结构

门座式起重机具有臂幅大、起升高度大、起重量大、工作区域大、定位性好、通用性好、使用灵活的特点，广泛用于港口、码头、建筑工地等。由于门座式起重机自重大，装卸作业时轮压大，因而对基础结构强度的要求高。此外，门座式起重机的造价、使用成本、维修费用和能耗都比较大。

2. 轮式起重机

汽车起重机和轮胎起重机统称为轮式起重机。轮式起重机是工程机械的主要类型，同时又是一种应用广泛、作业适用性大的通用型起重机。

①汽车起重机。汽车起重机是将工作装置安装在通用或专用汽车底盘上的起重机，如图 3-1-14 所示。

图 3-1-14　汽车起重机

②轮胎起重机。将工作装置安装在充气轮胎底盘上的起重机，统称为轮胎起重机，如图 3-1-15 所示。

图 3-1-15 轮胎起重机

3. 履带起重机

履带起重机是以履带及其支承驱动装置为运行部分的流利式起重机。由于履带接地面积大，所以该起重机能在松软路面上行走，其对地面附着力大，爬坡能力强，转弯半径小，甚至可以原地转弯。履带起重机如图 3-1-16 所示。

图 3-1-16 履带起重机

4. 塔式起重机

塔式起重机是建筑工地上最常用的一种起重设备，又称“塔吊”，以一节一节地接长来起吊施工用的钢筋、木楞、混凝土、钢管等原材料。塔式起重机如图 3-1-17 所示。

图 3-1-17 塔式起重机

任务实施

步骤 1：分析适合在仓库中使用的起重机类型。

请描述适合在仓库中使用的起重机的类型并说明原因。

步骤 2：分析在仓库中使用起重机的条件。

通常情况下，在仓库中使用的起重机一般自重较小，承重量也相对较小，而且需要考虑在狭小空间中的操作和机动能力。基于此，分析在仓库中使用起重机的条件。

任务评价

学生互评表

<table>
<tr><td>任务名称</td><td colspan="8">认知起重设备</td></tr>
<tr><td>班级</td><td></td><td>组别</td><td></td><td>姓名</td><td></td><td>学号</td><td colspan="2"></td></tr>
<tr><td colspan="3">评价项目
（占比）</td><td colspan="4">评价标准</td><td>满分
（分）</td><td>得分
（分）</td></tr>
<tr><td colspan="3">考勤（10%）</td><td colspan="4">学生考勤情况（无故旷课、迟到、早退，一次扣 10 分，请假一次扣 2 分）</td><td>10</td><td></td></tr>
<tr><td rowspan="2">学习能力
（10%）</td><td colspan="2">合作学习能力</td><td colspan="4">小组合作参与程度（优秀为 6 分，良好为 4 分，一般为 2 分，未参与为 0 分）</td><td>6</td><td></td></tr>
<tr><td colspan="2">个人学习能力</td><td colspan="4">个人自主探究参与程度（优秀为 4 分，良好为 2 分，未参与为 0 分）</td><td>4</td><td></td></tr>
<tr><td rowspan="2">工作过程
（60%）</td><td colspan="2">分析适合在仓库中使用的起重机类型</td><td colspan="4">能正确说出适合在仓库中使用的起重机类型并描述原因（每少一处扣 5 分）</td><td>30</td><td></td></tr>
<tr><td colspan="2">分析仓库使用起重机的条件</td><td colspan="4">能正确分析在仓库中使用起重机的条件（每少一条扣 5 分）</td><td>30</td><td></td></tr>
<tr><td rowspan="2">工作成果
（20%）</td><td colspan="2">成果完成情况</td><td colspan="4">能按规范及要求完成任务（未完成一处扣 2 分）</td><td>10</td><td></td></tr>
<tr><td colspan="2">成果展示情况</td><td colspan="4">能正确认识起重设备（失误一次扣 5 分）</td><td>10</td><td></td></tr>
<tr><td colspan="8">总得分</td><td></td></tr>
</table>

教师评价表

<table>
<tr><td>任务名称</td><td colspan="9">认知起重设备</td></tr>
<tr><td>授课信息</td><td colspan="9"></td></tr>
<tr><td>班级</td><td></td><td>组别</td><td></td><td>姓名</td><td></td><td>学号</td><td colspan="3"></td></tr>
<tr><td colspan="3">评价项目
（占比）</td><td colspan="5">评价标准</td><td>满分
（分）</td><td>得分
（分）</td></tr>
<tr><td colspan="3">考勤（10%）</td><td colspan="5">学生考勤情况（无故旷课、迟到、早退，一次扣10分，请假一次扣2分）</td><td>10</td><td></td></tr>
<tr><td rowspan="2">学习能力
（10%）</td><td colspan="2">合作学习能力</td><td colspan="5">小组合作参与程度（优秀为6分，良好为4分，一般为2分，未参与为0分）</td><td>6</td><td></td></tr>
<tr><td colspan="2">个人学习能力</td><td colspan="5">个人自主探究参与程度（优秀为4分，良好为2分，未参与为0分）</td><td>4</td><td></td></tr>
<tr><td rowspan="2">工作过程
（60%）</td><td colspan="2">分析适合在仓库中使用的起重机类型</td><td colspan="5">能正确说出适合在仓库中使用的起重机类型并描述原因（每少一处扣5分）</td><td>30</td><td></td></tr>
<tr><td colspan="2">分析仓库使用起重机的条件</td><td colspan="5">能正确分析在仓库中使用起重机的条件（每少一条扣5分）</td><td>30</td><td></td></tr>
<tr><td rowspan="2">工作成果
（20%）</td><td colspan="2">成果完成情况</td><td colspan="5">能按规范及要求完成任务（未完成一处扣2分）</td><td>10</td><td></td></tr>
<tr><td colspan="2">成果展示情况</td><td colspan="5">能正确认识起重设备（失误一次扣5分）</td><td>10</td><td></td></tr>
<tr><td colspan="9">总得分</td><td></td></tr>
</table>

任务反思

在完成任务的过程中遇到了哪些问题，应如何解决？

知识巩固

1. （单选题）（　　）是一种周期性循环、间歇运动的机械，用来垂直升降和水平移动货物，以满足货物的装卸、转载等作业的要求。

A. 叉车　　B. 起重设备　　C. 输送设备　　D. 分拣设备

2. （单选题）（　　）的支腿沿铺设在地面上的轨道由大车运行机构驱动运行。

A. 门式起重机　　B. 桥式起重机　　C. 悬臂起重机　　D. 装卸桥

3. （单选题）在典型起重机械中，桥架两端通过运行装置直接支承在高架轨道上的桥架型起重机称为（　　）。

A. 门式起重机　　B. 桥式起重机　　C. 悬臂起重机　　D. 装卸桥

4. （多选题）起重设备一般分为（　　）。

A. 升降型起重机　　B. 桥架型起重机　　C. 臂架型起重机

D. 缆索型起重机　　E. 堆垛型起重机

5. （多选题）起重设备的主要技术参数有（　　）。

A. 起重量　　B. 起升高度　　C. 跨度、轨距（轮距）

D. 幅度　　E. 工作速度

任务二　认知输送设备

任务目标

知识目标	了解输送设备的定义 掌握输送设备的类型及用途
技能目标	能够根据货物特性选择合适的输送设备 能够合理分析自动化输送设备运行的影响因素 能够合理分析自动化输送设备的优势
素养目标	具有创新意识和自我突破的精神

任务发布

链云的主要业务是运营公司分布在城市各处的仓库。每个仓库中都有大量的货物需要管理，为了更好地管理这些货物，需要配有高效、可靠的输送设备，以便将货物从一个仓库转移到另一个仓库，或者将货物从仓库中的一个区域转移到另一个区域。

为了更好地满足客户需求，需要寻找一个更加经济实用的输送设备，链云决定采用自动化输送设备。前期的准备工作交由刘波完成。请思考下列问题。

1. 在采用自动化输送设备之前，有哪些传统方法可处理货物的转移和排序？

2. 自动化输送设备确实能够提高物流公司的效率和准确性，但哪些因素可能会影响其运行效果？

3. 采用自动化输送设备的主要优势是什么？

知识储备

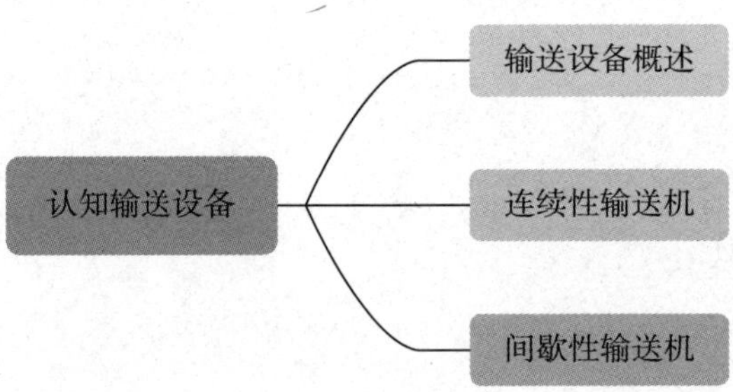

一、输送设备概述

（一）输送设备的定义

输送设备是指以连续的方式沿着一定的线路，从装货点到卸货点输送散装货物（散货）或集装单元货物（集装货）的机械，也称输送机械。输送设备与起重设备相比，其输送货物是沿着一定的线路连续地输送；工作构件的装载和卸载都是在运动过程中进行的，无须停机，启动、制动次数少；被输送的散料以连续形式分布于承载构件上，输送的成件货物也同样按一定的次序以连续的方式移动。

（二）输送设备的特点

输送设备可水平或垂直输送物料，其工作特点如下。

①输送物料范围广。现代输送设备一般具有抗磨、耐腐蚀、耐高温和低温等特性，可以输送散料、块料和成品等各种性质的物料。

②输送距离长，输送量大。输送设备可以连续不断地输送重量很大的货物，有的大型输送设备甚至可以输送重达几千吨以上的重物，最长的输送距离甚至可以达到几十千米。

③装卸物料方便、简单。输送设备结构简单，可根据工艺流程在需要的地方装卸物料。

④能耗低、效率高。输送设备的运行部分一般具有自重轻、运行方便、无效运量少的特点，所以能耗比较低，具有很高的效率。

（三）输送设备的分类

1. 按照安装方式分类

按照安装方式分类，输送设备可分为固定式输送机和移动式输送机。

①固定式输送机。固定式输送机是指整个设备固定安装在一个地方，不能再移动。它主要用于固定的运输场合，如专用码头、仓库、工厂生产工序之间的输送等。

②移动式输送机。移动式输送机装有轮子，可以移动，具有机动性强、利用率高、能及时布置输送作业达到装卸要求的优点，这类设备输送量不太大。移动式输送机如图 3-2-1 所示。

图 3-2-1　移动式输送机

2. 按照结构特点分类

按照结构特点分类，输送设备可分为有挠性牵引构件的输送机和无挠性牵引构件的输送机。

①有挠性牵引构件的输送机。该类输送机的工作特点是物料或货物在牵引构件的作用下，利用牵引构件的连续运动使物料或货物向一定方向输送，如皮带输送机等。

②无挠性牵引构件的输送机。该类输送机的牵引构件是一个循环往复的封闭系统，通常一部分用于输送货物，另一部分负责返回原位，如螺旋输送机等。

3. 按照输送货物力的形式分类

按照输送货物力的形式分类，输送设备可分为机械式输送机、惯性式输送机、气力式输送机和液力式输送机等。

4. 按照货物运动的连续程度分类

按照货物运动的连续程度分类，输送设备可分为连续性输送机和间歇性输送机，下面将会重点介绍这两类输送机。

①连续性输送机主要用于散装货物（如颗粒、粉末物料）的输送。

②间歇性输送机主要用于集装单元货物（如件货、包装货）的输送，输送的单元负载包括托盘、纸箱或其他固定尺寸的货物。

二、连续性输送机

连续性输送机的形式、构造和工作原理是多种多样的，且主要分为带式输送机、链式输送机、螺旋输送机、斗式提升机等。

（一）带式输送机

带式输送机是一种应用最广泛的连续性输送机，是以封闭无端的输送带作为牵引构件和承载构件的连续性输送机。带式输送机主要由输送带、装载装置、清扫装置、各种滚筒（驱动滚筒、张紧滚筒）、机架等组成。带式输送机结构如图 3-2-2 所示。

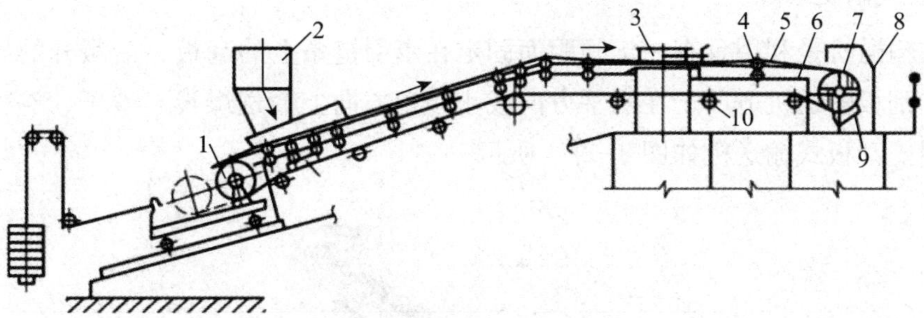

1—张紧滚筒；2—装载装置；3—卸料挡板；4—上托辊；5—输送带；6—机架；
7—驱动滚筒；8—卸载罩壳；9—清扫装置；10—支撑托辊

图 3-2-2　带式输送机结构

带式输送机输送距离长、输送能力强、生产率高、结构简单、基建投资少、使用费用低，输送线路可以水平、倾斜布置，或者在水平方向、垂直方向弯曲布置，受地形条件限制较小，运作平稳、操作简单、安全可靠，易实现自动控制。

（二）链式输送机

链式输送机是连续性输送机的一种主要形式。链式输送机是用绕过若干链轮的无端链条作牵引构件，由驱动链轮通过轮齿与链节的啮合将圆周牵引力传递给链条，在链条上安装特定工作构件输送货物。

链式输送机的类型很多，常用的有链板式输送机、刮板式输送机和埋刮板式输送机。下面重点介绍链板式输送机和刮板式输送机。

1. 链板式输送机

链板式输送机的结构和工作原理与带式输送机相似，但与带式输送机相比，其优点是链条挠性好、刚度强、不易跑偏，可采用较小直径的链轮传递较大的牵引力；其缺点是自重、磨损和消耗都比带式输送机大。链板式输送机如图 3-2-3 所示。

图 3-2-3　链板式输送机

链板式输送机不适合输送颗粒较小的物料，但适合输送较重的货物，适宜于车厢、港口货物的装卸作业。

2. 刮板式输送机

刮板式输送机是利用具有一定间距而固定在牵引链条上的刮板，沿敞开的导槽刮运散货的机械。刮板输送机适用于在水平方向或小倾角方向上输送煤炭、沙子、谷物等粉粒状和块状物料。刮板式输送机如图 3-2-4 所示。

图 3-2-4　刮板式输送机

刮板式输送机的优点是结构简单、牢固，适应性强，可在任意地点装载或卸载；缺点是物料与料槽和刮板与料槽的摩擦，使料槽和刮板的磨损较快，输送阻力和功率消耗较大，因此常用于生产率不大的短距离输送，在港口可用于散货堆场或装车作业。

（三）螺旋输送机

螺旋输送机是通过带有螺旋叶片的轴的转动，推动装入料槽的货物沿着螺旋轴线方向移动，实现货物的装卸搬运作业的一种连续性输送机，如图 3-2-5 所示。

图 3-2-5　螺旋输送机

（四）斗式提升机

斗式提升机是在垂直或接近垂直的方向上连续提升粉末状、颗粒状物料的输送机械，如图 3-2-6 所示。物料从底部装载，从上部卸载。除驱动装置，其余部件均装在封闭的罩壳内。

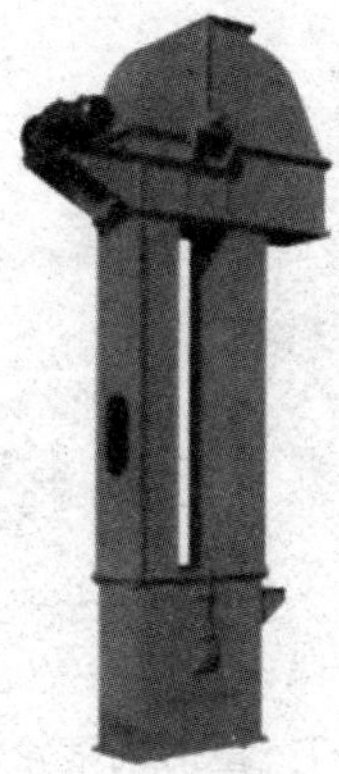

图 3-2-6　斗式提升机

三、间歇性输送机

间歇性输送机主要用于输送托盘、箱包件或其他有固定尺寸的集装单元货物，是物流配送中心和仓库必不可少的重要输送设备。在仓库或物流中心采用间歇性输送机，货物的装载和卸载均可在输送过程不停顿的情况下进行，其有较快的输送速度。间歇性输送机的结构比较简单，动作单一，造价也比较低，另外，还可按货物的输送线路，选用多台间歇性输送机组成输送系统，实现物流自动化；其缺点是输送系统的占地面积较大，且不易变更货物的输送路线。

间歇性输送机根据有无动力源，可分为重力式间歇输送机和动力式间歇输送机。

（一）重力式间歇输送机

所谓重力式间歇输送机，就是以输送货物本身的重量为动力，在倾斜的输送机上由上往下滑动。重力式间歇输送机的优点在于成本低，易于安装和扩充。

重力式间歇输送机根据滚动体的不同，可分为重力式滚轮输送机、重力式滚筒输送机和重力式滚珠输送机。

重力式滚轮输送机如图 3-2-7 所示，其主要特点是重量轻、易搬动、装卸方便，多用于配送中心。对于表面较软的货物（如布袋），重力式滚轮输送机较重力式滚筒输送机有较强的输送性，但是对于底部有挖孔的容器，则不宜使用重力式滚轮输送机。

图 3-2-7　重力式滚轮输送机

(二) 动力式间歇输送机

动力式间歇输送机一般以电动机为动力，根据驱动介质的不同，可分为链条式输送机、辊子式输送机和悬挂式输送机等，是物流自动化、机械化的重要组成部分。

1. 链条式输送机

链条式输送机是以链条为传动元件及输送元件的输送机，如图 3-2-8 所示。链条式输送机的链条以导轨为依托，将货物以承托方式进行输送。其输送元件使用最多的是滑动链和滚动链。链条式输送机适合输送形状规则的货物，如纸箱货、托盘货等。

图 3-2-8　链条式输送机

2. 辊子式输送机

辊子式输送机是一种广泛使用的输送机，如图 3-2-9 所示。辊子式输送机在机架上装有辊子组，并由动力带动部分或全部辊子转动，依靠转动辊子与货物接触表面之间的摩擦力输送货物。辊子转动呈主动状态，可以严格控制货物的运行状态，能按规定的运行速度精确、平稳、可靠地输送货物，便于实现输送过程的自动化。

辊子式输送机价格较贵，一般用于有储积、分流、合流和分拣等要求的袋装货物或软包装件货的输送，对于重量较大的货物，也适合选用辊子式输送机。

图 3-2-9　辊子式输送机

3. 悬挂式输送机

悬挂式输送机是一种空间封闭的输送系统，由牵引链、滑架、承载小车、架空轨道、回转装置、驱动装置、拉紧装置、安全装置和电控装置等组成，如图 3-2-10 所示。按承载小车的驱动方式，悬挂式输送机分为链条牵引式悬挂输送机、螺杆驱动式悬挂输送机、自行式悬挂输送机和积放式悬挂输送机。

悬挂式输送机适用于工厂车间、仓库内部件货及包装货的空中运输。悬挂式输送机的空间布置对地面设备和作业的操作影响甚小，同时其本身就是一个“活动仓库”，所以可以取消各工序间的储存场地，从而提高生产作业面积和仓储面积的经济合理性。

图 3-2-10　悬挂式输送机

任务实施

步骤 1：了解进行货物转移和排序的传统方法。

在采用自动化输送设备之前，物流公司可能会使用__________、__________、__________、__________等传统方法处理货物的转移和排序。这些方法相对而言比较耗费时间和人力，并且容易发生人为失误等问题。

步骤 2：分析影响自动化输送设备运行效果的因素。

____

____

____

步骤 3：分析采用自动化输送设备的优势。

自动化输送设备的主要优势在于，它可以__________操作的效率和准确性，同时可以__________劳动力成本和__________人为失误。自动化输送设备提供了一种高效率、自动化的方式处理物流中货物的转移和排序，能够自动分拣、打包、标记和对齐货物，无须人工干预。除此之外，自动化输送设备还可以实现操作和货物的实时监控，以及自动记录和分析日常操作等。这些优势可以__________物流公司的效率、服务质量和竞争力。

任务评价

学生互评表

<table>
<tr><td>任务名称</td><td colspan="8">认知输送设备</td></tr>
<tr><td>班级</td><td></td><td>组别</td><td></td><td>姓名</td><td></td><td>学号</td><td colspan="2"></td></tr>
<tr><td colspan="2">评价项目
（占比）</td><td colspan="5">评价标准</td><td>满分
（分）</td><td>得分
（分）</td></tr>
<tr><td colspan="2">考勤（10%）</td><td colspan="5">学生考勤情况（无故旷课、迟到、早退，一次扣 10 分，请假一次扣 2 分）</td><td>10</td><td></td></tr>
<tr><td rowspan="2">学习能力
（10%）</td><td>合作学习能力</td><td colspan="5">小组合作参与程度（优秀为 6 分，良好为 4 分，一般为 2 分，未参与为 0 分）</td><td>6</td><td></td></tr>
<tr><td>个人学习能力</td><td colspan="5">个人自主探究参与程度（优秀为 4 分，良好为 2 分，未参与为 0 分）</td><td>4</td><td></td></tr>
<tr><td rowspan="3">工作过程
（60%）</td><td>了解进行货物转移和排序的传统方法</td><td colspan="5">能正确说出进行货物转移和排序的传统方法（每错一处扣 3 分）</td><td>12</td><td></td></tr>
<tr><td>分析影响自动化输送设备运行效果的因素</td><td colspan="5">能正确分析影响自动化输送设备运行效果的因素（每少一条扣 8 分）</td><td>40</td><td></td></tr>
<tr><td>分析采用自动化输送设备的优势</td><td colspan="5">能分析采用自动化输送设备的优势（每错一处扣 2 分）</td><td>8</td><td></td></tr>
<tr><td rowspan="2">工作成果
（20%）</td><td>成果完成情况</td><td colspan="5">能按规范及要求完成任务（未完成一处扣 2 分）</td><td>10</td><td></td></tr>
<tr><td>成果展示情况</td><td colspan="5">能正确认识输送设备（失误一次扣 5 分）</td><td>10</td><td></td></tr>
<tr><td colspan="8">总得分</td><td></td></tr>
</table>

教师评价表

<table>
<tr><td>任务名称</td><td colspan="7">认知输送设备</td></tr>
<tr><td>授课信息</td><td colspan="7"></td></tr>
<tr><td>班级</td><td></td><td>组别</td><td></td><td>姓名</td><td></td><td>学号</td><td></td></tr>
<tr><td colspan="3">评价项目
（占比）</td><td colspan="3">评价标准</td><td>满分（分）</td><td>得分（分）</td></tr>
<tr><td colspan="3">考勤（10%）</td><td colspan="3">学生考勤情况（无故旷课、迟到、早退，一次扣 10 分，请假一次扣 2 分）</td><td>10</td><td></td></tr>
<tr><td rowspan="2">学习能力（10%）</td><td colspan="2">合作学习能力</td><td colspan="3">小组合作参与程度（优秀为 6 分，良好为 4 分，一般为 2 分，未参与为 0 分）</td><td>6</td><td></td></tr>
<tr><td colspan="2">个人学习能力</td><td colspan="3">个人自主探究参与程度（优秀为 4 分，良好为 2 分，未参与为 0 分）</td><td>4</td><td></td></tr>
<tr><td rowspan="3">工作过程（60%）</td><td colspan="2">了解进行货物转移和排序的传统方法</td><td colspan="3">能正确说出进行货物转移和排序的传统方法（每错一处扣 3 分）</td><td>12</td><td></td></tr>
<tr><td colspan="2">分析影响自动化输送设备运行效果的因素</td><td colspan="3">能正确分析影响自动化输送设备运行效果的因素（每少一条扣 8 分）</td><td>40</td><td></td></tr>
<tr><td colspan="2">分析采用自动化输送设备的优势</td><td colspan="3">能分析采用自动化输送设备的优势（每错一处扣 2 分）</td><td>8</td><td></td></tr>
<tr><td rowspan="2">工作成果（20%）</td><td colspan="2">成果完成情况</td><td colspan="3">能按规范及要求完成任务（未完成一处扣 2 分）</td><td>10</td><td></td></tr>
<tr><td colspan="2">成果展示情况</td><td colspan="3">能正确认识输送设备（失误一次扣 5 分）</td><td>10</td><td></td></tr>
<tr><td colspan="7">总得分</td><td></td></tr>
</table>

任务反思

在完成任务的过程中遇到了哪些问题，应如何解决？

知识巩固

1.（单选题）（　　）通过带有螺旋叶片的轴的转动，推动装入料槽的货物沿着螺旋轴线方向移动，实现货物的装卸搬运作业的一种连续性输送机。

A. 链式输送机　　　　B. 带式输送机
C. 滚筒输送机　　　　D. 螺旋式输送机

2.（单选题）（　　）是以输送货物本身的重量为动力，在倾斜的输送机上由上往下滑动。

A. 链板式输送机　　　　B. 刮板式输送机
C. 重力式间歇输送机　　　　D. 动力式间歇输送机

3.（单选题）应用最广，对各种距离、角度的输送都能适应的运输机是（　　）。

A. 带式输送机　　　　B. 气力输送机
C. 悬挂式输送机　　　　D. 辊子式输送机

4.（多选题）带式输送机的主要部件包括（　　）。

A. 装载装置　　B. 各种滚筒　　C. 输送带
D. 机架　　E. 清扫装置

5.（多选题）连续性输送机主要包括（　　）。

A. 带式输送机　　B. 链式输送机　　C. 螺旋输送机　　D. 斗式提升机

任务三　认知叉车

任务目标

知识目标	了解叉车的特点及类型 掌握叉车的总体结构 理解叉车的主要技术参数
技能目标	能够正确区分叉车类型 能够模拟完成叉车的使用
素养目标	培养吃苦耐劳、勇于拼搏的精神

任务发布

链云根据作业需求，近期需要采购一批搬运设备以减轻人工作业强度，请协助刘波完成此项工作。

由指导教师带队，带领学生参观企业仓储中心，仓库负责人现场介绍装卸搬运设备中电动叉车的用途，学生做好记录，有问题及时提问，教师和仓库负责人解答，参观结束后，请学生在院校实训中使用电动叉车完成装卸搬运任务。

知识储备

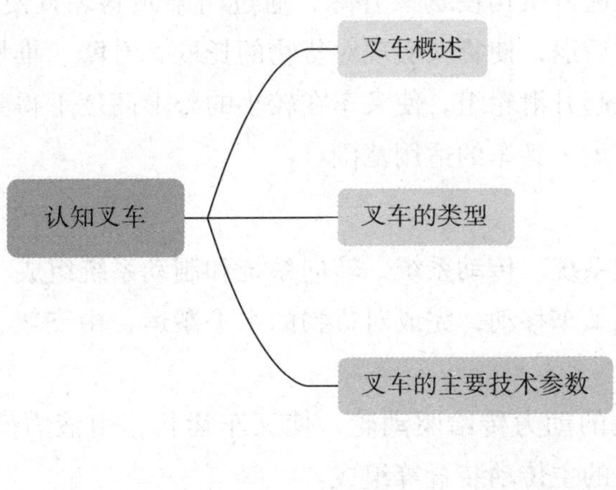

一、叉车概述

叉车又称叉式装载机，也称铲车，由自行的轮胎底盘及能垂直升降和前后倾斜的货叉、门架等组成，主要用于件货的装卸搬运，是一种既可做短距离水平运输，又可堆垛、拆垛和装卸卡车、铁路平板车的机械，在配备其他取物装置后，还能用于散货和多种规格品种货物的装卸作业。

（一）叉车的特点和作用

叉车和其他起重、输送设备一样，能减轻装卸工人繁重的体力劳动、提高装卸效率、缩短船舶与车辆停留时间、降低装卸成本，其还具有以下特点和作用。

①机械化程度高。在使用各种自动的工作装置（也称取物装置）或在货物与货板配合使用的情况下，可以实现装卸工作的完全机械化，不需要工人的辅助体力劳动。

②机动灵活性好。叉车外形尺寸小、重量轻，能在作业区域内任意调动，适应货物数量及货流方向的改变，可机动地与其他起重、输送设备配合工作，提高设备的使用率。

③可以“一机多用”。在配备与使用各种工作装置（如货叉、铲斗、臂架、串杆、货夹、抓取器等）的条件下，叉车可以适应多品种、多形状和多尺寸的货物的装卸作业。

④叉车能提高仓库容积的利用率，堆码高度一般可达3~6米。

⑤使用叉车有利于开展托盘成组运输和集装箱运输。

⑥与大型起重设备相比，叉车的成本低、投资少，企业能获得较好的经济效益。

（二）叉车的总体结构

叉车由工作装置、底盘和发动机三大部分组成。

1. 工作装置

叉车的工作装置安装在叉车的最前部，悬挂在支撑车轮的前方。最常用的工作装置是一对朝前的货叉，通过起升机构使货叉升降，通过门架倾斜装置使货架向下俯和向上仰，同时加上叉车的前进和后退，使货叉实现对货物的托取、升降、堆垛和拆垛等作业。工作装置采用伸缩式门架及起升滑轮组，使叉车在较小的外形高度下得到较大的起升高度，提高了叉车的通过性，扩大了叉车的适用范围。

2. 底盘

叉车的底盘由行驶系统、传动系统、转向系统和制动系统组成。

行驶系统用来实现叉车移动，完成对货物的水平搬运，由支架、车桥、车轮及悬架装置等组成。

传动系统把发动机的动力传给驱动轮，使叉车运行，由液力变矩器或离合器、变速器、传动轴和驱动桥内的主传动装置等组成。

转向系统用来控制叉车行驶方向，使车辆保持直线行驶或实现曲线行驶，由转向器、转向传动机构组成。

制动系统能使叉车减速、驻车。叉车具有两套独立的制动系统，分别为行车制动系统和驻车制动系统。这两套制动系统由制动器和制动操纵机构组成。

3. 发动机

发动机是叉车的动力装置，装在叉车的后部，兼负平衡重的作用。

除了上述三大部分，平衡重是平衡重式叉车必不可少的构件，用来平衡载荷和工作装置重力产生的倾覆力矩。在设计时还可用来调节叉车的重心位置，改善叉车的性能。通常情况下，叉车只安装半封闭驾驶室，经常在室外工作的叉车才安装封闭的驾驶室。叉车的车身上还装有各种作业灯、声光信号报警器等装置。

二、叉车的类型

叉车按动力装置可分为内燃叉车和电瓶叉车；按结构和用途可分为平衡重式叉车、插腿式叉车、前移式叉车；按货叉方向可分为前叉式叉车、侧叉式叉车；按举升高度可分为低举升叉车和高举升叉车。另外还有跨车及其他特种叉车等。下面简要介绍几种常用的叉车。

（一）平衡重式叉车

平衡重式叉车是叉车中应用最广泛的一种，约占叉车总数的80%以上。它的特点是货叉在车身的正前方伸出，货物重心落在车轮轮廓之外，为了平衡货物重量产生的倾覆力矩，保持叉车的纵向稳定性，在车体尾部配有平衡重。平衡重式叉车要依靠叉车前后移动才能叉卸货物，如图 3-3-1 所示。

图 3-3-1　平衡重式叉车

（二）插腿式叉车

插腿式叉车的特点是叉车前方带有小轮子的支腿能与货叉一起伸入货板叉货，然后由货叉提升货物。由于货物重心位于前后车轮所包围的底面之内，因此叉车的稳定性好。插腿式叉车的结构比平衡重式叉车的结构更简单，如图 3-3-2 所示，适合在狭窄的通道和室内堆垛、搬运，但其速度慢、行走轮直径小、对地面平整度的要求比较高。

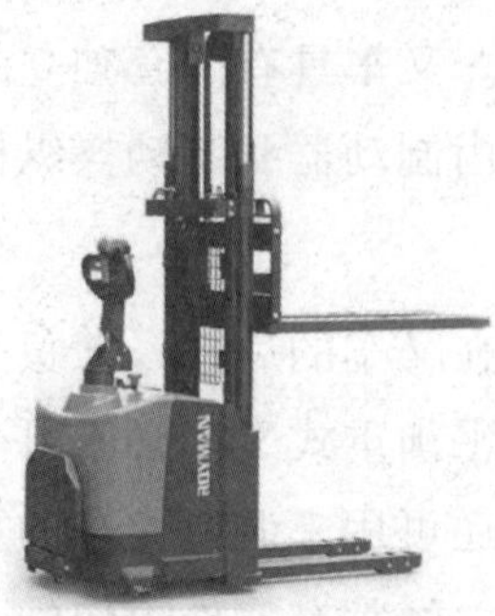

图 3-3-2　插腿式叉车

(三) 前移式叉车

前移式叉车的货叉可沿叉车纵向前后移动。取货、卸货时，货叉伸出，叉卸货物后或带货移动时，货叉退回接近车体的位置，因此叉车行驶时具有比较好的稳定性。

前移式叉车可分为门架前移式叉车和货叉前移式叉车。门架前移式叉车如图 3-3-3 所示，货叉和门架一起移动，叉车驶进货垛时，门架前伸的距离受外界空间对门架高度的限制，因此只能对货垛的前排货物进行作业。货叉前移式叉车如图 3-3-4 所示，门架不动，货叉借助伸缩机构单独前伸。

图 3-3-3　门架前移式叉车

图 3-3-4　货叉前移式叉车

前移式叉车主要用于室内搬运作业，但也能在室外工作，其优点是车身小、重量轻、转弯半径小、机动性好，无须在货堆间留出空处，前轮可做得较大（前轮较大时，叉车行驶速度慢）。

(四) 侧叉式叉车

侧叉式叉车如图 3-3-5 所示，主要用于搬运长大件货物。侧叉式叉车的门架和货叉位于车体中部的一侧，不仅可上下运动，还可前后伸缩。由于货物沿叉车的纵向放置，因此可减少长大件货物对道路宽度的要求，同时，货物重心位于车轮支承底面之内，叉车行驶时稳定性好、速度快，操作者视野比平衡重式叉车好。由于门架和货叉只能向一侧伸出，当需要在对侧卸货时，必须将叉车驶出通道，掉头以后才能卸货。

图 3-3-5　侧叉式叉车

（五）跨车

跨车即跨运车，如图 3-3-6 所示，是由门形车架和带抱叉的提升架组成的搬运机械，一般用内燃机驱动。进行起重作业时，门形车架跨在货物上由抱叉托起货物，进行搬运和码垛。在港口，跨车可用来搬运和堆码钢材、木材和集装箱等。跨车起重量大，运行速度和装卸速度快，甚至可做到不停车装载，但跨车本身重量集中在上部，重心高，空车行走时稳定性较差，要求地面平整度良好。

图 3-3-6　跨车

扫一扫

扫描右侧二维码，观看视频，了解叉车的种类。

三、叉车的主要技术参数

叉车的主要技术参数可以说明叉车的结构特征和工作性能，主要包括以下内容。

1. 额定起重量和载荷中心距

额定起重量是指门架处于垂直位置，货物重心至货叉垂直段前壁的距离不大于载荷中心距时，允许叉车举起的最大货物重量。载荷中心距是指在货叉放置标准货物时，其重心到货叉垂直段前壁的水平距离。

如果由于货物体积庞大，或者货物在托盘上的位置不当，而货叉上的货物实际重心至货叉垂直段前壁的距离超出了规定的载荷中心距，或者当最大起升高度超过一定数值时，由于受叉车纵向稳定性的限制，起重量应相应减小，否则叉车将有倾翻的风险。货物实际重心至货叉垂直段前壁的距离超出载荷中心距越多，则允许的起重量越小。

2. 最大起升高度和自由起升高度

最大起升高度是指门架处于垂直位置，货叉满载起升至最高位置，从叉面至地面的垂直距离。当最大起升高度超过一定数值时，必须相应减少叉车的额定起重量。

自由起升高度是指不改变叉车的总高时，货叉能起升的最大高度。具有自由起升性能的叉车可在净空不小于叉车总高的库门通过或在低矮的船舱和车厢内作业。

3. 门架倾角

门架倾角是指门架自垂直位置向前或向后倾斜的最大角度。门架前倾是为了便于叉取和卸放货物；后倾的作用是当叉车带货行驶时，防止货物从货叉上滑落，增加叉车行驶时的纵向稳定性。

4. 起升速度和运行速度

起升速度是指门架处于垂直位置，货叉满载上升的平均速度。过高的起升速度容易发生货损和机损事故，给叉车作业带来困难。

运行速度是指在平坦的硬路面上，叉车满载前进的最大速度。

5. 最大牵引力

最大牵引力分为轮周牵引力和拖钩牵引力。牵引力大，则叉车起步快、加速能力强、爬坡能力强、牵引性能好。叉车由于运距短，停车起步的次数多，所以加速能力十分重要。

6. 最小转弯半径

最小转弯半径是指在平坦的硬路面上，叉车空载低速前进并以最大转向角旋转时车体最外侧划出轨迹的半径。采用较短的车身、外径较小的车轮，增大车轮转向时的最大转向角等可减小转弯半径。

7. 直角堆垛的最小通道宽度和直角交叉的最小通道宽度

直角堆垛的最小通道宽度是指叉车在路边垂直道路方向堆垛时所需的最小通道宽度，直角交叉的最小通道宽度指叉车能在直角交叉处顺利转弯所需的最小通道宽度。转弯半径小、机动性好的叉车要求的通道宽度小。

8. 最小离地间隙

最小离地间隙是指除车轮外，车体上固定的最低点至车轮接地表面的距离。它可以体现叉车无碰撞地越过地面凸起障碍物的能力。增大车轮直径可以使最小离地间隙增加，但这会使叉车的重心提高，转弯半径增大。

9. 最大爬坡度

叉车的最大爬坡度是指叉车在正常路面以低速档等速行驶时所能爬越的最大坡度，叉车爬坡分为空载爬坡和满载爬坡两种情况。

10. 自重和自重利用系数

自重是指包括油、水在内的叉车总重。自重利用系数指额定起重量和载荷中心距的乘积与叉车自重之比。自重利用系数较大，表示在额定起重量和载荷中心距相同的条件下，叉车自重较轻，即材料利用较经济、结构设计较合理。

扫一扫

扫描右侧二维码，阅读材料，了解叉车的安全使用。

任务实施

步骤 1：起步。

①起步前，观察四周，确认无妨碍行车安全的障碍物或人，先鸣笛，后起步。

②司机站在叉车左侧，左手握扶手，右手扶座椅背，学生坐到座椅上系好安全带。

③将钥匙插入钥匙门，启动叉车（注意起步时须缓慢平稳起步）。

步骤 2：行驶。

①踩下刹车，将挡位调至空挡。行驶示意图一如图 3-3-7 所示。

图 3-3-7　行驶示意图一

②提升货叉，扳动左侧升降杆，将货叉上升至离地面 20~30 厘米；扳动右侧升降杆，使货叉后倾。行驶示意图二如图 3-3-8 所示。

图 3-3-8　行驶示意图二

③松开手刹。

④扳动叉车移动挡位，将挡位调至前进（或倒车）挡，松开刹车，将叉车驶出存放区，待叉车移至目标区域后，踩下刹车。

步骤 3：装卸。

①松开刹车，调整叉车位置，将货叉对准目标货物的托盘；踩下刹车，将挡位切换至空挡。

②向前扳动左侧升降杆，使货叉下降；再向前扳动右侧升降杆，使货叉前倾至水平位置；调整货叉位置，对准托盘槽。装卸示意图一如图 3-3-9 所示。

图 3-3-9　装卸示意图一

③扳动挡位至前进挡，松开刹车，叉车前进，货叉全部插入托盘槽，同时踩下刹车，将挡位调至空挡。装卸示意图二如图 3-3-10 所示。

图 3-3-10　装卸示意图二

④向后扳动左侧升降杆，货叉上升，将托盘抬起离开货架（注意货叉升高的高度不要妨碍驾驶员的视线）；向后扳动右侧升降杆，使货叉向后倾斜，防止托盘货物滑落。装卸示意图三如图 3-3-11 所示。

图 3-3-11　装卸示意图三

⑤向前扳动左侧升降杆，将货叉下降至离地面 20~30 厘米。

步骤 4：搬运存放。

①扳动叉车挡位，将挡位调至前进（或倒车）挡，松开刹车。

②驾驶叉车至目标区域，踩下刹车。

③向前扳动左侧升降杆，使货叉下降；扳动右侧升降杆，使货车前倾至水平位置，将货叉从托盘槽中抽出。搬运存放示意图如图 3-3-12 所示。

图 3-3-12　搬运存放示意图

步骤 5：归位。

①扳动升降杆，将货叉提升至离地面 20~30 厘米，将叉车开回设备存放区。

②叉车停稳后，拉手刹，松开刹车，操纵左右两个升降杆，将货叉前倾贴地。归位示意图如图 3-3-13 所示。

图 3-3-13　归位示意图

任务评价

学生互评表

<table>
<tr><td>任务名称</td><td colspan="9">认知叉车</td></tr>
<tr><td>班级</td><td></td><td>组别</td><td></td><td>姓名</td><td></td><td>学号</td><td colspan="3"></td></tr>
<tr><td colspan="3">评价项目
（占比）</td><td colspan="5">评价标准</td><td>满分
（分）</td><td>得分
（分）</td></tr>
<tr><td colspan="3">考勤（10%）</td><td colspan="5">学生考勤情况（无故旷课、迟到、早退，一次扣 10 分，请假一次扣 2 分）</td><td>10</td><td></td></tr>
<tr><td rowspan="2">学习能力
（10%）</td><td colspan="2">合作学习能力</td><td colspan="5">小组合作参与程度（优秀为 6 分，良好为 4 分，一般为 2 分，未参与为 0 分）</td><td>6</td><td></td></tr>
<tr><td colspan="2">个人学习能力</td><td colspan="5">个人自主探究参与程度（优秀为 4 分，良好为 2 分，未参与为 0 分）</td><td>4</td><td></td></tr>
<tr><td rowspan="5">工作过程
（60%）</td><td colspan="2">起步</td><td colspan="5">能够独立完成电动叉车的起步动作（失误一次扣 5 分）</td><td>10</td><td></td></tr>
<tr><td colspan="2">行驶</td><td colspan="5">能够独立完成电动叉车的行驶动作（失误一次扣 5 分）</td><td>10</td><td></td></tr>
<tr><td colspan="2">装卸</td><td colspan="5">能够独立完成电动叉车的装卸动作（失误一次扣 5 分）</td><td>15</td><td></td></tr>
<tr><td colspan="2">搬运存放</td><td colspan="5">能够独立完成电动叉车的搬运存放动作（失误一次扣 5 分）</td><td>15</td><td></td></tr>
<tr><td colspan="2">归位</td><td colspan="5">能够独立完成电动叉车的归位（失误一次扣 5 分）</td><td>10</td><td></td></tr>
<tr><td rowspan="2">工作成果
（20%）</td><td colspan="2">成果完成情况</td><td colspan="5">能按规范及要求完成任务（未完成一处扣 2 分）</td><td>10</td><td></td></tr>
<tr><td colspan="2">成果展示情况</td><td colspan="5">能正确认识并使用叉车（失误一次扣 5 分）</td><td>10</td><td></td></tr>
<tr><td colspan="9">总得分</td><td></td></tr>
</table>

教师评价表

<table>
<tr><td>任务名称</td><td colspan="9">认知叉车</td></tr>
<tr><td>授课信息</td><td colspan="9"></td></tr>
<tr><td>班级</td><td></td><td>组别</td><td></td><td>姓名</td><td></td><td>学号</td><td colspan="3"></td></tr>
<tr><td colspan="3">评价项目
（占比）</td><td colspan="5">评价标准</td><td>满分
（分）</td><td>得分
（分）</td></tr>
<tr><td colspan="3">考勤（10%）</td><td colspan="5">学生考勤情况（无故旷课、迟到、早退，一次扣 10 分，请假一次扣 2 分）</td><td>10</td><td></td></tr>
</table>

续 表

评价项目（占比）		评价标准	满分（分）	得分（分）
学习能力（10%）	合作学习能力	小组合作参与程度（优秀为 6 分，良好为 4 分，一般为 2 分，未参与为 0 分）	6	
	个人学习能力	个人自主探究参与程度（优秀为 4 分，良好为 2 分，未参与为 0 分）	4	
工作过程（60%）	起步	能够独立完成电动叉车的起步动作（失误一次扣 5 分）	10	
	行驶	能够独立完成电动叉车的行驶动作（失误一次扣 5 分）	10	
	装卸	能够独立完成电动叉车的装卸动作（失误一次扣 5 分）	15	
	搬运存放	能够独立完成电动叉车的搬运存放动作（失误一次扣 5 分）	15	
	归位	能够独立完成电动叉车的归位（失误一次扣 5 分）	10	
工作成果（20%）	成果完成情况	能按规范及要求完成任务（未完成一处扣 2 分）	10	
	成果展示情况	能正确认识并使用叉车（失误一次扣 5 分）	10	
总得分				

任务反思

在完成任务的过程中遇到了哪些问题，应如何解决？

知识巩固

1.（单选题）（　　）用内燃机或蓄电池作为动力，其特点在于车体自身较重，依靠自身重量与货叉上货物的重量相平衡，防止叉车装货后向前倾翻。

A. 电瓶叉车　　B. 内燃叉车　　C. 平衡重式叉车　　D. 前移式叉车

2.（多选题）叉车的动力形式包括（　　）。

A. 柴油机　　B. 汽油机　　C. 液化石油机

D. 发电机　　E. 电池—电动机

3.（多选题）（　　）是叉车的主要技术参数。

A. 额定起重量、载荷中心距、最大起升高度

B. 门架倾角、起升速度和运行速度

C. 最小转弯半径

D. 最小离地间隙

4. （判断题）叉车按照动力不同可分为内燃叉车和电瓶叉车。（　　）

5. （判断题）平衡重式叉车是使用最广泛的一种叉车。（　　）

任务四　认知装载机

任务目标

知识目标	了解装载机的概念 了解装载机的用途
技能目标	能够描述装载机的应用场景 能够正确分析装载机的优势 能够正确区分装载机与其他设备（如叉车等）
素养目标	培养科技兴国的意识

任务发布

李明是链云的仓储管理人员，负责管理仓库中的存货，以及货物的存放、调配和转移工作。为了让工作更高效，他决定引进一台装载机来帮助自己调配一些重物和大件货物。这台装载机由一名有经验的操作员操作，既能提高工作效率，还能保证货物的安全。

前期的调研工作由刘波来做，请协助他完成，并思考下列问题。

1. 装载机的应用场景有哪些？如何提高搬运效率？
2. 该企业为什么引进装载机？
3. 在搬运过程中，装载机与其他设备（如叉车等）有何不同？

知识储备

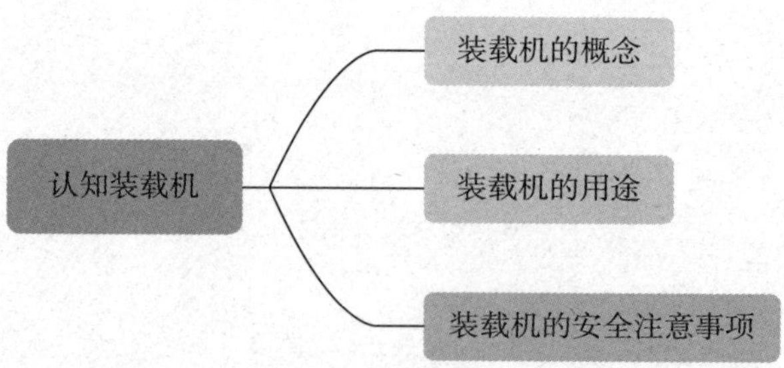

一、装载机的概念

装载机是一种多用途的机械，主要用于矿山开采、公路修建、工地施工、码头集运等工程中的装载作业。它是一种通过铲斗、装卸平台进行装卸和搬运作业的大型机械设备，一般是由驾驶员操作和控制。

装载机通常由发动机、驾驶室、底盘、传动系统等部件组成，其中底盘上装有铲斗。铲斗可以根据需要进行升降、倾斜、旋转调整等动作，以完成不同的装卸和搬运作业。装载机铲斗的容积通常在0.5~4立方米，不同型号的装载机铲斗容积大小不一，可根据不同的需要进行选择。其中，集装箱装载机是一种将航空集装箱、集装板货物从装载机输送至机舱内，或将货物从机舱运送至地面的机场货运保障设备，主要应用于专机和公务机货物或行李的装载、传送、转场等工作。集装箱装载机如图3-4-1所示。

图3-4-1　集装箱装载机

二、装载机的用途

（一）货物装卸

货物的装卸是物流运输中不可缺少的一个环节，而装载机可以快速地将货物从集装箱、货车、货箱等载货工具中卸下来。在货物装卸时，装载机通常会用铲斗插入货物，铲斗具有抓取货物的作用。装载机可以根据需要调节铲斗的角度、高度，以便于更有效地完成货物装卸。

（二）货物堆垛

在仓储管理中，货物堆垛是一项非常重要的工作，是将货物一层一层叠放节约仓储空间的方法。装载机可以快速地将货物搬运到指定区域进行堆垛，提高了仓储密度，节约了仓储空间。

（三）物流配送

装载机还可以用于物流配送领域，尤其体现在重载货物配送的装卸作业中。有时货物重量过大，无法用人力进行装卸，这时就可以使用装载机进行装卸。装载机在这方面的优势表现在快速高效，能够提高物流效率，缩短物流配送的时间。

（四）辅助作业

在物流领域中，装载机还可以用于一些辅助作业，例如，对垃圾进行清理、对设备进行维护保养等。在垃圾清理方面，装载机可以比人工更快、更高效地完成作业；在设备维护保养方面，装载机可以用于对设备进行拆卸装配等操作。

由此可见，装载机在物流活动中应用十分广泛，主要用于货物的装卸、堆垛等作业，能够提高物流效率、节省时间和成本。

三、装载机的安全注意事项

1. 装载机驾驶员应当接受专业培训

装载机驾驶员必须是经过专业培训、拥有驾驶证书的人员。培训应包括安全操作、装载机维护与保养、停车及上下车等内容。

2. 配备安全装备

装载机应配备稳固可靠的防滑底座、安全带、紧急切断装置、灭火器，以及安装好的反光标志和报警灯等安全装备。安装反光标志和报警灯，能使装载机在运转过程中对行人、车辆或其他机械设备进行警告，减少事故的发生。

3. 规范操作流程

装载机的驾驶员和管理人员应严格遵守操作程序，在操作前，应确认好工作内容、工作场所和环境、作业对象、所使用的装置、安全规定、紧急处理措施等。

4. 停车和上下车时要按规范操作

停车时一定要挂好挡位。离开装载机时，要关掉发动机、拉上手刹，并使用支撑架或工程块进行支撑，防止装载机滑动或倾斜。

5. 检查维修应规范有序

无论是对装载机进行维修、保养，还是检查装载机，都应该做到规范有序，不得草率行事。

6. 对作业场所和设备进行检查和记录

使用装载机前需要对作业场所和设备进行检查，记录作业前、作业中、作业后的情况，以便事故发生时，及时排除事故根源。

总之，在使用装载机时一定要注意安全，合理配置工作负荷，保持注意力集中，做到操作有序和规范。遇到紧急情况时，驾驶员要迅速切断电源，在确保自身安全的前提下采取救助措施，避免对他人、对自己造成伤害。

任务实施

步骤 1：分组调研装载机的应用场景。

根据班级人数进行分组，每组 5~6 人，每组设一名组长，组长带领本组同学对装载机基础知识进行学习并调研装载机的应用场景，并将调研结果总结到空白横线上。

步骤 2：讨论引进装载机的原因和优势。

步骤 3：分析装载机与其他设备（如叉车等）的不同。

任务评价

学生互评表

<table>
<tr><td>任务名称</td><td colspan="8">认知装载机</td></tr>
<tr><td>班级</td><td></td><td>组别</td><td></td><td>姓名</td><td></td><td>学号</td><td colspan="2"></td></tr>
<tr><td colspan="3">评价项目（占比）</td><td colspan="4">评价标准</td><td>满分（分）</td><td>得分（分）</td></tr>
<tr><td colspan="3">考勤（10%）</td><td colspan="4">学生考勤情况（无故旷课、迟到、早退，一次扣 10 分，请假一次扣 2 分）</td><td>10</td><td></td></tr>
<tr><td rowspan="2">学习能力（10%）</td><td colspan="2">合作学习能力</td><td colspan="4">小组合作参与程度（优秀为 6 分，良好为 4 分，一般为 2 分，未参与为 0 分）</td><td>6</td><td></td></tr>
<tr><td colspan="2">个人学习能力</td><td colspan="4">个人自主探究参与程度（优秀为 4 分，良好为 2 分，未参与为 0 分）</td><td>4</td><td></td></tr>
</table>

续　表

<table>
<tr><th colspan="2">评价项目
（占比）</th><th>评价标准</th><th>满分
（分）</th><th>得分
（分）</th></tr>
<tr><td rowspan="3">工作过程
（60%）</td><td>分组并调研装载机的应用场景</td><td>能正确描述装载机的应用场景（每少一条扣 5 分）</td><td>15</td><td></td></tr>
<tr><td>讨论引进装载机的原因和优势</td><td>能合理分析引进装载机的原因和优势（每少一条扣 6 分）</td><td>30</td><td></td></tr>
<tr><td>分析装载机与其他设备（如叉车等）的不同</td><td>能正确描述装载机与其他设备（如叉车等）的不同之处（每错一处扣 5 分）</td><td>15</td><td></td></tr>
<tr><td rowspan="2">工作成果
（20%）</td><td>成果完成情况</td><td>能按规范及要求完成任务（未完成一处扣 2 分）</td><td>10</td><td></td></tr>
<tr><td>成果展示情况</td><td>能正确认识装载机（失误一次扣 5 分）</td><td>10</td><td></td></tr>
<tr><td colspan="4">总得分</td><td></td></tr>
</table>

教师评价表

<table>
<tr><td>任务名称</td><td colspan="8">认知装载机</td></tr>
<tr><td>授课信息</td><td colspan="8"></td></tr>
<tr><td>班级</td><td></td><td>组别</td><td></td><td>姓名</td><td></td><td>学号</td><td colspan="2"></td></tr>
<tr><th colspan="2">评价项目
（占比）</th><th colspan="5">评价标准</th><th>满分
（分）</th><th>得分
（分）</th></tr>
<tr><td colspan="2">考勤（10%）</td><td colspan="5">学生考勤情况（无故旷课、迟到、早退，一次扣 10 分，请假一次扣 2 分）</td><td>10</td><td></td></tr>
<tr><td rowspan="2">学习能力
（10%）</td><td>合作学习能力</td><td colspan="5">小组合作参与程度（优秀为 6 分，良好为 4 分，一般为 2 分，未参与为 0 分）</td><td>6</td><td></td></tr>
<tr><td>个人学习能力</td><td colspan="5">个人自主探究参与程度（优秀为 4 分，良好为 2 分，未参与为 0 分）</td><td>4</td><td></td></tr>
<tr><td rowspan="3">工作过程
（60%）</td><td>分组并调研装载机的应用场景</td><td colspan="5">能正确描述装载机的应用场景（每少一条扣 5 分）</td><td>15</td><td></td></tr>
<tr><td>讨论引进装载机的原因和优势</td><td colspan="5">能合理分析引进装载机的原因和优势（每少一条扣 6 分）</td><td>30</td><td></td></tr>
<tr><td>分析装载机与其他设备（如叉车等）的不同</td><td colspan="5">能正确描述装载机与其他设备（如叉车等）的不同之处（每错一处扣 5 分）</td><td>15</td><td></td></tr>
</table>

续　表

评价项目（占比）		评价标准	满分（分）	得分（分）
工作成果（20%）	成果完成情况	能按规范及要求完成任务（未完成一处扣 2 分）	10	
	成果展示情况	能正确认识装载机（失误一次扣 5 分）	10	
总得分				

任务反思

在完成任务的过程中遇到了哪些问题，应如何解决？

知识巩固

1.（单选题）装载机按装卸方式可分为（　　）。

A. 前卸式装载机、回转式装载机

B. 回转式装载机、前卸式装载机、后卸式装载机

C. 后卸式装载机、前卸式装载机

D. 回转式装载机、后卸式装载机

2.（单选题）目前大中型装载机的主要传动形式是（　　）。

A. 机械传动　　B. 液力机械传动　　C. 液压传动　　D. 电力传动

3.（单选题）按发动机功率的大小分类，装载机可分为小型装载机、中型装载机、大型装载机和特大型装载机。功率小于（　　）为小型装载机。

A. 74kW　　B. 75kW　　C. 76kW　　D. 77kW

4.（判断题）从运行结构来分，装载机主要分为轮胎式装载机和履带式装载机。（　　）

5.（判断题）装载机在物流中应用十分广泛，主要用于货物的装卸、堆垛等作业，能够提高物流效率、节省时间和成本。（　　）

任务五　认知 AGV

任务目标

知识目标	了解 AGV 的概念和结构 掌握 AGV 的工作过程 理解 AGV 的导引原理
技能目标	能正确识别 AGV 的关键结构 能正确分析 AGV 的导引原理 能够合理分析 AGV 的应用场景
素养目标	培养科技创新的意识

任务发布

请阅读下面的资料，学习 AGV 相关知识，思考下列问题。

1. 什么是 AGV？它由哪些结构组成？

2. 上海洋山港四期工程是如何实现少量人员参与的？

资料：上海洋山港四期工程，是全球规模巨大、技术先进的全自动化码头。2017 年 12 月，10 台桥吊、30 台轨道吊、50 辆自动导引车，赋予这个世界级港口智能时代的全新定义。码头装卸现场，只见吊车和自动导引车在忙碌，却空无一人。码头和堆场就像一个巨大的“棋盘”，自动导引车，会根据地下埋藏的磁钉感知自己的位置，根据实时装载需要和路况选择最经济的路线。洋山港四期码头极大地释放了劳动力。过去，一台桥吊需配几十个工人服务，现在，一个工人就能服务几台桥吊，而且只需在后方的中控室工作。过去，操作工人坐在 50 米高空的桥吊控制室，俯身向下操作集装箱，眼部、腰部损伤严重。现在，工人坐在中控室，看着计算机屏幕，就可以把庞大的集装箱吊起、放下，工作变得更轻松。

知识储备

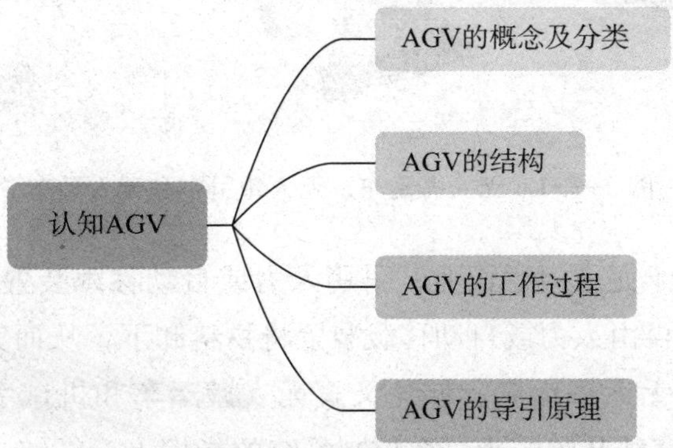

一、AGV 的概念及分类

（一）AGV 的概念

AGV（Automatic Guided Vehicle）是指装备有自动导向系统，备有可与其他物流设备连接的自动接口，可按设定路线自动行驶或牵引载货台至指定地点，实现物料的自动装卸和搬运的无人驾驶输送设备，也称自动导引车。

AGV 是集信息处理和图像处理于一体，涉及计算机、自动控制、信息通信、机械设计、电子技术等多个学科的物流自动化装备，是自动化搬运系统、物流仓储系统、柔性制造系统和柔性装配系统的重要装备。

（二）AGV 的分类

1. 按照导引方式分类

按照导引方式分类，AGV 可分为固定路径导引 AGV 和自由路径导引 AGV。

固定路径导引 AGV 在运行路线上设置导向信息媒介，如导线、色带等，车上的导向传感器检测并接收导向信息（如频率、磁场强度、光强度等），再将此信息经实时处理后用以控制车辆沿运行线路正确地运行。

自由路径导引 AGV 没有设置固定的运行路线，它要根据搬运的起讫点位置，经优化运算得出最优路径后，由控制系统控制其按照指定的优化路径运行，完成搬运任务。

2. 按照用途和结构分类

按照用途和结构分类，AGV 可分为无人搬运车、无人牵引车和无人叉车，如图 3-5-1 所示。

图 3-5-1　无人搬运车、无人牵引车和无人叉车

无人搬运车主要用于完成搬运作业，采用人力或自动移载装置将物料装载到小车上，小车行至指定地点后，再由人力或自动移载装置将物料卸下，从而完成搬运任务。无人搬运车主要分为升降台式无人搬运车、伸缩叉式无人搬运车和机械手式无人搬运车，如图3-5-2所示，具有自动移载装置的小车在控制系统的指挥下，能够自动完成物料的取放及水平运行的全过程，而没有移载装置的小车只能实现水平方向的自动运行，物料的取放作业需要依靠人力或借助其他装备来完成。无人牵引车主要是提供牵引动力，用于自动装载物料的平板车，自动牵引车带动载货平板车到达目的地后，便会自动与载货平板车脱开。

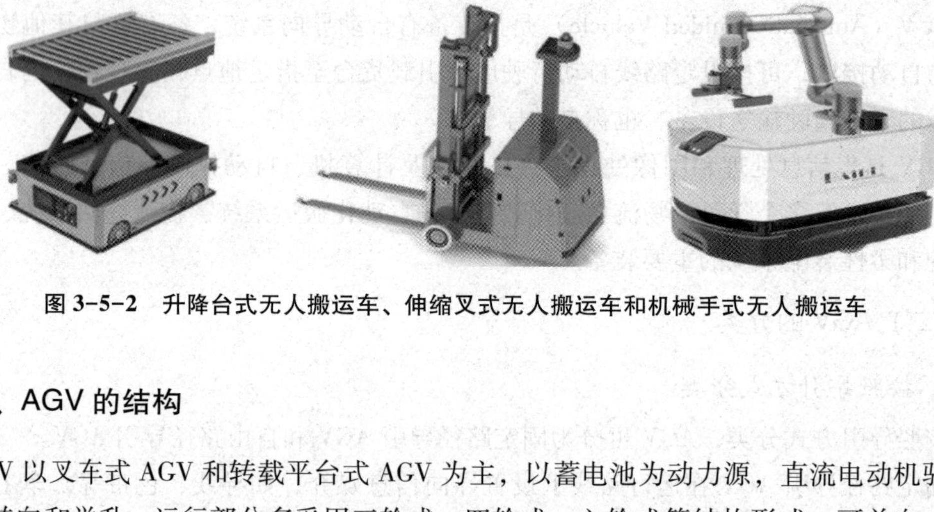

图 3-5-2　升降台式无人搬运车、伸缩叉式无人搬运车和机械手式无人搬运车

二、AGV 的结构

AGV 以叉车式 AGV 和转载平台式 AGV 为主，以蓄电池为动力源，直流电动机驱动其行走、转向和举升。运行部分多采用三轮式、四轮式、六轮式等结构形式，可单向、双向或四向运动，三轮式常采用前轮驱动和单向转向方式，四轮式和六轮式常采用双驱动差速转向和独立转向方式。举升机构一般由电动机、蜗杆减速器、滚珠丝杠及螺母等组成。AGV 的结构如图 3-5-3 所示。

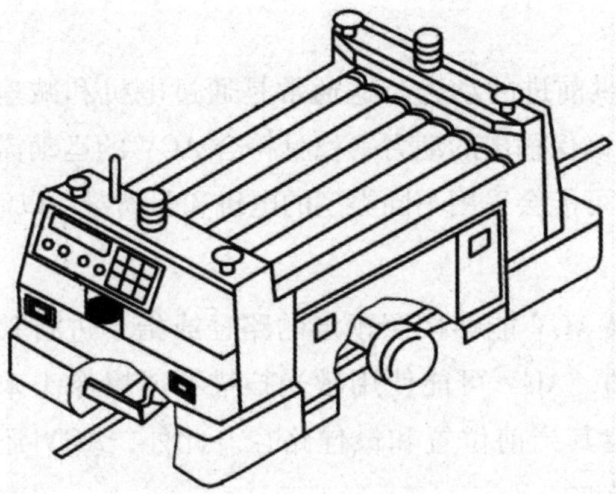

图 3-5-3　AGV 的结构

总体来讲，AGV 由车体系统、驱动/导向装置、控制/通信系统和安全系统等组成。

（一）车体系统

车体系统包括车体框架、车轮、载荷传送装置等，是整个 AGV 的躯体，具有电动车辆的结构特征和无人驾驶自动作业的特殊功能。

1. 车体框架

车体框架上层为控制系统与云台系统，下层为运动机构，底盘则安装轮子、检波线圈（磁传感器）和直流伺服电机。主框架和副框架用可拆卸的方式连接，物料交换台位于主框架上面。有些 AGV 还安装一套 PLC 装置，前后各有一组跟踪传感器和碰撞停车开关。有些 AGV 的云台系统上安装摄像头，摄像头既可以上下运动或旋转，也可以绕本身轴线上仰或下俯。有些 AGV 还配有手动操作台，以备在特殊情况下对 AGV 的运行进行人工干预。

2. 车轮

车轮采用实心橡胶轮胎。车体中部两个主动轮为固定式自位轮，与轮毂式电机相连。前后四个随动轮为旋转式自位轮，起支承和平衡 AGV 的作用。

3. 载荷传送装置

载荷传送装置是车体系统中的一个关键部件，主要用于运输箱体类零件或其他物料到指定的工位。其为一个平板或类似平板的结构，具备承载和运输各种形状、尺寸和重量的物料的能力。为了确保运输过程中的稳定性和安全性，载荷传送装置通常与 AGV 的导航和定位系统紧密结合，以实现精准定位和快速装卸。此外，为了适应不同的物料和运输需求，该装置还具有一定的兼容性，可以与不同的移载系统配合使用。

（二）驱动/导向装置

AGV 的驱动/导向装置是确保其能够自主、精准地完成任务的核心结构。

1. 驱动装置

驱动装置为 AGV 提供前进的动力。这通常是通过电机和减速器等部件实现的，电机产生驱动力，而减速器则确保输出的动力平稳且符合 AGV 的运动需求。根据 AGV 的应用场景和负载要求，驱动装置可能会采用不同类型的电机和驱动器，以满足不同的性能需求。

2. 导向装置

导向装置则负责确保 AGV 能够按照预定的路径或指令进行移动。这通常依赖于多种传感器和控制系统。例如，AGV 可能使用激光扫描器或摄像头来识别周围环境，并通过算法处理这些信息以确定其当前位置和最佳路径。此外，AGV 还可能使用磁条、二维码或其他地标进行定位和导航。

（三）控制/通信系统

当前的 AGV 一般都配有以微处理器为核心的控制器进行定位，从而控制 AGV 沿指定路线运行和搬运物料，并与计算机进行通信，反馈 AGV 当前的状态，接收调度和工作指令。AGV 的车载控制器一般有两种，即以微处理器为核心的专用控制器和由 PLC 组成的通用控制器，并配备完善的 A/D、D/A 和数字 1/0 接口或模块。AGV 的控制/通信系统分为地面控制和车载控制两部分。

1. 地面控制部分

地面控制部分主要由上位计算机、远程控制计算机及通信装置组成。上位计算机负责 AGV 与外部系统的联系与管理；远程控制计算机负责向辖区内所有 AGV 发出指令并进行系统监视，使其具有作业和交通管理等综合处理能力；通信装置负责实现 AGV 地面控制和车载控制信息指令的交流。

2. 车载控制部分

车载控制部分主要包括导引、定位通信、伺服、诊断等功能，是 AGV 的核心部分。

（四）安全系统

安全系统一方面用来防止 AGV 在运行中出错，另一方面用来预防因 AGV 运行出错对人员及其运行环境设施造成危害。所以，安全系统的作用除保障 AGV 自身安全及保证 AGV 任务的顺利完成外，还要在最大范围内保障人员和运行环境设施的安全。安全系统主要包含以下几种装置。

1. 车身

车身作为 AGV 的主要支承结构，为其他零部件提供了安装基础，而且在运动过程中也是关键的动态组件之一。

2. 障碍物接触缓冲器

障碍物接触缓冲器设置在 AGV 车身运行方向的前端下部，有多种结构类型，如弹性胶垫式、杠杆机构式和弹性薄板式等。弹性胶垫式接触缓冲器如图 3-5-4 所示，当触及障碍物时，压敏导电橡胶薄板呈低阻抗导通状态，可发出触碰障碍信号使 AGV 急停，支撑弹簧保证 AGV 制动过程的缓冲行程。

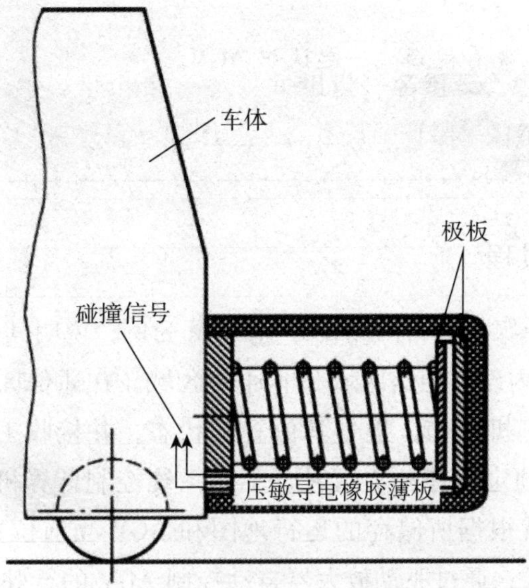

图 3-5-4　弹性胶垫式接触缓冲器

3. 障碍物接近检测装置

障碍物接近检测装置会使 AGV 以适当的速度运行，从而可以减小惯性、缓慢停车，它是先于障碍物接触缓冲器发生有效作用的安全装置。

4. 自动装卸物料执行机构的安全保护装置

AGV 的主要功能是解决物料的全自动搬运，除全自动运行装置外，还有自动装载和卸载物料的装置，如辊道式 AGV 的辊道、叉车式 AGV 的货叉等，可以把这类机构归为自动装卸物料执行机构。一般在同一辆 AGV 上，都具备机械式和电气式两类保护装置，而且互相关联，同时产生保护作用，如位置定位装置、位置限位装置、物料位置检测装置、物料形态检测装置、物料位置对中装置、机构自锁装置等。

5. 警报装置

为了通知 AGV 的运动状态和唤起周围人员的注意，AGV 需要安装警报装置，如自动运转显示灯、运行警报器、异常情况警报器、急停装置和状态监视装置等。

6. 充电保护装置

蓄电池是 AGV 的动力源，在设计 AGV 动力源时，需要考虑的因素除功率、安时数、功率重量比、体积等，还必须考虑充电时间和维护的便利性。快速充电和大电流充电，一般需要专业的充电装备，其本身还必须配有充电限制装置和安全保护装置。

扫一扫

扫描右侧二维码，观看视频，一起认识 AGV。

三、AGV 的工作过程

以使用激光作为导引媒介的自由路径导引 AGV 为例，说明其工作过程。

在 AGV 的运行区域内设有通信区域和非通信区域。在通信区域内，AGV 通过其车载通信装置与系统控制计算机通信，报告其位置及状态，并接收工作指令。在非通信区域内，AGV 按照控制器中预定程序独立行驶，不与系统控制计算机发生联系。当接收到物料搬运指令后，控制器就根据所储存的运行地图和 AGV 当前位置及行驶方向进行计算、分析，选择最佳行驶路线，通过驱动放大器自动控制 AGV 的行驶和转向，当 AGV 到达物料装载点并准确停位后，移载机构开始工作，完成物料装货；AGV 驶向目标卸货点，准确停位后，移载机构工作，完成物料卸货，并向系统控制计算机报告其位置和状态。随之 AGV 启动，驶向待命区域；接到新的指令后再做下一次搬运。

AGV 行驶过程中，车上的激光扫描头不断地扫描周围环境，当扫描到行驶路径周围预先垂直设定好的反射板时，即“看见”了“路标”。只要扫描到三个或三个以上的反射板，即可根据它们的坐标值，以及各块反光板相对于车体纵向轴的方位角，由定位计算机算出 AGV 当前在全局坐标系中的坐标，以及当前行驶方向与该坐标系 x 轴的夹角，实现准确定位和定向。

四、AGV 的导引原理

（一）固定路径导引原理

依据不同的信息媒介，AGV 固定路径导引原理主要分为电磁导引原理和光学导引原理。

1. 电磁导引原理

AGV 电磁导引原理示意图如图 3-5-5 所示，首先在规划好的 AGV 运行路线的地面下埋设导向电缆，当导向电缆通以 3000~10000 赫兹的低频电源时，该电缆周围便产生电磁场，而安装于 AGV 底部的信号传感器检测到电磁场后，再经过信号分析电路判断，可以确知 AGV 的位置，并以不同的电压值来表示。

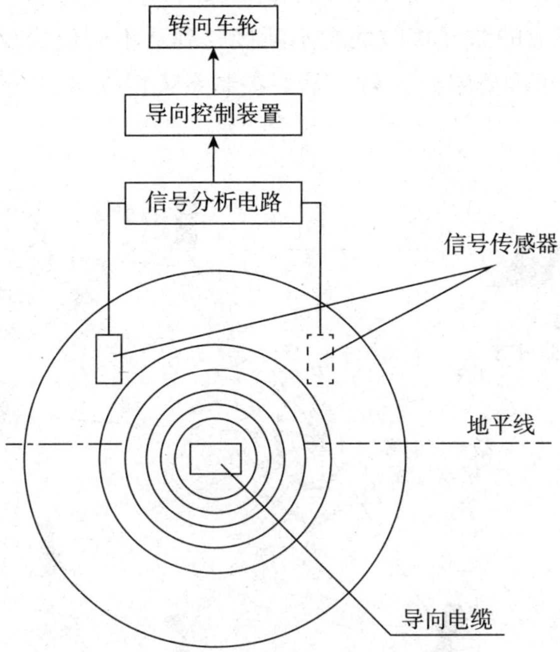

图 3-5-5　AGV 电磁导引原理示意图

如果 AGV 正位于导向电缆的正上方，则信号分析电路通过信号传感器得到的两个电压值相等。当转向车轮偏离导向电缆时，信号传感器检测出的电压值不相等，而通过信号分析电路可判断出 AGV 偏离导线的方向，然后通过导向控制装置使转向车轮回位。反复进行上述过程，就可使 AGV 的转向车轮始终跟踪预定的导引路径，进而实现 AGV 的导引。

2. 光学导引原理

光学导引是以粘贴在地面上的反光带为导引媒介实现 AGV 导引。首先应在地面上沿着已经规划好的 AGV 运行路线全部粘贴具有一定宽度的反光带，其颜色要与地面的颜色形成较大的反差。在 AGV 车体的下部装有光源和光接收器。当 AGV 在反光带的上方运行时，车体上的光源发出光线照射到反光带后，反光带会反射回来光线，这些光线被车上的感光元件接收，经过检测和运算装置进行处理后，可对 AGV 进行准确的定位，并据此判断 AGV 是否偏离轨道，将这些信息传至导向控制系统，然后控制转向轮产生相应的动作。因此，AGV 可以始终沿着反光带的导引轨迹运行。

（二）自由路径导引原理

目前，ACV 自由路径导引一般是通过激光作为导引媒介实现的。AGV 自由路径导引原理示意图如图 3-5-6 所示，在 AGV 的顶部安装激光发射和接收装置，此装置可沿 360°

方向发射一定频率的激光。在 AGV 运行范围的不同位置上安装激光反射镜片，当 AGV 发出的激光照射到反射镜片上时，反射镜片将激光反射回车上的激光接收装置。所以，在 AGV 运行的过程中，车上的激光接收装置不断接收到从不同位置反射回来的激光束，经过简单的几何运算，就可准确定位 AGV，然后控制系统根据 AGV 的位置对其进行实时的导向控制。

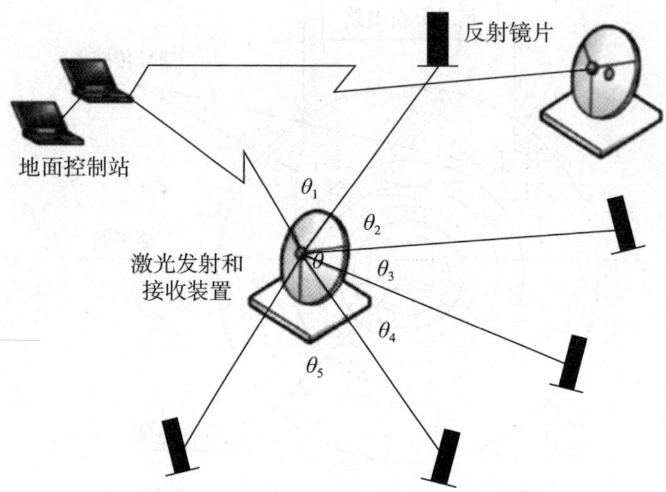

图 3-5-6　AGN 自由路径导引原理示意图

◉思政园地

党的二十大提出“深入实施科教兴国战略、人才强国战略、创新驱动发展战略”

教育、科技、人才是全面建设社会主义现代化国家的基础性、战略性支撑。必须坚持科技是第一生产力、人才是第一资源、创新是第一动力，深入实施科教兴国战略、人才强国战略、创新驱动发展战略，开辟发展新领域新赛道，不断塑造发展新动能新优势。

我们要坚持教育优先发展、科技自立自强、人才引领驱动，加快建设教育强国、科技强国、人才强国，坚持为党育人、为国育才，全面提高人才自主培养质量，着力造就拔尖创新人才，聚天下英才而用之。

任务实施

步骤 1：分析 AGV 的关键结构。

观察图 3-5-7，在下方空白横线上填上相应的内容。

①______________________；②______________________；
③______________________；④______________________；
⑤______________________；⑥______________________；
⑦______________________；⑧______________________；
⑨______________________；⑩______________________。

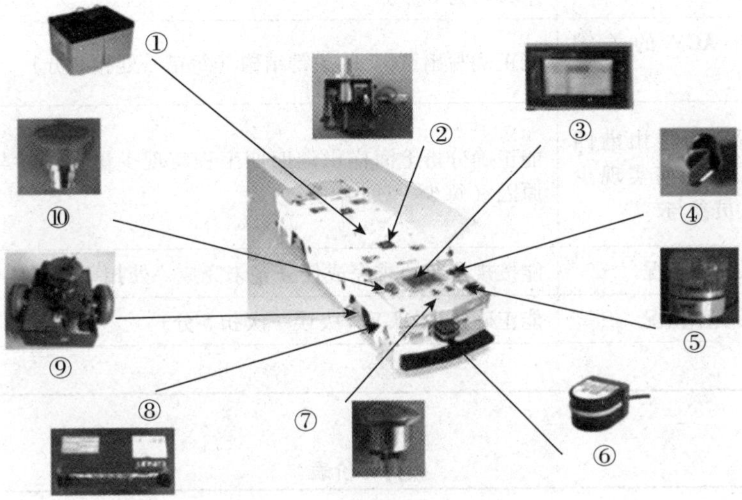

图 3-5-7　AGV 的关键结构

步骤 2：分析上海洋山港四期工程实现少量人员参与的原因。

通过查询资料，分析上海洋山港四期工程实现少量人员参与的原因，至少列出 4 条。

____

____

____

____

任务评价

学生互评表

<table>
<tr><td>任务名称</td><td colspan="7">认知 AGV</td></tr>
<tr><td>班级</td><td></td><td>组别</td><td></td><td>姓名</td><td></td><td>学号</td><td></td></tr>
<tr><td colspan="2">评价项目
（占比）</td><td colspan="4">评价标准</td><td>满分
（分）</td><td>得分
（分）</td></tr>
<tr><td colspan="2">考勤（10%）</td><td colspan="4">学生考勤情况（无故旷课、迟到、早退，一次扣 10 分，请假一次扣 2 分）</td><td>10</td><td></td></tr>
</table>

续　表

<table>
<tr><th colspan="2">评价项目
（占比）</th><th>评价标准</th><th>满分
（分）</th><th>得分
（分）</th></tr>
<tr><td rowspan="2">学习能力
（10%）</td><td>合作学习能力</td><td>小组合作参与程度（优秀为 6 分，良好为 4 分，一般为 2 分，未参与为 0 分）</td><td>6</td><td></td></tr>
<tr><td>个人学习能力</td><td>个人自主探究参与程度（优秀为 4 分，良好为 2 分，未参与为 0 分）</td><td>4</td><td></td></tr>
<tr><td rowspan="2">工作过程
（60%）</td><td>分析 AGV 的关键结构</td><td>能正确写出 AGV 的关键结构（每错一处扣 2 分）</td><td>20</td><td></td></tr>
<tr><td>分析上海洋山港四期工程如何实现少量人员参与</td><td>能正确分析上海洋山港四期工程实现少量人员参与的原因（每少一项扣 10 分）</td><td>40</td><td></td></tr>
<tr><td rowspan="2">工作成果
（20%）</td><td>成果完成情况</td><td>能按规范及要求完成任务（未完成一处扣 2 分）</td><td>10</td><td></td></tr>
<tr><td>成果展示情况</td><td>能正确认识 AGV（失误一次扣 5 分）</td><td>10</td><td></td></tr>
<tr><td colspan="4">总得分</td><td></td></tr>
</table>

教师评价表

<table>
<tr><td>任务名称</td><td colspan="8">认知 AGV</td></tr>
<tr><td>授课信息</td><td colspan="8"></td></tr>
<tr><td>班级</td><td></td><td>组别</td><td></td><td>姓名</td><td></td><td>学号</td><td colspan="2"></td></tr>
</table>

<table>
<tr><th colspan="2">评价项目
（占比）</th><th>评价标准</th><th>满分
（分）</th><th>得分
（分）</th></tr>
<tr><td colspan="2">考勤（10%）</td><td>学生考勤情况（无故旷课、迟到、早退，一次扣 10 分，请假一次扣 2 分）</td><td>10</td><td></td></tr>
<tr><td rowspan="2">学习能力
（10%）</td><td>合作学习能力</td><td>小组合作参与程度（优秀为 6 分，良好为 4 分，一般为 2 分，未参与为 0 分）</td><td>6</td><td></td></tr>
<tr><td>个人学习能力</td><td>个人自主探究参与程度（优秀为 4 分，良好为 2 分，未参与为 0 分）</td><td>4</td><td></td></tr>
<tr><td rowspan="2">工作过程
（60%）</td><td>分析 AGV 的关键结构</td><td>能正确写出 AGV 的关键结构（每错一处扣 2 分）</td><td>20</td><td></td></tr>
<tr><td>分析上海洋山港四期工程如何实现少量人员参与</td><td>能正确分析上海洋山港四期工程实现少量人员参与的原因（每少一项扣 10 分）</td><td>40</td><td></td></tr>
<tr><td rowspan="2">工作成果
（20%）</td><td>成果完成情况</td><td>能按规范及要求完成任务（未完成一处扣 2 分）</td><td>10</td><td></td></tr>
<tr><td>成果展示情况</td><td>能正确认识 AGV（失误一次扣 5 分）</td><td>10</td><td></td></tr>
<tr><td colspan="4">总得分</td><td></td></tr>
</table>

任务反思

在完成任务的过程中遇到了哪些问题，应如何解决？

知识巩固

1.（单选题）AGV 是指（　　）。

A. 叉车　　B. 货架

C. 自动导引车　　D. 物流监控系统

2.（单选题）关于 AGV 的特点不正确的说法是（　　）。

A. 可用于高湿、有毒、有辐射、易燃等危险场所

B. 可自动完成货物运送工作

C. 可与中央控制系统之间进行无线通信，随时接收控制中心调令

D. 高效率、低成本

3.（多选题）以下属于 AGV 导引原理的有（　　）。

A. 电磁导引原理　　B. 光学导引原理　　C. 自由路径导引原理　D. 以上都是

4.（多选题）AGV 按照用途和结构分为（　　）

A. 无人搬运车　　B. 新能源汽车　　C. 无人叉车　　D. 无人牵引车

5.（判断题）AGV 的车体系统具有电动车辆的结构特征和无人驾驶自动作业的功能。（　　）

项目四　智能分拣设备

任务一　认知自动分拣设备

任务目标

知识目标	了解自动分拣设备的特点 了解自动分拣设备的基本结构和各结构的主要功能 掌握常见的自动分拣设备
技能目标	能够正确认识自动分拣设备的适用条件 能够正确认识自动分拣设备的应用流程
素养目标	具备安全意识

任务发布

链云根据作业需求，近期需要采购一批自动分拣设备，以减轻人工作业强度，请协助刘波完成此项工作。

由指导教师带队，带领学生参观企业仓储中心，仓库负责人现场介绍自动分拣设备的用途，学生做好记录，有问题及时提问，教师和仓库负责人解答。参观结束后，请学生在院校实训中使用自动分拣设备完成分拣任务。

知识储备

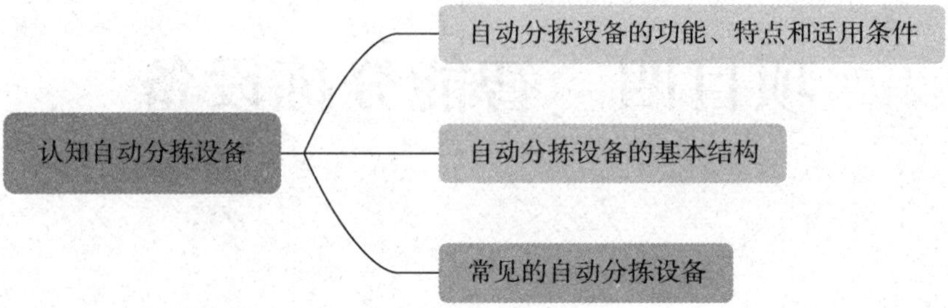

一、自动分拣设备的功能、特点和适用条件

（一）自动分拣设备的功能

自动分拣设备是将混在一起而去向不同的货物，按设定的要求自动进行分类、拣选的设备。例如，高速交叉带式分拣设备根据配置分拣小车的数量不同，处理量可达到 8000~40000 件/小时；直线交叉带式分拣设备每小时的处理量可以达到 8000 件，分拣口可以达到 50 个，具有占地面积小、效率高、可二级分拨的优点，可以节约人力、提高分拣效率。

（二）自动分拣设备的特点

1. 能连续、大批量地分拣货物

由于采用流水线自动作业方式，自动分拣设备不受环境、时间、人员限制，可以连续运行 100 小时以上。同时，由于自动分拣设备单位时间分拣货物件数较多，因此其分拣效率是人工分拣的数倍。

2. 分拣误差率很低

分拣误差率的高低主要取决于输入的分拣信息的准确程度，分拣信息的准确程度又取决于分拣信息的输入机制。如果采用人工键盘或语音识别方式输入，则误差率在 3%以上；如果采用条码扫描技术输入，则基本不会出错。目前，自动分拣设备主要采用条码扫描技术来识别货物。

3. 基本实现无人化作业

自动分拣设备能最大限度地减少人员的使用，减轻员工的劳动强度，能基本实现无人化作业。

（三）自动分拣设备的适用条件

1. 分拣量较大、一次分拣单位较多

自动分拣设备本身需要设置很长的机械传输线，还需要有配套的机电一体化控制系统、计算机网络及通信系统等。自动分拣设备不仅占地面积大，而且需要配备各种自动化搬运设施，因此投资也很大。日分拣量一般能超过 10000 件、一次分拣单位在 100 个以上时，采用自动分拣设备比较合适。

2. 商品外包装较好

自动分拣设备只适于分拣底部平坦、具有刚性包装且包装规则的商品。包装底部柔软且凹凸不平，包装易变形、易破损，超长、超薄、超重、超高、不能倾覆的商品不能使用普通的自动分拣设备进行分拣。因此，为了使大部分商品都能用机械进行自动分拣，可以采取两个措施：一是推行标准化包装，使大部分商品的包装符合国家标准；二是根据所分拣的大部分商品的统一包装特性定制特定的分拣系统。

3. 配套设施齐全

自动分拣设备系统复杂，投资及运营成本较高，还需要具备与之适应的外部条件，如良好的作业环境、完善的配套设施等。

二、自动分拣设备的基本结构

（一）自动分拣设备的构成

自动分拣设备主要由五个部分构成，分别是设定装置、控制装置、自动分拣装置、输送装置和分拣道口。自动分拣设备如图 4-1-1 所示。

图 4-1-1　自动分拣设备

1. 设定装置

设定装置用来在货物的外包装上粘贴或打印标明货物品种、规格、数量、货位、货主等信息的标签。根据标签上的代码，在货物入库时，可显示入库的货位，在输送货物的分叉处，可以正确引导货物的流向，堆垛起重机可以按照代码把货物存入指定的货位。当货物出库时，标签可以引导货物流向指定的输送机分支，以便集中发运。

2. 控制装置

控制装置的作用是识别、接收和处理分拣信号，根据分拣信号的要求指示自动分拣设备对货物进行分拣。控制装置通过磁头识别、光电识别和激光识别等多种方式将分拣指令传至自动分拣装置。

3. 自动分拣装置

自动分拣装置根据控制装置传来的指令，对货物进行分拣，把货物输送到设定好的输送机分支或倾斜滑道上去，完成货物的分拣输送。

4. 输送装置

输送装置的主要组成部分是传送带或输送机，其主要作用是使待分拣货物通过控制装置和自动分拣装置。在输送装置的两侧，一般要连接若干分拣道口，使分好类的货物滑下主输送装置（主输送机或主传送带），以便进行后续作业。

5. 分拣道口

分拣道口是已分拣货物脱离主输送装置进入集货区域的通道口。分拣通道一般由钢带、皮带、滚筒等组成，使货物从主输送装置滑向集货站台，待货物集中后，进行入库储存或组配装车作业。

以上五个部分通过计算机网络及通信系统连接在一起，配合人工控制及相应的人工处理环节，共同构建出一套完整的自动分拣设备。

（二）自动分拣设备的工作流程

自动分拣设备种类很多，结构上差异较大，但自动分拣设备的工作流程基本相同。自动分拣设备工作流程示意图如图 4-1-2 所示。货物到达分拣点以前，首先要经过分拣信号输入、合流等工作过程；到达分拣点时，系统发出指令把货物传送到分拣机上，由分拣机的瞬时动作将货物分拣到指定的道口。

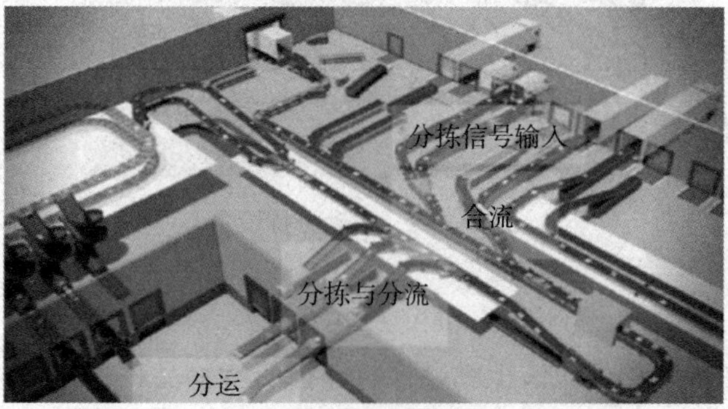

图 4-1-2　自动分拣设备工作流程示意图

三、常见的自动分拣设备

（一）带式分拣机

带式分拣机是利用输送带载运货物完成分拣工作的设备，按输送带的设置形式常分为平带式分拣机、斜带式分拣机和交叉带式分拣机。

1. 平带式分拣机

平带式分拣机的道口上设有挡板（或推板），货物到达道口时，挡板伸出将货物挡住，货物沿挡板卸入分拣通道。常用的平带式分拣机是平钢带分拣机，其结构如图 4-1-3 所示。

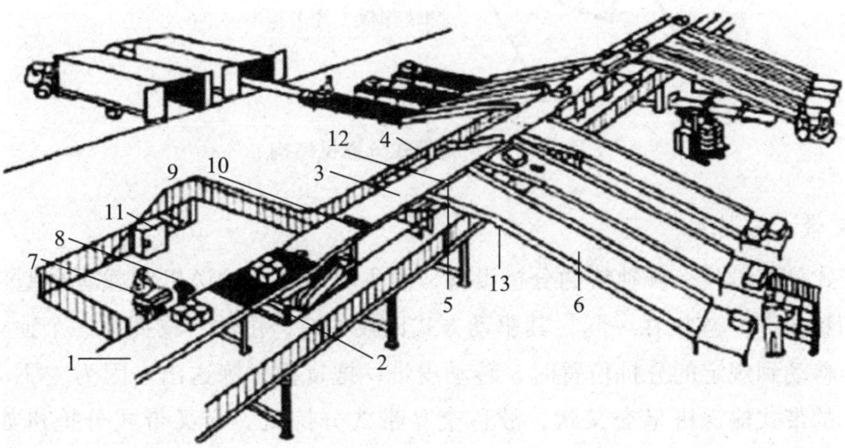

1—编码带；2—缓冲储存器；3—平钢带；4—导向挡板；5—过渡板；6—滑槽；7—编码键盘；8—监视器；9—物料检测器；10—消磁、充磁装置；11—控制柜；12—信息读取装置；13—满量检出器

图 4-1-3　平钢带分拣机结构

使用平钢带分拣机分拣时，分拣人员需要阅读编码上的货物地址，并通过编码键盘将地址输入计算机，携带地址代码信息的货物就会被输送至缓冲储存器。在分拣机每一个小格滑槽前设置一个信息读取装置，用于读取代码信息。读取完代码信息，计算机就控制导向挡板，快速地运动到钢带上方，导向挡板和钢带运动方向呈 35°左右的夹角，可以顺利地将货物导入滑槽，完成分拣任务。

平钢带分拣机的适用范围较大，除了易碎、超薄货物，其余货物都能分拣，输送速度快，分拣能力较强，分拣量每小时可达 10000 件以上。其主要优点是强度高、耐用性好、可靠性强，但分拣道口不能设计得太密，分拣道口太密会导致系统平面布局比较困难。

2. 斜带式分拣机

斜带式分拣机与平带式分拣机的主要区别是卸载的方式不同。斜带式分拣机的道口垂直于斜带，道口打开，货物在自重的作用下沿格门滑入分拣通道（滑槽）。斜带式分拣机最大的优点是利用重力卸载，卸载机构比较简单，同时，可设置较多的分拣通道，分拣效率比平带式分拣机高，但斜带式分拣机只能单边设置分拣通道。斜带式分拣机结构如图4-1-4 所示。

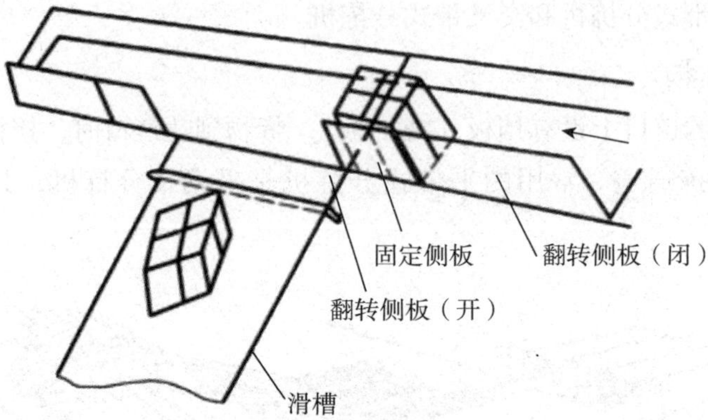

图 4-1-4　斜带式分拣机结构

3. 交叉带式分拣机

交叉带式分拣机是一种独特的分拣设备，由主驱动带式输送机和载有小型带式输送机的台车（简称小车）连接在一起，其驱动方式比较独特，每件货物拥有一个独立的分拣单元。当小车移动到规定的分拣位置时，转动皮带，把货物分拣送出。因为主驱动带式输送机与小车上的带式输送机呈交叉状，故称交叉带式分拣机。交叉带式分拣机如图 4-1-5 所示。

交叉带式分拣机是为了适应物流现代化、自动化、高速化而开发研制的新一代带式分拣机。该类分拣机分拣道口多，可左右两侧分拣，对货物冲击力度小，能实现货物自动对中，无落差分拣，适宜分拣各类小件商品等。

图 4-1-5　交叉带式分拣机

（二）托盘式分拣机

托盘式分拣机是一种使用十分广泛的机型，它是用链条或皮带牵引的托盘作为载运工具的一种分拣机。托盘运行线路两侧设有道口，每一个道口设一个控制凸轮。载运货物的托盘到达道口时，如果左边的凸轮升起使托盘向右倾斜 30°~50°，货物就从托盘滑落到右边道口；反之，货物则滑落到左边道口。托盘式分拣机主要由托盘小车、驱动装置、牵引装置等构成。其中，托盘小车形式多种多样，有平托盘小车、U 型托盘小车、交叉带式托盘小车等。其中，交叉带式托盘式分拣机结构如图 4-1-6 所示。

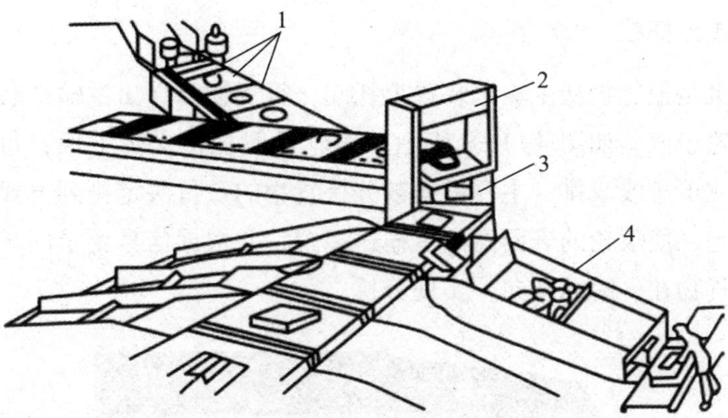

1—上货机；2—激光扫描器；3—交叉带式托盘小车；4—道口

图 4-1-6　交叉带式托盘式分拣机结构

（三）翻板式分拣机

翻板式分拣机是用途较为广泛的板式传送分拣设备，由一系列相互连接的翻板和导向杆、牵引装置、驱动装置、支撑装置等组成，如图 4-1-7 所示。

货物进入翻板式分拣机，光电传感器检测其尺寸，连同分拣人员输入的地址信息一并输送至计算机系统中。当货物到达指定道口时，符合货物尺寸的翻板即受控倾翻，驱使货物滑入相应的道口中。每块翻板都可由倾翻导轨控制向两侧倾翻，每次倾翻的翻板数量，取决于货物的尺寸，而且货物翻落时，翻板按顺序倾翻，可使货物顺利地进入滑道，从而提高分拣效率。

图 4-1-7　翻板式分拣机

（四）浮出式分拣机

浮出式分拣机是把货物从主输送装置上托起，将货物引导出主输送装置的分拣机，它主要由旋转的滚轮组成，如图 4-1-8 所示。滚轮设置在传送带下面，每排有 8～10 个滚轮，滚轮可设计成单排或双排，主要根据被分拣货物的重量决定排列方式。滚轮接收到分拣信号后立即跳起，使滚轮的表面高出主输送装置，并根据信号要求向某侧倾斜，使原来保持直线运动的货物在一瞬间转向，实现分拣。

图 4-1-8　浮出式分拣机

（五）悬挂式分拣机

悬挂式分拣机是用牵引链（或钢丝绳）作为牵引件的分拣设备，其结构如图 4-1-9 所示，按照有无支线，可分为固定悬挂式分拣机和推式悬挂式分拣机。

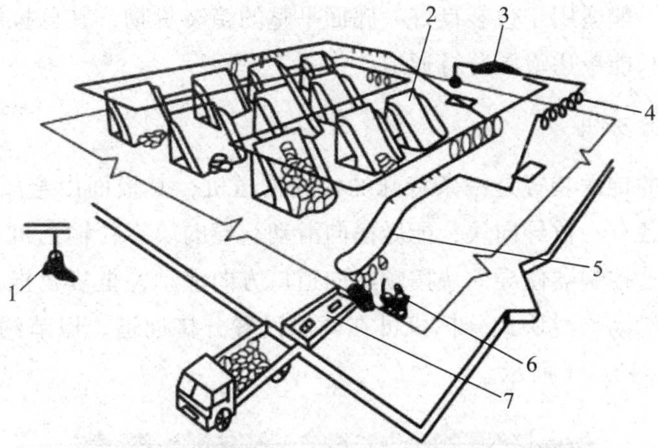

1—吊挂小车；2—道口；3—张紧装置；4—货物；5—输送轨道；6—编码装置；7—传送带

图 4-1-9　悬挂式分拣机结构

固定悬挂式分拣机主要由吊挂小车、输送轨道、张紧装置、编码装置、夹钳等组成。分拣时，货物吊夹在吊挂小车的夹钳中，通过编码装置控制，由夹钳释放机构将货物卸落到指定的搬运小车上或分拣滑道上。

推式悬挂式分拣机具有线路布置灵活、允许爬升等优点，普遍用于货物分拣和储存业务。其具有悬挂在空中、利用空间进行作业的特点，适合用于分拣箱装、袋装货物，对包装物形状要求不高，分拣货物重量大，一般可达 100 千克以上，但该类分拣机需要专用场地。

（六）滚柱式分拣机

滚柱式分拣机是用于对货物进行输送、储存与分路的分拣设备。按处理货物流程需要，可以布置成水平形式，也可以和提升机联合使用构成立体仓库。滚柱式分拣机局部结构如图 4-1-10 所示。

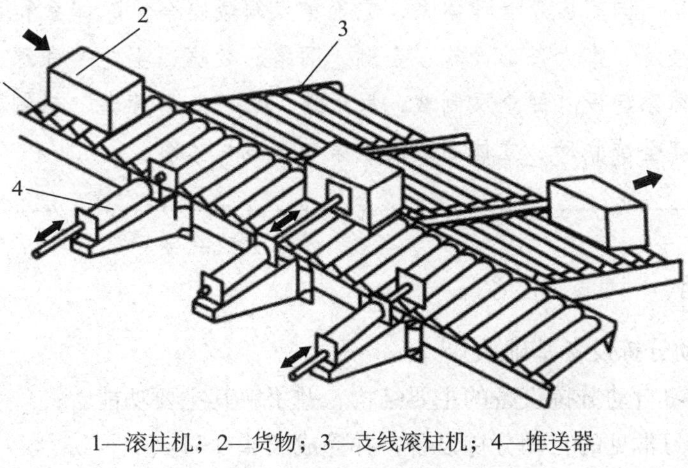

1—滚柱机；2—货物；3—支线滚柱机；4—推送器

图 4-1-10　滚柱式分拣机局部结构

滚柱式分拣机一般适用于包装良好、底面平整的箱装货物，其分拣能力高，但结构较复杂，价格较高，只能单边设置分拣通道。

（七）滑块式分拣机

滑块式分拣机的传送装置是一条特殊的板式输送机，其板面由金属板条或管子组成，每个板条或管子上各有一枚导向块，能做横向滑动。导向块靠在输送机一侧，当被分拣货物到达指定道口时，控制器使导向块按顺序向道口方向滑动，把货物推入分拣通道。由于导向块可以朝双侧滑动，滑块式分拣机可在两侧设置分拣通道，以节约分拣场地的空间。滑块式分拣机如图 4-1-11 所示。

图 4-1-11　滑块式分拣机

◉思政园地

党的二十大提出“健全国家安全体系”

强化国家安全工作协调机制，完善国家安全法治体系、战略体系、政策体系、风险监测预警体系、国家应急管理体系，完善重点领域安全保障体系和重要专项协调指挥体系，强化经济、重大基础设施、金融、网络、数据、生物、资源、核、太空、海洋等安全保障体系建设。健全反制裁、反干涉、反“长臂管辖”机制。完善国家安全力量布局，构建全域联动、立体高效的国家安全防护体系。

任务实施

步骤 1：自动分拣设备基础认知。

（1）分组学习自动分拣设备的主要结构，并了解其主要功能。

（2）分组学习常见的自动分拣设备，并完成表 4-1-1。

表 4-1-1　　常见的自动分拣设备

序号	图片	名称
1		
2		
3		
4		
5		
6		
7		

步骤 2：自动分拣设备的适用条件认知。

在应用自动分拣设备时，一定要考虑以下条件。

____

____

____

____

步骤 3：自动分拣设备应用流程认知。

（1）____________________________：无须打印出库单，出入库信息通过计算机直接下载到对应的电子标签中。

（2）____________________________：电子标签发出光、声指示信号，指导分拣作业人员完成分拣作业。

（3）____________________________：分拣作业人员完成此次分拣作业后，按动电子标签按键，取消光、声指示信号，将信息反馈给计算机，并按照其他电子标签指示继续进行分拣。

任务评价

学生互评表

<table>
<tr><td>任务名称</td><td colspan="9">认知自动分拣设备</td></tr>
<tr><td>班级</td><td></td><td>组别</td><td></td><td>姓名</td><td></td><td>学号</td><td colspan="3"></td></tr>
<tr><td colspan="3">评价项目
（占比）</td><td colspan="5">评价标准</td><td>满分
（分）</td><td>得分
（分）</td></tr>
<tr><td colspan="3">考勤（10%）</td><td colspan="5">学生考勤情况（无故旷课、迟到、早退，一次扣 10 分，请假一次扣 2 分）</td><td>10</td><td></td></tr>
<tr><td rowspan="2">学习能力
（10%）</td><td colspan="2">合作学习能力</td><td colspan="5">小组合作参与程度（优秀为 6 分，良好为 4 分，一般为 2 分，未参与为 0 分）</td><td>6</td><td></td></tr>
<tr><td colspan="2">个人学习能力</td><td colspan="5">个人自主探究参与程度（优秀为 4 分，良好为 2 分，未参与为 0 分）</td><td>4</td><td></td></tr>
<tr><td rowspan="3">工作过程
（60%）</td><td colspan="2">自动分拣设备基础认知</td><td colspan="5">能认识常见的自动分拣设备（每错一处扣 5 分）</td><td>35</td><td></td></tr>
<tr><td colspan="2">自动分拣设备适用条件认知</td><td colspan="5">能正确描述自动分拣设备的适用条件（每错一处扣 5 分）</td><td>15</td><td></td></tr>
<tr><td colspan="2">自动分拣设备应用流程认知</td><td colspan="5">能正确描述自动分拣设备应用流程（每错一处扣 3 分，全错扣 10 分）</td><td>10</td><td></td></tr>
</table>

续　表

评价项目（占比）		评价标准	满分（分）	得分（分）
工作成果（20%）	成果完成情况	能按规范及要求完成任务（未完成一处扣2分）	10	
	成果展示情况	能正确认识并使用自动分拣设备（失误一次扣5分）	10	
总得分				

教师评价表

任务名称	认知自动分拣设备						
授课信息							
班级		组别		姓名		学号	

评价项目（占比）		评价标准	满分（分）	得分（分）
考勤（10%）		学生考勤情况（无故旷课、迟到、早退，一次扣10分，请假一次扣2分）	10	
学习能力（10%）	合作学习能力	小组合作参与程度（优秀为6分，良好为4分，一般为2分，未参与为0分）	6	
	个人学习能力	个人自主探究参与程度（优秀为4分，良好为2分，未参与为0分）	4	
工作过程（60%）	自动分拣设备基础认知	能认识常见的自动分拣设备（每错一处扣5分）	35	
	自动分拣设备适用条件认知	能正确描述自动分拣设备的适用条件（每错一处扣5分）	15	
	自动分拣设备应用流程认知	能正确描述自动分拣设备应用流程（每错一处扣3分，全错扣10分）	10	
工作成果（20%）	成果完成情况	能按规范及要求完成任务（未完成一处扣2分）	10	
	成果展示情况	能正确认识并使用自动分拣设备（失误一次扣5分）	10	
总得分				

任务反思

在完成任务的过程中遇到了哪些问题，应如何解决？

知识巩固

1. （单选题）（　　）是将混在一起而去向不同的货物，按设定的要求自动进行分类、拣选的设备。

A. 自动分拣设备　　B. 自动输送设备

C. 自动起重设备　　D. 自动仓储设备

2. （单选题）自动分拣设备使分拣作业（　　）。

A. 完全实现无人化操作

B. 完全实现自动程控操作

C. 基本实现无人化作业

D. 将电脑控制和机械分拣相结合

3. （单选题）按分拣（　　）的不同，可分为人工分拣、机械分拣和自动分拣。

A. 手段　　B. 工具　　C. 种类　　D. 装置

4. （判断题）一般的分拣设备包括设定装置、控制装置、输送装置和分拣道口等。（　　）

5. （判断题）自动分拣设备特别适用于分拣量较大、一次性分拣单位较多、被分拣的货物适应自动分拣设备的场合。（　　）

任务二　认知“货到人”拣选系统

任务目标

知识目标	了解“货到人”拣选系统的基本概念 了解“货到人”拣选系统的作业流程 掌握“货到人”拣选系统的应用
技能目标	能够正确识别“货到人”拣选系统对劳动力市场的影响 能够合理分析智能化物流技术带来的安全问题及应对手段 能够正确分析智能物流领域的人才具备的技能
素养目标	提高在智能化技术应用过程中的数据安全意识

任务发布

链云为了提高仓库运作效率和精度，打算引进一批智能化的“货到人”拣选系统。该系统凭借高精度传感器和深度学习算法，可以准确识别货架上放置的商品，并自动捡起放入对应的货盘中；而通过与仓储管理系统的连接，该系统中的拣选机器人可以自动调整行进路线，减少不必要的阻碍和重复走动，更能提高物流效率。此外，由于该系统中的拣选机器人可以全天候运行，不受人员疲劳和人为因素影响，因此可以实现 24 小时不间断服务，大幅度提高物流中心的货物处理时效性。同时，该系统的低误差率和快速响应能力，也能够显著降低人员失误和疏漏的风险。

由指导教师带队，带领学生参观企业仓储中心，仓库负责人现场介绍“货到人”拣选系统的用途，学生做好记录，有问题及时提问，教师和仓库负责人解答。参观结束后，请学生们思考下列问题。

1. 物流领域的自动化技术发展日新月异，“货到人”拣选系统会给劳动力市场带来哪些影响？

2. 智能化、数字化程度越来越高的物流技术会不会带来安全问题？如果有安全问题，那么该如何应对呢？

3. 智能物流领域的人才需要具备哪些技能？

知识储备

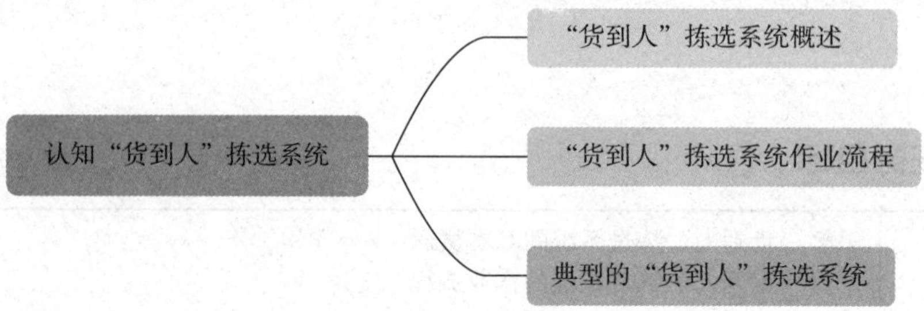

一、“货到人”拣选系统概述

在物流中心的拣选作业过程中，通过“货到人”拣选系统进行作业，货物被自动输送到拣选人面前或者被搬运至固定站点以供拣选，即货动而人不动。

“货到人”拣选有超过40年的发展历史。最早的“货到人”拣选是由自动化立体仓库完成的，托盘或料箱被自动输送到拣选工作站。完成拣选后，剩余的部分仍然自动返回立体仓库中储存。“货到人”拣选系统由三部分组成，即储存系统、输送系统、拣选系统。

“货到人”拣选系统具有以下优势。

①拣选高效。“货到人”拣选系统采用设备搬运，减少了人员行走时间，提高了拣选效率。

②准确性高。配合电子标签、RF终端、称重系统等辅助拣选设备和系统，“货到人”拣选系统具有非常高的准确性。

③储存高效。“货到人”拣选系统作业时采用立体储存和密集储存的方式，提高了储存密度，实现高效储存。

④降低劳动强度。“货到人”拣选系统降低了作业人员的劳动强度，提高了员工满意度，是物流行业“以人为本”理念的具体体现。

扫一扫

扫描右侧二维码，阅读材料，了解顺丰速运的“货到人”拣选系统。

二、“货到人”拣选系统作业流程

“货到人”拣选是物流配送中心一种重要的拣选方式，与其对应的传统拣选方式是“人到货”拣选。“货到人”拣选系统作业流程如图 4-2-1 所示。在拣选过程中，作业人员不动，当管理信息系统收到拣选作业指令后，首先搜寻对应物品的货位，并将作业指令传递给输送设备，输送设备到指定货位取货，并将其搬运至作业人员位置。

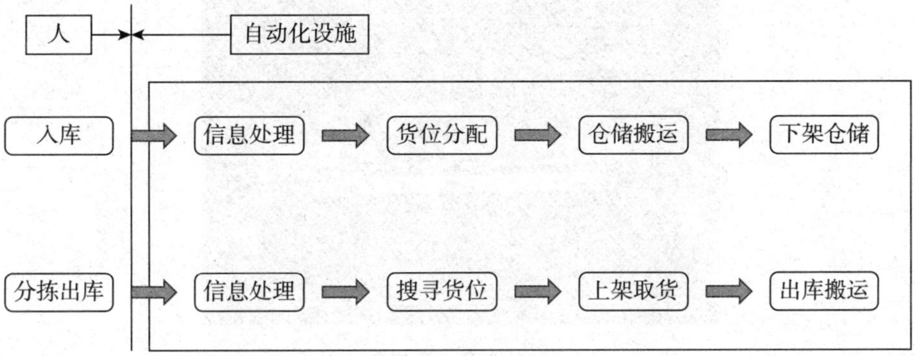

图 4-2-1　“货到人”拣选系统作业流程

三、典型的“货到人”拣选系统

（一）Miniload 轻型堆垛机系统

Miniload 轻型堆垛机系统与托盘式立体仓库结构相似，但该系统的货物储存单元为料箱，因此也被称为料箱式立体仓库，如图 4-2-2 所示。Miniload 轻型堆垛机系统早在 20 世纪八九十年代便已推出，并在日本和欧洲得到广泛应用，目前技术相对成熟。Miniload 轻型堆垛机系统的构成有多种形式，尤其是其货叉和载货台形式多达数十种，使其具有广泛的适应性，其存取能力最高可达每小时 250 次，是重要的“货到人”拆零拣选解决方案之一。

图 4-2-2　Miniload 轻型堆垛机系统

（二）穿梭车系统

穿梭车在货架中运行，支持每层一台或者多层共用一台穿梭车实现储存容器的取放，配合提升机、输送线和拣选工作站最终实现“货到人”。穿梭车如图 4-2-3 所示，穿梭车系统凭借能耗低、效率高、作业灵活等突出优势成为“货到人”拆零拣选的最佳解决方案，近两年得到快速发展和大范围应用。

图 4-2-3　穿梭车

穿梭车系统根据作业对象的不同主要分为托盘式穿梭车系统和箱式穿梭车系统，前者主要用于密集式储存，后者则用于“货到人”拣选。穿梭车系统根据结构不同，可分为多层穿梭车系统、四向穿梭车系统和子母穿梭车系统。

1. *多层穿梭车系统*

近两年多层穿梭车系统得到了大量的应用，是高速储存拣选解决方案的典型代表。多层穿梭车系统作业效率非常高，拣选效率是传统作业方式的 5~8 倍，一般可以达到每小时拣选 1000 次以上，同时还可以大量节省人力成本。因此，多层穿梭车系统非常适合 B2C（企业对顾客）电商等拆零拣选需求巨大的行业。

2. *四向穿梭车系统*

四向穿梭车系统是多层穿梭车系统的升级，能够充分利用空间，穿梭车可以多向行驶，跨巷道作业，更加高效、灵活。

3. *子母穿梭车系统*

子母穿梭车系统由穿梭子车、穿梭母车、行走轨道、巷道货架、垂直提升机、输送系统、自动控制系统、仓储控制系统及仓储管理软件等组成。该系统是一种全自动密集式仓储系统，对仓库空间的要求较低，可以实现非连续楼层、多区域布局的全自动化仓储。

（三）AGV 搬运“货到人”系统

AGV 搬运“货到人”系统指仓储系统接收平台传来的订单信息后，根据订单信息给出最优的拣选方案，然后由系统指派的 AGV 顶起订单货物所在货架，自动搬运到操作台，工作人员根据订单信息将指定货位的货物取下。

AGV 搬运“货到人”系统拥有“货到人”拣选模式的独到优势，弥补了电商行业储存、分拣的短板，可以灵活地增加机器人（AGV）数量应对电商销售波峰、波谷的问题，这是因为机器人的可靠性和稳定性能够提高整个物流系统的效率。该系统的成功应用实例为亚马逊的 Kiva 机器人，Kiva 机器人如图 4-2-4 所示。

图 4-2-4　Kiva 机器人

（四）旋转货架“货到人”系统

旋转货架“货到人”系统通过旋转整个货架单元或者每层货架，实现储存容器的取放，配合提升机，拣选工作站可实现“货到人”拣选。旋转货架如图 4-2-5 所示。

图 4-2-5　旋转货架

（五）AutoStore“货到人”系统

AutoStore“货到人”系统可以依据吞吐量配置一定数量的专用拣选车，配合拣选工作站最终实现“货到人”拣选。

AutoStore“货到人”系统是 Swisslog 公司针对中小件商品的储存和拣选而推出的“货到人”解决方案。其具体应用方式为：将货物放到标准的料箱里面，通过料箱堆叠的方式进行储存，可以有效利用仓库上部空间，在很小的空间内实现高密度储存；根据拣选工作站的要求，按需实现“货到人”拣选。AutoStore“货到人”系统如图 4-2-6 所示。

图 4-2-6　AutoStore“货到人”系统

◉**思政园地**

党的二十大提出“深入实施人才强国战略”

培养造就大批德才兼备的高素质人才，是国家和民族长远发展大计。功以才成，业由才广。坚持党管人才原则，坚持尊重劳动、尊重知识、尊重人才、尊重创造，实施更加积极、更加开放、更加有效的人才政策，引导广大人才爱党报国、敬业奉献、服务人民。完善人才战略布局，坚持各方面人才一起抓，建设规模宏大、结构合理、素质优良的人才队伍。加快建设世界重要人才中心和创新高地，促进人才区域合理布局和协调发展，着力形成人才国际竞争的比较优势。加快建设国家战略人才力量，努力培养造就更多大师、战略科学家、一流科技领军人才和创新团队、青年科技人才、卓越工程师、大国工匠、高技能人才。加强人才国际交流，用好用活各类人才。深化人才发展体制机制改革，真心爱才、悉心育才、倾心引才、精心用才，求贤若渴，不拘一格，把各方面优秀人才集聚到党和人民事业中来。

任务实施

步骤 1：分析“货到人”拣选系统给传统劳动力市场带来的影响。

步骤 2：分析智能化物流技术安全问题的应对手段。

步骤 3：分析智能物流领域的人才具备的技能。

任务评价

学生互评表

<table>
<tr><td>任务名称</td><td colspan="7">认知“货到人”拣选系统</td></tr>
<tr><td>班级</td><td></td><td>组别</td><td></td><td>姓名</td><td></td><td>学号</td><td></td></tr>
<tr><td colspan="2">评价项目
（占比）</td><td colspan="4">评价标准</td><td>满分
（分）</td><td>得分
（分）</td></tr>
<tr><td colspan="2">考勤（10%）</td><td colspan="4">学生考勤情况（无故旷课、迟到、早退，一次扣 10 分，请假一次扣 2 分）</td><td>10</td><td></td></tr>
<tr><td rowspan="2">学习能力
（10%）</td><td>合作学习能力</td><td colspan="4">小组合作参与程度（优秀为 6 分，良好为 4 分，一般为 2 分，未参与为 0 分）</td><td>6</td><td></td></tr>
<tr><td>个人学习能力</td><td colspan="4">个人自主探究参与程度（优秀为 4 分，良好为 2 分，未参与为 0 分）</td><td>4</td><td></td></tr>
<tr><td rowspan="3">工作过程
（60%）</td><td>分析“货到人”拣选系统给传统劳动力市场带来的影响</td><td colspan="4">能结合实际分析带来的影响（每少一条扣 5 分）</td><td>20</td><td></td></tr>
<tr><td>分析智能化物流技术安全问题的应对手段</td><td colspan="4">能结合实际分析应对手段（每少一条扣 5 分）</td><td>20</td><td></td></tr>
<tr><td>分析智能物流领域的人才具备的技能</td><td colspan="4">能合理分析具备的技能（每少一条扣 5 分）</td><td>20</td><td></td></tr>
<tr><td rowspan="2">工作成果
（20%）</td><td>成果完成情况</td><td colspan="4">能按规范及要求完成任务（未完成一处扣 2 分）</td><td>10</td><td></td></tr>
<tr><td>成果展示情况</td><td colspan="4">能正确认识“货到人”拣选系统（失误一次扣 5 分）</td><td>10</td><td></td></tr>
<tr><td colspan="7">总得分</td><td></td></tr>
</table>

教师评价表

任务名称	认知“货到人”拣选系统						
授课信息							
班级		组别		姓名		学号	

评价项目（占比）		评价标准	满分（分）	得分（分）
考勤（10%）		学生考勤情况（无故旷课、迟到、早退，一次扣10分，请假一次扣2分）	10	
学习能力（10%）	合作学习能力	小组合作参与程度（优秀为6分，良好为4分，一般为2分，未参与为0分）	6	
	个人学习能力	个人自主探究参与程度（优秀为4分，良好为2分，未参与为0分）	4	
工作过程（60%）	分析“货到人”拣选系统给传统劳动力市场带来的影响	能结合实际分析带来的影响（每少一条扣5分）	20	
	分析智能化物流技术安全问题的应对手段	能结合实际分析应对手段（每少一条扣5分）	20	
	分析智能物流领域的人才具备的技能	能合理分析具备的技能（每少一条扣5分）	20	
工作成果（20%）	成果完成情况	能按规范及要求完成任务（未完成一处扣2分）	10	
	成果展示情况	能正确认识“货到人”拣选系统（失误一次扣5分）	10	
总得分				

任务反思

在完成任务的过程中遇到了哪些问题，应如何解决？

知识巩固

1.（单选题）以下（　　）不属于“货到人”拣选方式。

A. Kiva 机器人拣选方式　　B. 电子标签拣选方式

C. Miniload 拣选方式　　D. 多层穿梭车拣选方式

2.（多选题）“货到人”拣选系统具有（　　）优势。

A. 拣选高效　　　　B. 准确性高

C. 储存高效　　　　D. 降低劳动强度

3. （判断题）“货到人”拣选效率高于“人到货”拣选效率。(　　)

4. （判断题）“货到人”拣选方式是货物不动而人动的方式。(　　)

5. （判断题）Kiva 机器人在仓库中可以加快“货到人”的速度。(　　)

任务三　认知电子标签拣选系统

任务目标

知识目标	了解电子标签拣选系统的工作原理 掌握电子标签拣选系统的优势
技能目标	能够分析电子标签拣选系统的工作方式 能够分析电子标签拣选系统应用优势
素养目标	树立科技兴国意识

任务发布

链云每天都有成千上万件货物需要进行拣选和打包，为了提高工作效率和减少人力成本，在仓库中引入了一套电子标签拣选系统。该系统利用 RFID 技术，对每一件货物进行标记，并在拣选过程中与仓库中的读写器交互，实时更新货物的状态和位置信息。每个拣选人员都配备一个手持终端设备，拣选人员可以通过该设备查看自己的任务列表和拣选方案，对完成拣选的货物进行扫描确认，并上传到系统中进行汇总。运用该系统带来以下优势。

1. 货物状态实时追踪：通过 RFID 技术，每个货物的状态和位置信息可以实时更新到系统中，拣选人员可以随时了解货物的处理情况。

2. 拣选效率大幅提高：该系统可以自动分配任务和拣选方案，大大减少了人工干预的时间，同时还可以监控拣选人员的工作情况，对他们进行绩效考核。

3. 降低人力成本：该系统的运用可以省去传统的手工标记和记录步骤，大幅降低了人工成本和拣选误差率。

由指导教师带队，带领学生参观企业仓储中心，仓库负责人现场介绍电子标签拣选系统的用途，学生做好记录，有问题及时提问，教师和仓库负责人解答。参观结束后，请学生在院校实训中使用电子标签拣选系统完成分拣任务。

知识储备

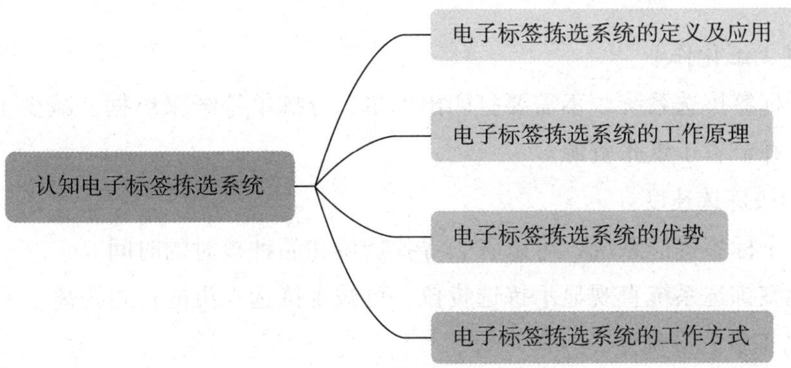

一、电子标签拣选系统的定义及应用

电子标签拣选系统是以一连串装于流利式货架格位上的电子显示装置取代拣货单，辅助拣选人员作业，指示应拣取的货物数量，配合流利式货架、无动力辊筒分拣机、高台捆扎打包机等设备完成货物出入库、盘点、补货等操作的系统。对于传统的拣选方式而言，电子标签拣选不仅提高了准确性和作业效率，而且降低了成本。

电子标签拣选系统用于物流配送，能有效提高出库效率，并适应各种苛刻的作业要求，尤其在零散货品配送中具有绝对优势，在连锁配送、药品流通领域，以及冷冻品、服饰、音像制品物流领域也有广阔的应用。

二、电子标签拣选系统的工作原理

电子标签拣选系统通过电子显示装置显示客户编号、物流箱编号、拣货量等电子标签信息，向拣选人员及时、明确地下达拣选指令，具有加快拣选速度、降低拣选错误率、免除表单作业等优点。电子标签拣选系统的工作原理是利用电子标签实现货位指示、出库数量显示和信息确认，最终帮助拣选人员完成拣选作业。

利用电子标签进行拣选的流程可以细化为以下几个步骤。

①省去传统出库单打印环节，直接将出库信息传输至相应的电子标签设备。

②电子标签通过光信号和声信号，为拣选人员提供直观的指引，确保准确完成拣选任务。

③拣货完成后，工作人员操作电子标签，消除对应的光信号和声信号，同时将完成任务的信息反馈给中央控制系统。

④拣选人员根据其他电子标签的指示，继续执行后续的拣选工作。

三、电子标签拣选系统的优势

与传统的拣选方式相比，电子标签拣选系统具有显著的优势，具体体现在以下几个方面。

（1）实现无纸化作业。

使用电子标签拣选系统，不需要打印出库单、分拣单等纸张单据，减少了出库前单据处理的时间，并节省了纸张资源。

（2）可加快拣选速度。

①使用电子标签拣选系统，可以省去寻找货位和品种核对的时间。

②电子标签拣选系统直观显示拣选货位，可减少拣选人员的行走距离。

（3）提高拣货的准确率。

使用电子标签拣选系统，拣选人员的精力主要用于确认拣选数量，缩短拣选人员思考、判断的时间。由于降低了拣选的劳动强度，拣选人员可以始终保持较高的工作效率，从而提高拣选的准确率。

（4）降低拣选成本。

即使是对产品、仓库不熟悉的人员也可以使用电子标签拣选系统从事拣选工作，降低了企业的培训和管理成本。通过提高拣选效率，也可以减少拣选人员的数量，进一步降低拣选成本。

（5）增强企业的竞争优势。

①利用电子标签的高效性，企业可应对以往几倍的工作量。

②缩短交货时间，能够及时响应客户，提升企业竞争力。

③减少因发货不准确造成的退货、投诉数量。

④降低员工的劳动强度。

⑤具备各种辅助功能，协助完成盘点、补货等工作。

四、电子标签拣选系统的工作方式

在实际使用中，电子标签拣选系统主要有两种工作方式，分别为摘取式拣选和播种式拣选。

（一）摘取式拣选

摘取式拣选是针对每一份订单（即每个客户）进行拣选，拣选人员或设备巡回于各个货位，将所需的货物取出的工作方式。

摘取式拣选的特点：①每人每次只处理一份订单；②操作简单，适合订单品种和数量都比较少的小规模拆零拣选。

（二）播种式拣选

播种式拣选是把多份订单（多个客户的订货需求）集成一批，先把其中每种商品的数量分别汇总，再针对所有客户进行逐个品种分货的工作方式。

播种式拣选的特点：①每次处理多份订单；②操作复杂、难度系数大，适合订单品种和数量都比较多的大规模拆零拣选。

扫一扫

扫描右侧二维码，观看视频，了解摘果式拣选和播种式拣选的不同。

◉**思政园地**

党的二十大提出“增强维护国家安全能力”

坚定维护国家政权安全、制度安全、意识形态安全，加强重点领域安全能力建设，确保粮食、能源资源、重要产业链供应链安全，加强海外安全保障能力建设，维护我国公民、法人在海外合法权益，维护海洋权益，坚定捍卫国家主权、安全、发展利益。提高防范化解重大风险能力，严密防范系统性安全风险，严厉打击敌对势力渗透、破坏、颠覆、分裂活动。全面加强国家安全教育，提高各级领导干部统筹发展和安全能力，增强全民国家安全意识和素养，筑牢国家安全人民防线。

任务实施

步骤1：电子标签拣选系统基础认知。

（1）分组学习电子标签拣选系统的主要结构，了解其主要功能。

（2）电子标签拣选系统的优点包括________________、________________、________________、________________和________________。

步骤2：了解电子标签拣选系统的应用场景。

分组学习电子标签拣选系统的应用场景，填写表4-3-1。

表 4-3-1　　电子标签拣选系统的应用场景

图片	类型	应用场景
	声光电子标签拣选系统	
	机器人电子标签拣选系统	

步骤 3：分析电子标签拣选系统应用优势。

通过查询资料，梳理出电子标签拣选系统应用优势，至少列出 5 条。

任务评价

学生互评表

任务名称	认知电子标签拣选系统							
班级		组别		姓名		学号		
评价项目（占比）		评价标准					满分（分）	得分（分）
考勤（10%）		学生考勤情况（无故旷课、迟到、早退，一次扣 10 分，请假一次扣 2 分）					10	
学习能力（10%）	合作学习能力	小组合作参与程度（优秀为 6 分，良好为 4 分，一般为 2 分，未参与为 0 分）					6	
	个人学习能力	个人自主探究参与程度（优秀为 4 分，良好为 2 分，未参与为 0 分）					4	

续　表

评价项目（占比）		评价标准	满分（分）	得分（分）
工作过程（60%）	电子标签拣选系统基础认知	能正确描述电子标签拣选系统的优点（每错一处扣4分）	20	
	了解电子标签拣选系统的应用场景	能正确描述电子标签拣选系统的应用场景（每错一处扣5分）	10	
	分析电子标签拣选系统应用优势	能正确分析电子标签拣选系统应用优势（每错一处扣6分）	30	
工作成果（20%）	成果完成情况	能按规范及要求完成任务（未完成一处扣2分）	10	
	成果展示情况	能正确认识电子标签拣选系统（失误一次扣5分）	10	
总得分				

教师评价表

任务名称	认知电子标签拣选系统						
授课信息							
班级		组别		姓名		学号	

评价项目（占比）		评价标准	满分（分）	得分（分）
考勤（10%）		学生考勤情况（无故旷课、迟到、早退，一次扣10分，请假一次扣2分）	10	
学习能力（10%）	合作学习能力	小组合作参与程度（优秀为6分，良好为4分，一般为2分，未参与为0分）	6	
	个人学习能力	个人自主探究参与程度（优秀为4分，良好为2分，未参与为0分）	4	
工作过程（60%）	电子标签拣选系统基础认知	能正确描述电子标签拣选系统的优点（每错一处扣4分）	20	
	了解电子标签拣选系统的应用场景	能正确描述电子标签拣选系统的应用场景（每错一处扣5分）	10	
	分析电子标签拣选系统应用优势	能正确分析电子标签拣选系统应用优势（每错一处扣6分）	30	
工作成果（20%）	成果完成情况	能按规范及要求完成任务（未完成一处扣2分）	10	
	成果展示情况	能正确认识电子标签拣选系统（失误一次扣5分）	10	
总得分				

任务反思

在完成任务的过程中遇到了哪些问题，应如何解决？

知识巩固

1.（单选题）（　　）依靠电子标签拣选系统，对每一份订单的货品逐一进行拣选。

A. 人工摘取式拣选　　B. 人工播种式拣选　　C. 摘取式拣选　　D. 播种式拣选

2.（单选题）下列选项中不是电子标签拣选系统的特点是（　　）。

A. 提高拣选速度及效率　　B. 降低拣选错误率

C. 提高出货配送物流效率　　D. 人员需要专门培训

3.（多选题）电子标签拣选系统的工作方式分为（　　）。

A. 摘取式拣选　　B. 流水式拣选　　C. 自动式拣选　　D. 播种式拣选

4.（多选题）电子标签拣选系统通过电子显示装置显示（　　）等电子标签信息，向拣选人员及时、明确地下达拣选指令。

A. 客户编号　　B. 物流箱编号

C. 拣货量　　D. 拣货方式

5.（多选题）电子标签拣选系统的特点有（　　）。

A. 加快拣选速度　　B. 降低拣选错误率

C. 免除表单作业　　D. 降低作业难度

项目五　智能配送设备

任务一　认知无人配送车

任务目标

知识目标	了解无人配送车的概念 了解无人配送车的优点 理解无人配送车的关键技术
技能目标	能够正确分析无人配送车的安全防护措施 能够正确分析无人配送车的保鲜措施 能够合理探究无人配送车的未来发展方向
素养目标	具备安全意识

任务发布

无人配送车在物流、餐饮、零售和医药等领域已经得到了应用。这些无人配送车可以提高配送效率、节省运营成本、减少人员风险和促进绿色物流发展等优点，在未来有很大的发展潜力。请阅读资料，学习无人配送车相关知识，思考下列问题。

1. 无人配送车应该如何避免交通事故？
2. 无人配送车受恶劣天气的影响时，有何应对措施？
3. 无人配送车有哪些保鲜措施？

资料：说起无人配送相信大家都有所耳闻，但是亲身体验过无人配送的消费者还是相对较少。以京东的无人配送服务为例，其流程起始于无人机将货物送至指定的站点，该站点不仅配备自提柜供客户自助取件，还部署了无人配送车实现送货上门服务。此外，客户还可在站点利用自助服务发送包裹，经由无人机运达最终目的地。在配送途中，无人配送车顶部的激光感应系统能够自动侦测前方的行人和车辆，当接近至大约 3 米距离时会自动刹车，规避障碍物，爬坡度高达25度。这些无人配送车具备基础防水功能，并能在低电量时自动返回充电，因此无须担心雨水淋湿或电量耗尽的问题。无人配送车拥有高负载、全天候工作及智能导航等优点，为物流行业的“最后一公里”问题提供了创新解决方案。单次充满电后，无人配送车可行驶80千米，一天之内可在园区内完成50次配送任务，相当于一位配送员的工作量。

除了京东，包括顺丰、阿里巴巴、美团等行业巨头也在积极研发无人配送技术，目前各家企业在技术起点上几乎持平。未来，无人配送无疑将成为这些企业激烈竞争的市场领域，甚至有可能成为智慧物流领域首个大规模商业化的竞争“战场”。

知识储备

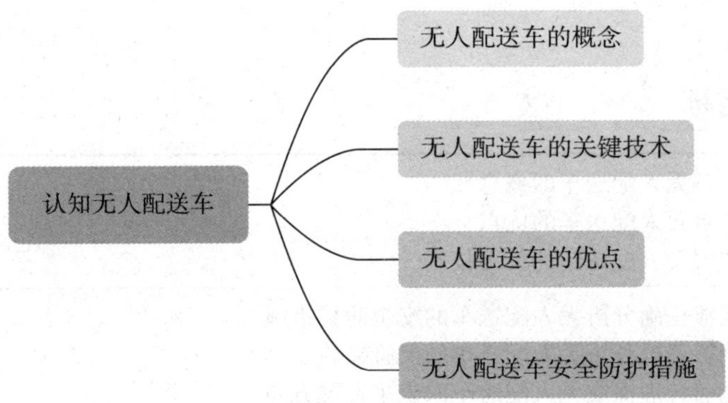

一、无人配送车的概念

无人配送车是指用于物流配送和运输的自动驾驶车辆，它可以自主完成货物的收集、运输和配送等任务，不需要人工干预。在这个背景下，电商与物流行业巨头纷纷探索无人配送车的应用潜力。无人配送车的应用领域极为广泛，它不仅能够在开放的环境里，如人口密集的都市区、城市的商业中心区域（CBD）中发挥作用；还能在封闭或半封闭的环境里，如居民社区、校园、工业园区等地方进行高效的运输。随着这一趋势的发展，电子商务和物流行业的领头企业开始纷纷加大在无人配送车研发方面的投入，特别是在解决“最后一公里”配送问题上，无人配送车的应用竞争已经变得尤为剧烈，各企业都在这个领域展开了一场激烈的较量。京东无人车、菜鸟小G、苏宁无人车如图5-1-1所示。

图 5-1-1　京东无人车、菜鸟小 G、苏宁无人车

二、无人配送车的关键技术

1. 360°全自动驾驶感知系统

360°全自动驾驶感知系统可全面感知关键区域中的所有障碍物，并可准确预测感知范围内的车辆及行人的运动状态。

2. 融合定位系统

融合定位系统通过将多种传感器获取的道路特征与高清地图进行比对，获取车辆厘米级位置信息，可使车辆在 GPS 不可用的情况下依然可以获得准确定位。

3. 规划决策系统

规划决策系统可根据实时交通动态信息，生成高效舒适的动态轨迹，在突发紧急情况下可保证周边环境和无人配送车的安全。

4. 仿真云计算平台

利用仿真云计算平台可以根据实时道路情况生成上万种类似场景，实现每日数万千米的演练，不断提高无人配送车的场景处理能力。

三、无人配送车的优点

1. 提高配送效率，降低配送成本

对于人流量特别密集的地区，如小区、办公楼、便利店等区域，无人配送车的出现代替了人力，降低了成本，提高了配送效率的同时还提升了员工的幸福感。

2. 提升客户体验

随着物流事业的进一步扩大，无人配送车的出现，也会在一定程度上满足部分客户“求鲜”的心理，提升部分客户体验。

四、无人配送车安全防护措施

无人配送车在实际的运营过程中，需要面对各种可能的安全风险和隐患。因此，必须采取相应的安全防护措施以确保无人配送车的安全性，进而保障周围行人和交通的安全，同时避免车辆上运输的货物损坏、丢失或者泄漏等问题。以下是一些常见的无人配送车的安全防护措施。

1. 配置智能感知设备

通过搭载雷达、超声波传感器、摄像头等多种智能感知设备，无人配送车能够实时监测并响应周边环境变化，有效避免与行人或其他车辆的碰撞，尤其在夜间或恶劣天气条件下，这些设备的优越性能尤为显著。

2. 路况预测和规避

无人配送车可以基于历史数据和实时数据做出智能预测，避免经过可能出现危险的路段，通过智能避让，避免发生交通事故等。

3. 配备监控、判断和预警系统

无人配送车配备可以协助车辆的监控、判断和预警系统，例如，制造商可以在后台通过监控系统监视车辆状况，及时发现问题并联系车辆维护人员进行处理，或者远程控制车辆保持安全驾驶状态。

4. 安全备份和复原

无人配送车系统应该开发完备的自动备份机制和数据恢复规定，发生事故或出现故障时，能够及时将运作过程中的数据备份，及时执行相关的还原操作。

总之，在无人配送车设计和生产过程中，应当在借鉴现有安全性设计和相关技术成果的基础上，建立有效的应急预案和安全管理体系，为车辆有效避免盗窃、意外事故、技术故障等情况的发生，同时更好地保障车上运送的货物不会受到影响，提高整个无人配送系统的整体可靠性和安全性。

◉思政园地

党的二十大提出“加快实施创新驱动发展战略”

坚持面向世界科技前沿、面向经济主战场、面向国家重大需求、面向人民生命健康，加快实现高水平科技自立自强。以国家战略需求为导向，集聚力量进行原创性引领性科技攻关，坚决打赢关键核心技术攻坚战。加快实施一批具有战略性全局性前瞻性的国家重大科技项目，增强自主创新能力。加强基础研究，突出原创，鼓励自由探索。提升科技投入效能，深化财政科技经费分配使用机制改革，激发创新活力。加强企业主导的产学研深度融合，强化目标导向，提高科技成果转化和产业化水平。强化企业科技创新主体地位，发挥科技型骨干企业引领支撑作用，营造有利于科技型中小微企业成长的良好环境，推动创新链产业链资金链人才链深度融合。

任务实施

步骤 1：分析无人配送车如何避免交通事故。

可以采用多种方式避免无人配送车在配送途中的交通事故。首先，可以在车辆上配置交通规则判断模块，让车辆了解交通规则，并且可以自主判断车辆是否可以通过交叉口。其次，可以在车辆上安装____________、_______________、_______________等感知周围环境和道路情况，并做出相应的驾驶决策。最后，可以使用深度学习技术，训练车辆正确行驶，避免交通事故。

步骤 2：分析无人配送车受恶劣天气的影响及应对措施。

在无人配送车运输过程中，如果受到恶劣天气的影响，可以根据天气情况做出相应的调整，请将表 5-1-1 补充完整。

表 5-1-1　　无人配送车受恶劣天气的影响及应对措施

情形	影响因素	应对措施
路面湿滑	恶劣天气会导致道路湿滑，这会增加车辆行驶的难度，车辆容易打滑、刹车不灵等	
能见度差	在雾霾、大雾等天气条件下，能见度较低，车辆可能无法准确判断前方道路状况或其他车辆状况，容易发生交通事故	
雨雪天气	雨雪天气会影响车辆刹车性能，同时也会造成感知视线模糊，对车辆安全行驶造成潜在威胁	

步骤 3：分析无人配送车保鲜措施。

无人配送车运输水果、蔬菜的过程中，需要注意货品的保鲜。可以采用多种方式来保证水果、蔬菜的新鲜度，比如在车辆上安装____________________________，监测仓储空间的空气温度和湿度，确保货物不受环境影响。另外，可以使用______________________________，提供合适的环境温度，便于维持水果、蔬菜的新鲜度。此外，还可以优化__________________，保证货品从产地到需求地的速度，以保持货品的新鲜度。

任务评价

学生互评表

<table>
<tr><td>任务名称</td><td colspan="7">认知无人配送车</td></tr>
<tr><td>班级</td><td></td><td>组别</td><td></td><td>姓名</td><td></td><td>学号</td><td></td></tr>
</table>

<table>
<tr><td colspan="2">评价项目（占比）</td><td>评价标准</td><td>满分（分）</td><td>得分（分）</td></tr>
<tr><td colspan="2">考勤（10%）</td><td>学生考勤情况（无故旷课、迟到、早退，一次扣10分，请假一次扣2分）</td><td>10</td><td></td></tr>
<tr><td rowspan="2">学习能力（10%）</td><td>合作学习能力</td><td>小组合作参与程度（优秀为6分，良好为4分，一般为2分，未参与为0分）</td><td>6</td><td></td></tr>
<tr><td>个人学习能力</td><td>个人自主探究参与程度（优秀为4分，良好为2分，未参与为0分）</td><td>4</td><td></td></tr>
<tr><td rowspan="3">工作过程（60%）</td><td>分析无人配送车如何避免交通事故</td><td>能提出至少三条解决方案（少一项扣5分）</td><td>15</td><td></td></tr>
<tr><td>分析无人配送车受恶劣天气的影响及应对措施</td><td>能根据所受影响，提出正确的应对措施（每少一条扣10分）</td><td>30</td><td></td></tr>
<tr><td>分析无人配送车保鲜措施</td><td>能正确分析保鲜措施（每错一处扣5分）</td><td>15</td><td></td></tr>
<tr><td rowspan="2">工作成果（20%）</td><td>成果完成情况</td><td>能按规范及要求完成任务（未完成一处扣2分）</td><td>10</td><td></td></tr>
<tr><td>成果展示情况</td><td>能正确认识无人配送车（失误一次扣5分）</td><td>10</td><td></td></tr>
<tr><td colspan="4">总得分</td><td></td></tr>
</table>

教师评价表

<table>
<tr><td>任务名称</td><td colspan="7">认知无人配送车</td></tr>
<tr><td>授课信息</td><td colspan="7"></td></tr>
<tr><td>班级</td><td></td><td>组别</td><td></td><td>姓名</td><td></td><td>学号</td><td></td></tr>
</table>

<table>
<tr><td colspan="2">评价项目（占比）</td><td>评价标准</td><td>满分（分）</td><td>得分（分）</td></tr>
<tr><td colspan="2">考勤（10%）</td><td>学生考勤情况（无故旷课、迟到、早退，一次扣10分，请假一次扣2分）</td><td>10</td><td></td></tr>
</table>

续　表

评价项目（占比）		评价标准	满分（分）	得分（分）
学习能力（10%）	合作学习能力	小组合作参与程度（优秀为 6 分，良好为 4 分，一般为 2 分，未参与为 0 分）	6	
	个人学习能力	个人自主探究参与程度（优秀为 4 分，良好为 2 分，未参与为 0 分）	4	
工作过程（60%）	分析无人配送车如何避免交通事故	能提出至少三条解决方案（少一项扣 5 分）	15	
	分析无人配送车受恶劣天气的影响及应对措施	能根据所受影响，提出正确的应对措施（每少一条扣 10 分）	30	
	分析无人配送车保鲜措施	能正确分析保鲜措施（每错一处扣 5 分）	15	
工作成果（20%）	成果完成情况	能按规范及要求完成任务（未完成一处扣 2 分）	10	
	成果展示情况	能正确认识无人配送车（失误一次扣 5 分）	10	
总得分				

任务反思

在完成任务的过程中遇到了哪些问题，应如何解决？

知识巩固

1.（单选题）（　　）可全面感知关键区域中的所有障碍物，并可准确预测感知范围内的车辆及行人的运动状态。

A. 规划决策系统　　B. 360°全自动驾驶感知系统

C. 仿真云计算平台　　D. 融合定位系统

2.（多选题）（　　）为无人配送车的优点。

A. 提高配送效率　　B. 降低配送成本

C. 提升客户体验　　D. 提高客户满意度

3.（多选题）无人配送车的关键技术包含（　　）。

A. 360°全自动驾驶感知系统　　B. 融合定位系统

C. 规划决策系统　　D. 仿真云计算平台

4.（判断题）无人配送车比无人机的应用空间更加广阔。(　　)

5.（判断题）无人配送车已广泛应用于为消费者送货。(　　)

任务二　认知无人机

任务目标

知识目标	了解无人机的定义 了解无人机在物流行业的应用 掌握无人机的关键技术
技能目标	能够探究无人机配送的发展难点 能够分析无人机配送问题，并提出合理的解决措施
素养目标	具备合法规范、安全操作意识

任务发布

某电商平台开始尝试使用无人机进行快递配送，其在某城市的一个仓库设置了无人机起降区域。这个区域通过地图系统预先规划了飞行航线，并设定了目的地坐标。当客户下完订单后，平台的物流团队会接手操作，他们负责将货物打包和扫码，将包裹放置在无人机的载货舱内，准备进行无人配送。

无人机起飞后根据预先设定的航线，使用GPS、卫星视觉等技术进行导航。同时，无人机还能根据实时天气和路况自动调整飞行高度和速度以确保安全。当无人机到达目的地后，根据设定的降落点精准降落，并将包裹送到客户门前。

该电商平台的无人机配送具有速度快、无需人力、配送范围广等优点，大大提高了配送效率。由于起降区域分布在城市多个地点，无人机实现了全向覆盖，进一步提升了配送的可信度和客户满意度。

请学习无人机相关知识，收集资料，并思考下列问题。

1. 无人机配送的优点有哪些？
2. 实现无人机配送的关键技术是什么？
3. 无人机配送可能遇到哪些问题？有何解决措施？

知识储备

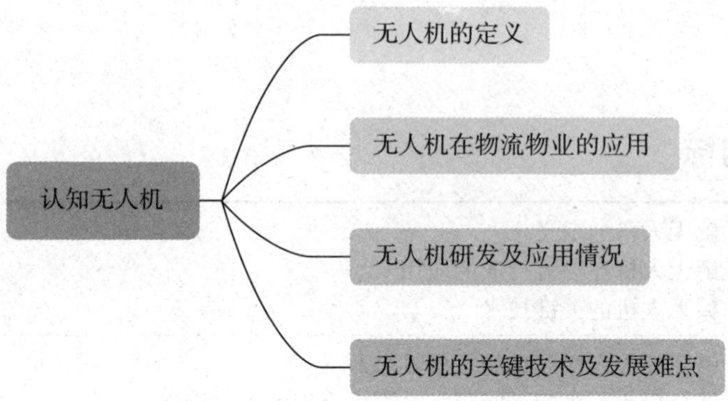

一、无人机的定义

无人机（Unmanned Aerial Vehicle，UAV）是指利用无线电遥控设备和自备的程序控制装置操纵的不载人飞机，其操作不需要人员直接参与。

二、无人机在物流行业的应用

（一）大载重、远距离支线无人机运输

无人机在远距离支线运输中的应用通常涉及飞行距离范围在 100~1000 千米的空中直线航线，这种远距离运输无人机能够携带重量级别以吨计算的货物，并且拥有数小时的持久续航能力。这种类型的无人机主要被用于跨区域的货物运输，它们遵循固定的航线和班次安排，实行标准化的运营管理模式。此外，它们还承担着向边防哨站、偏远海岛等地区运送物资的重要任务，以及在物流中心间进行货物转运和分拨的任务。远距离运输无人机如图 5-2-1 所示。

图 5-2-1　远距离运输无人机

（二）末端无人机配送

无人机配送代表了以无人机技术为核心的一种创新物流解决方案，它涵盖了从供应地点向接收地点转移实体商品所涉及的全面规划、执行和监管流程。通俗地说，就是以无人机为主要工具开展物流活动，或者是在物流活动中借助无人机实现关键性的任务。无人机配送的本质是使用先进的生产工具去发展生产力，是物流业机械化、自动化和智能化发展的结果，也可看作是智慧物流体系中的一个重要的分支。

末端配送无人机如图 5-2-2 所示。

图 5-2-2　末端配送无人机

（三）无人机仓储管理

无人机技术在仓储管理领域也展现了其独特价值，特别是在大型高架仓库的监控与货物清点方面，能够高效地进行视觉检查和库存盘点，大幅提升仓储管理效率和准确性。此外，无人机在集装箱堆场、散货堆场（如煤炭、矿石及垃圾堆放区）等场所的物资清查和常规巡视中同样发挥着重要作用，通过空中视角实现对大范围区域的快速监控和管理。仓库无人机如图 5-2-3 所示。

图 5-2-3　仓库无人机

除了上述三个层面的应用，在紧急救援和应急物资运输等关键任务中，无人机展现出了传统交通工具无法比拟的独特优势，它们能够迅速将现场的实时信息回传至指挥中心。

然而，无论无人机的类型如何，其成功应用都建立在对市场需求的精准定位上。这要求从客户需求出发，科学设计出既符合技术规格又实用的应用方案，力求在实用性、经济性和可靠性等多个方面达到最佳平衡。同时，还需要以细致且规范的管理作为支撑，确保最终能够赢得客户的满意和信赖。

三、无人机研发及应用情况

当前国际上有多家企业已经开始采用无人机开展相关业务，主流公司无人机研发及应用情况如表 5-2-1 所示。

表 5-2-1　主流公司无人机研发及应用情况

公司名称	国别	无人机搭载技术与相应配置	无人机应用情况	现状
Amazon（亚马逊）	美国	八轴无人机最大可承重 2 千克（86% 网购商品的重量在这个数值以内）	运送范围在亚马逊物流中心的 16 千米的半径内，根据货物大小，最快 30 分钟送达	已获得批准，但有严格限制条件
DHL（敦豪）	德国	四轴无人机目前承重为 1.2 千克	主要向人烟稀少的小岛运送药品，飞行时间最长约为 45 分钟，速度最高可达 65 千米/小时	飞行测试中
顺丰速运	中国	与极飞科技联合研发，四轴无人机最大承重为 1 千克	空载飞行时长为 31 分钟，满载飞行时长 16 分钟，可在下雨低温条件下飞行	赣州南康区、阳澄湖空域已获得许可
京东	中国	无人机机型为三旋翼无人机、油电混合侧旋转翼无人机、油动无人机，承重可达 10~200 千克	主要应用于农村地区，飞行半径 10~200 千米不等，续航可达数小时	2017 年 8 月 29 日获得陕西省全境无人机空域书面批文；2018 年 4 月 25 日京东物流无人机配送在青海西宁正式运营
Matternet（一家起源于奇点大学的硅谷创业公司）	美国	四轴无人机，能够携载 2 千克物体飞行 9.7 千米	向车辆难以到达的地区运送一般货物（尤其是午餐和医药）的物流快递服务	待监管政策出台

四、无人机的关键技术及发展难点

（一）无人机的关键技术

1. 飞行控制技术

飞行控制技术是无人机的核心技术，它主要负责数据的采集、控制律的计算、航线的确定、飞行任务的完成、起落的控制、紧急情况的处置等，可以控制无人机的飞行姿态、高度、速度、航向等。由于存在强风、气流紊乱、载重变化、飞行倾角的变化以及其他一些干扰因素，飞行控制技术就显得尤为重要，对飞行的鲁棒性、稳定性要求也就很高。根据控制对象的不同，飞行控制技术可以分为飞行姿态控制技术和飞行导航控制技术，通常两者分开设计，避免相互干扰。

2. 无线通信遥感技术

无人机要完成飞行任务以及执行其他的任务，离不开地面控制指令。无人机执行任务的相关信息及其实时状态有必要传递到地面站，为了方便查看、纠正、储存这些信息，需要通信技术的支持。无人机通过4G（第四代移动通信技术）网络和无线通信遥感技术与调度中心和自助快递柜等进行数据传输。

3. 失控保护技术

失控保护技术是指当无人机进入失控状态时将自动保持精确悬停，失控超时将就近飞往快递集散点的一种技术。

4. 避障技术

避障技术是指无人机能够自主地避开障碍物的智能技术，该技术示意图如图5-2-4所示。避障技术可保证无人机飞行的安全性，减少自身损失，以及消除无人机给人员和环境设施造成的伤害。避障技术的原理很简单，就是发现并绕开障碍物。控制技术、定位技术、计算机技术、视觉技术的发展推动了避障技术的快速发展。

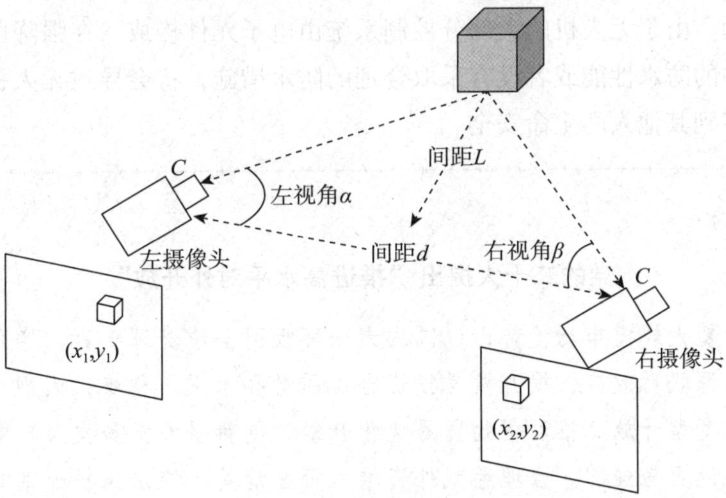

图5-2-4　避障技术示意图

无人机避障技术包括超声波避障技术、红外线或激光测距避障技术、视觉避障技术、雷达避障技术、电子地图避障技术等。超声波避障技术比较成熟，方法简单，但该技术在探测飞行速度快、距离近的障碍物时，无人机往往来不及刹车。红外线或激光测距避障技术、视觉避障技术都采用了三角测距法。红外线测距避障技术成熟、成本低，但易受光的干扰，测量距离较近。激光测距避障技术精度高、测量距离远，但成本高昂。视觉避障技术测量距离远、精度高、成本低，但计算复杂、对光线条件要求高。雷达避障技术测量距离远、精度高，但成本也很高。电子地图避障技术精度高，但成本也高，对建模和运算的要求也很高。

（二）无人机的发展难点

目前，无人机发展迅速，但是也存在以下技术难点。

1. 路线规划和自动避障

由于路途情况比较复杂，现在的无人机还很难进行自主路线规划。实现无人机自主路线规划，解决其自动避障问题势在必行，如何安全地让无人机避开障碍物，同时又不偏离航线，这是无人机目前面临的主要难题之一。

2. 续航能力

碍于电池的重量和体积，目前的无人机为减轻机身的起飞重量，都搭载了高蓄电量的电池。但物流作业中的无人机必须保证长航时、大航程的作业，因此，降低能耗、提升电池的利用效率是目前相对可行的方案。

3. 安全性问题

在恶劣天气下，特别是强降雨天气下，如何保障物流无人机的安全飞行也是当下亟须解决的重要问题。由于无人机的大部分控制系统由电子元件构成，在强降雨天气下，如果不能保证各元件的防水性能或者没有采取合理的防水措施，将会导致无人机短路，中断工作任务甚至危害到其他人的生命安全。

◉思政园地

党的二十大提出“推进高水平对外开放”

依托我国超大规模市场优势，以国内大循环吸引全球资源要素，增强国内国际两个市场两种资源联动效应，提升贸易投资合作质量和水平。稳步扩大规则、规制、管理、标准等制度型开放。推动货物贸易优化升级，创新服务贸易发展机制，发展数字贸易，加快建设贸易强国。合理缩减外资准入负面清单，依法保护外商投资权益，营造市场化、法治化、国际化一流营商环境。推动共建“一带一路”高质量发展。优化区域开放布局，巩固东部沿海地区开放先导地位，提高中西部和东北地区开放水平。加快建设西部陆海新通道。加快建设海南自由贸易港，实施自由贸易试验区提升战略，扩大面向全球的高标准自由贸易区网络。有序推进人民币国际化。深度参与全球产业分工和合作，维护多元稳定的国际经济格局和经贸关系。

任务实施

步骤 1：分析并总结无人机配送的优点。

____

____

____

____

步骤 2：分析实现无人机配送的关键技术。

无人机配送技术的实现离不开__________、__________、__________、__________和__________等多种技术支持。例如，无人机在途中飞行时，需要使用__________实现无人机的位置跟踪和定位；同时，还需要使用__________和图像处理技术，对无人机前方道路、建筑等情况进行检测和识别，以确保无人机的安全飞行。

步骤 3：分析无人机配送问题及解决措施。

请将表 5-2-2 补充完整。

表 5-2-2　　无人机配送问题及解决措施

问题类型	解决措施
恶劣天气的影响	
安全威胁	
客户隐私的保护	

任务评价

学生互评表

任务名称	认知无人机						
班级		组别		姓名		学号	
评价项目（占比）		评价标准				满分（分）	得分（分）
考勤（10%）		学生考勤情况（无故旷课、迟到、早退，一次扣10分，请假一次扣2分）				10	
学习能力（10%）	合作学习能力	小组合作参与程度（优秀为6分，良好为4分，一般为2分，未参与为0分）				6	
	个人学习能力	个人自主探究参与程度（优秀为4分，良好为2分，未参与为0分）				4	
工作过程（60%）	分析并总结无人机配送的优点	能正确描述无人机配送的优点（每少一条扣5分）				20	
	分析实现无人机配送的关键技术	能正确写出实现无人机配送的关键技术（每少一空扣2分）				10	
	分析无人机配送问题及解决措施	能提出解决无人机配送问题的措施（每少一条扣10分）				30	
工作成果（20%）	成果完成情况	能按规范及要求完成任务（未完成一处扣2分）				10	
	成果展示情况	能正确认识无人机（失误一次扣5分）				10	
总得分							

教师评价表

任务名称	认知无人机						
授课信息							
班级		组别		姓名		学号	
评价项目（占比）		评价标准				满分（分）	得分（分）
考勤（10%）		学生考勤情况（无故旷课、迟到、早退，一次扣10分，请假一次扣2分）				10	
学习能力（10%）	合作学习能力	小组合作参与程度（优秀为6分，良好为4分，一般为2分，未参与为0分）				6	
	个人学习能力	个人自主探究参与程度（优秀为4分，良好为2分，未参与为0分）				4	

续　表

<table>
<tr><th colspan="2">评价项目
（占比）</th><th>评价标准</th><th>满分
（分）</th><th>得分
（分）</th></tr>
<tr><td rowspan="3">工作过程
（60%）</td><td>分析并总结无人机配送的优点</td><td>能正确描述无人机配送的优点（每少一条扣5分）</td><td>20</td><td></td></tr>
<tr><td>分析实现无人机配送的关键技术</td><td>能正确写出实现无人机配送的关键技术（每少一空扣2分）</td><td>10</td><td></td></tr>
<tr><td>分析无人机配送问题及解决措施</td><td>能提出解决无人机配送问题的措施（每少一条扣10分）</td><td>30</td><td></td></tr>
<tr><td rowspan="2">工作成果
（20%）</td><td>成果完成情况</td><td>能按规范及要求完成任务（未完成一处扣2分）</td><td>10</td><td></td></tr>
<tr><td>成果展示情况</td><td>能正确认识无人机（失误一次扣5分）</td><td>10</td><td></td></tr>
<tr><td colspan="4">总得分</td><td></td></tr>
</table>

任务反思

在完成任务的过程中遇到了哪些问题，应如何解决？

知识巩固

1.（单选题）无人机按照应用领域主要分为（　　）、工业无人机和消费无人机。

A. 多旋翼无人机　　B. 固定翼无人机

C. 军用无人机　　D. 航拍无人机

2.（多选题）无人机配送的优点有（　　）。

A. 运行直线距离短　　B. 国家监督较为严格

C. 运营成本相对较低　　D. 适用于偏远地区和紧急件的派送

3.（判断题）无人机进入失控状态时将自动保持精确悬停，失控超时将就近飞往快递集散站点。（　　）

4.（判断题）飞行控制技术是无人机技术的核心技术，它主要负责采集数据、控制律的计算、航线的确定、飞行任务的完成、起落的控制、紧急情况的处置等。（　　）

5.（判断题）无人机被认为是解决配送“最后一公里”难题的有效手段之一。（　　）

任务三 认知智能快递柜

任务目标

知识目标	了解智能快递柜的定义 理解智能快递柜的优势
技能目标	能够合理分析智能快递柜给企业带来的机遇与影响 能够正确识别智能快递柜设计要点
素养目标	具备创新思维

任务发布

有一家大型电商企业，为了提升客户体验以及提高配送效率，引入智能快递柜来实现自动化配送。请同学们阅读资料，思考下列问题。

1. 智能快递柜给企业带来了什么新的机遇？

2. 智能快递柜给企业带来了哪些影响？

3. 智能快递柜的设计应该考虑哪些方面，确保它符合企业应用要求？

资料：该智能快递柜基于物联网技术，能够自动完成存包、取包等多项工作，给企业带来很多好处。

自动分拣。该企业引入智能快递柜后，即可在仓库对商品进行自动化分拣，将分类好的商品存放在对应的智能快递柜中，这样就可以减少人工干预，避免人为错误和损失。同时，减少了人工操作的时间，提高了配送效率。

定制化需求。智能快递柜可以根据企业及客户的需求进行定制，例如，可以设置针对特殊商品的特殊存放柜格，以及设置规格不同的柜格，满足不同规格商品的存放需求，提高储存效率，节省空间。

数据化管理和追溯。快递员扫描订单二维码后，将快递包裹存放到智能快递柜中，并将数据提交至后台系统进行记录。这些数据可以帮助企业实现包裹状态的实时追踪和条码管理，也有利于企业对订单、配送的数据进行自动化管理。

集成性。该智能快递柜可以与企业内部系统直接对接，自动获取订单信息并将储存码和取件码发送给客户，方便客户收件和查询。

通过智能快递柜的应用，企业可以提高配送效率、降低配送成本、提供更高质量的服务、提高客户满意度和企业效益。

知识储备

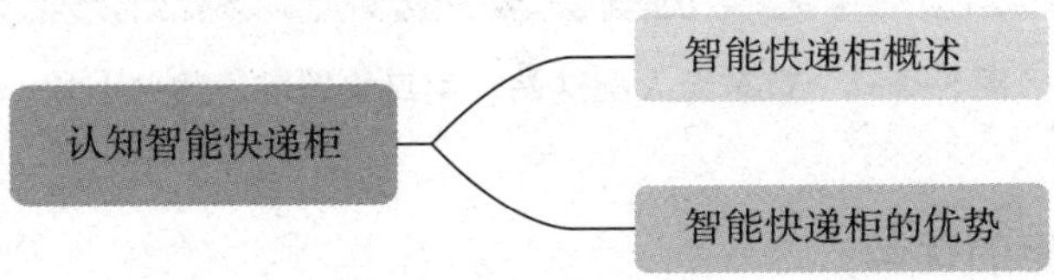

一、智能快递柜概述

（一）智能快递柜的定义

智能快递柜又称自助提货柜、智能提货柜、智能快递储存柜、智能快递箱等，是物流末端与智能设备相结合提供快件收寄、投递服务的智能末端服务设备，通过短信和官方微信发送取件码的方式，提高末端配送效率。

智能快递柜是一个基于物联网的、能够识别、暂存、监控和管理快件的设备，智能快递柜与服务器一起构成智能快递终端系统，由服务器对系统的各个智能快递柜进行统一管理，并对快件的入柜、储存以及领取等信息进行综合分析处理。

（二）智能快递柜的运营模式

1. 电商企业自建自营

电商企业为了实现线上线下更好地连接，进一步优化客户体验，建立了自己的快递柜。以京东为代表，其为客户提供免费使用的智能快递柜，目的是提高企业本身的物流服务质量，提高客户忠诚度并增加市场份额。但是，智能快递柜的资金投入量很大，并非所有的电商企业都有能力建立自己的智能快递柜。

2. 快递企业自建自营

快递企业研发、设计并安装快递柜，以提高自身的末端配送服务水平，提高效率的同时改善客户服务。最有代表性的是快速布局全国物流市场的丰巢智能柜。对于快递企业而言，智能快递柜可以节省人工成本，提高配送效率。

3. 第三方企业自建自营

第三方企业主要依靠其丰富的软件开发经验和专业的研究团队自建智能快递柜，充当快递企业和客户之间的中介，并收取一定的租金。如云柜、近邻宝等通过销售、租赁智能快递柜赚取收入。

京东无人配送站、菜鸟快递塔、菜鸟小盒如图 5-3-1 所示。

图 5-3-1 京东无人配送站、菜鸟快递塔、菜鸟小盒

二、智能快递柜的优势

智能快递柜作为一种现代化、智能化的快递服务设备，与传统快递服务设备相比，具有以下优势。

1. 高效便捷

智能快递柜可以自助收寄快递包裹，无须等待快递员送件或者自己到邮局寄件，节省了客户的时间和精力。客户可以在智能快递柜附近随时存取快递包裹，增加了使用的灵活性。

2. 安全可靠

智能快递柜采用了高强度的物理防护和电子控制技术，保证快递包裹的安全，避免被盗、被破坏等问题。同时，智能快递柜具有监控系统和报警装置，能够实时监控智能快递柜内部和外部的情况，对异常情况及时报警，保障快递包裹的安全。

3. 智能化管理

管理人员可以通过系统远程监测智能快递柜的使用率、故障率等数据，及时调整运营策略，提高运营效率，实现智能化管理。

4. 多场景应用

智能快递柜可以布置在各类公共场所，如商场、小区、学校等，覆盖面广，适用性强。客户可以在需要时使用智能快递柜，方便快捷。

总之，智能快递柜具有高效便捷、安全可靠、智能化管理和多场景应用等优势，是现代化快递服务的重要组成部分。

任务实施

步骤 1：分析智能快递柜给企业带来的新机遇。

智能快递柜采用物联网技术，可以实现自动储存、自助取件、数据化管理等多项功能。在竞争日益激烈的电商市场，快递企业和电商企业面临的压力也随之增大，需要不断提升效率、降低成本、提高客户满意度。

智能快递柜给企业带来了许多新机遇，请展开描述。

（1）提升效率：____

____

____

（2）降低成本：____

____

____

（3）提高满意度：______________________________________

____

____

（4）数据化管理和追溯：________________________________

____

____

总之，智能快递柜为快递企业和电商企业带来了智能化升级的机会，可以帮助企业提高盈利能力，提升客户体验，并为未来可持续性物流产业发展奠定基础。

步骤 2：分析智能快递柜给企业带来的影响。

智能快递柜的应用给企业带来了很多机会，但同时也存在一些影响，请展开描述。

（1）需要一定的投资：__________________________________

____

（2）可能会存在安全隐患：______________________________

____

（3）需要占据一定的空间：______________________________

____

步骤 3：思考智能快递柜设计应考虑的内容。

智能快递柜的设计需要考虑多个方面的因素，请展开描述。

（1）空间：____

____

（2）柜格特性：____

____

（3）网络连接：____

____

（4）开放性：____

____

（5）操作体验：____

____

任务评价

学生互评表

<table>
<tr><td>任务名称</td><td colspan="7">认知智能快递柜</td></tr>
<tr><td>班级</td><td></td><td>组别</td><td></td><td>姓名</td><td></td><td>学号</td><td></td></tr>
</table>

<table>
<tr><td colspan="2">评价项目
（占比）</td><td>评价标准</td><td>满分
（分）</td><td>得分
（分）</td></tr>
<tr><td colspan="2">考勤（10%）</td><td>学生考勤情况（无故旷课、迟到、早退，一次扣 10 分，请假一次扣 2 分）</td><td>10</td><td></td></tr>
<tr><td rowspan="2">学习能力
（10%）</td><td>合作学习能力</td><td>小组合作参与程度（优秀为 6 分，良好为 4 分，一般为 2 分，未参与为 0 分）</td><td>6</td><td></td></tr>
<tr><td>个人学习能力</td><td>个人自主探究参与程度（优秀为 4 分，良好为 2 分，未参与为 0 分）</td><td>4</td><td></td></tr>
<tr><td rowspan="3">工作过程
（60%）</td><td>分析智能快递柜给企业带来的机遇</td><td>能正确分析智能快递柜给企业带来的机遇（每少一项扣 5 分）</td><td>20</td><td></td></tr>
<tr><td>分析智能快递柜给企业带来的影响</td><td>能正确分析智能快递柜给企业带来的影响（每少一项扣 5 分）</td><td>15</td><td></td></tr>
<tr><td>思考智能快递柜设计应考虑的内容</td><td>能给出合理的设计要点（每少一项扣 5 分）</td><td>25</td><td></td></tr>
<tr><td rowspan="2">工作成果
（20%）</td><td>成果完成情况</td><td>能按规范及要求完成任务（未完成一处扣 2 分）</td><td>10</td><td></td></tr>
<tr><td>成果展示情况</td><td>能正确认识并使用智能快递柜（失误一次扣 5 分）</td><td>10</td><td></td></tr>
<tr><td colspan="4">总得分</td><td></td></tr>
</table>

教师评价表

<table>
<tr><td>任务名称</td><td colspan="7">认知智能快递柜</td></tr>
<tr><td>授课信息</td><td colspan="7"></td></tr>
<tr><td>班级</td><td></td><td>组别</td><td></td><td>姓名</td><td></td><td>学号</td><td></td></tr>
</table>

<table>
<tr><td colspan="2">评价项目
（占比）</td><td>评价标准</td><td>满分
（分）</td><td>得分
（分）</td></tr>
<tr><td colspan="2">考勤（10%）</td><td>学生考勤情况（无故旷课、迟到、早退，一次扣 10 分，请假一次扣 2 分）</td><td>10</td><td></td></tr>
</table>

续　表

评价项目（占比）		评价标准	满分（分）	得分（分）
学习能力（10%）	合作学习能力	小组合作参与程度（优秀为6分，良好为4分，一般为2分，未参与为0分）	6	
	个人学习能力	个人自主探究参与程度（优秀为4分，良好为2分，未参与为0分）	4	
工作过程（60%）	分析智能快递柜给企业带来的机遇	能正确分析智能快递柜给企业带来的机遇（每少一项扣5分）	20	
	分析智能快递柜给企业带来的影响	能正确分析智能快递柜给企业可能带来的影响（每少一项扣5分）	15	
	思考智能快递柜设计应考虑的内容	能给出合理的设计要点（每少一项扣5分）	25	
工作成果（20%）	成果完成情况	能按规范及要求完成任务（未完成一处扣2分）	10	
	成果展示情况	能正确认识并使用智能快递柜（失误一次扣5分）	10	
总得分				

任务反思

在完成任务的过程中遇到了哪些问题，应如何解决？

知识巩固

1.（单选题）智能快递柜属于（　　）。

A. 仓内技术　　B. 干线技术　　C. 最后一公里技术　　D. 末端技术

2.（单选题）智能快递柜的优点有（　　）。

A. 避免二次配送，收发时间自由

B. 无法当面确认包裹造成责任难以界定

C. 只适合小型产品

D. 退货难

3.（单选题）智能快递柜每天的服务时间为（　　）。

A. 8小时　　B. 12小时　　C. 16小时　　D. 24小时

4. （多选题）智能快递柜的作用包括（　　）。

A. 提高配送效率

B. 优化客户配送服务体验

C. 具有较高的安全性

D. 能够多场景应用，覆盖面广、适用性强

5. （判断题）智能快递柜经过多年的发展，已经逐渐形成三种成熟的运营模式：电商企业自建自营、快递企业自建自营、第三方企业自建自营。（　　）

项目六　智能包装与流通加工设备

任务一　认知智能包装设备

任务目标

知识目标	了解智能包装设备的含义 理解智能包装设备的优势 了解智能包装设备的应用
技能目标	能够阐述智能包装设备的功能 能够认识典型的智能包装设备 能够模拟货物包装作业
素养目标	具备严格按照操作规程工作的安全意识

任务发布

欣达物流是一家以优质和快速的仓储、加工和流通服务而著称的企业，该企业的客户主要是零售、电子商务行业的企业。

由指导教师带队，带领学生参观企业物流中心，物流中心负责人现场介绍包装设备的用途，学生做好记录，有问题及时提问，教师和仓库负责人解答。参观结束后，请学生在院校实训中使用智能包装设备完成货物的包装。

知识储备

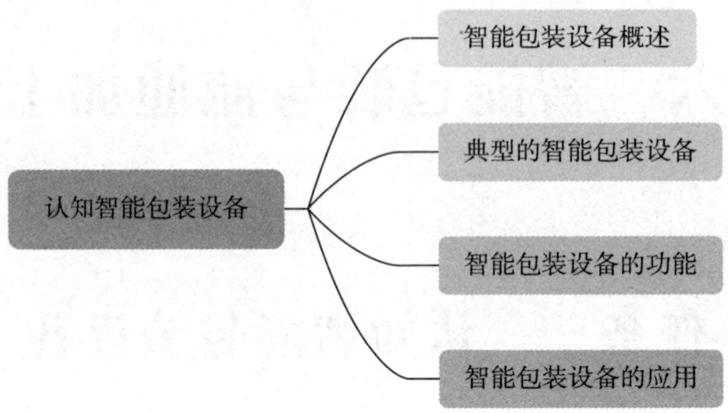

一、智能包装设备概述

（一）智能包装设备的含义

智能包装设备是指集信息化、自动化、智能化技术于一身的包装设备，它通过传感器、智能控制器等进行数据采集、处理和传输，实现包装材料和包装成品的自动加工、分拣、计量、打包、封装和标识等一系列过程，以提高包装效率、降低人工成本及提升包装质量等目的。

（二）智能包装设备的优势

智能包装设备越来越受欢迎，其主要优势如下。

①精度高、速度快。智能包装设备可以实现快速的计量、捆扎、封装等工作，速度比人工操作快得多，且更加准确、精密。

②稳定性高。智能包装设备的整个操作过程很稳定，很少受到外界环境、操作人员的影响。

③安全又卫生。智能包装设备可在卫生要求苛刻的场所完成封装等工作，从而避免了手工操作中的交叉污染。

④降低人工成本。智能包装设备的使用可以降低企业的人工成本，大大提高了生产效率。

总之，随着物联网、人工智能等技术的不断发展，智能包装设备在各个领域得到了广泛应用。未来也将继续根据不同的生产场景和包装需求进行技术升级和创新，推动智能包装设备向高效化和绿色化方向发展。

二、典型的智能包装设备

(一) 包装机器人

包装机器人是一种能够自动完成各种包装操作的机器人，如图 6-1-1 所示。包装机器人基于传感、电脑视觉、程序控制等自动化技术和物联网技术，对物品自动计量、捆扎、封装、标记等一系列包装过程进行控制和处理，以提高包装效率和质量，降低人工成本。

图 6-1-1　包装机器人

包装机器人可以根据其功能和包装方式进行分类。其中一些常见的包装机器人如下。

(1) 伺服包装机器人。

伺服包装机器人用于进行各种封装、捆扎、叠放等操作，能够实现高速稳定的包装作业。

(2) 张力控制机器人。

张力控制机器人如图 6-1-2 所示，专用于封装过程中的牵引控制和张力控制操作，适用于各种高精度封装、封口操作。

图 6-1-2　张力控制机器人

(3) 精密标识机器人。

精密标识机器人如图 6-1-3 所示，专用于产品包装、标签印刷、条码扫描等作业，能够自动完成标记、印刷等工作。

图 6-1-3　精密标识机器人

（二）智能包装作业线

智能包装作业线是一个完整的自动化生产系统，智能化和自动化程度较高，可实现包装材料、包装产品从原材料到成品的自动化转运、计量、包装、监测和管理，如图 6-1-4 所示。智能包装作业线通过整合物联网技术、机器视觉技术、机器人控制技术、自动化控制技术等先进技术，实现了包装的全流程自动化控制。

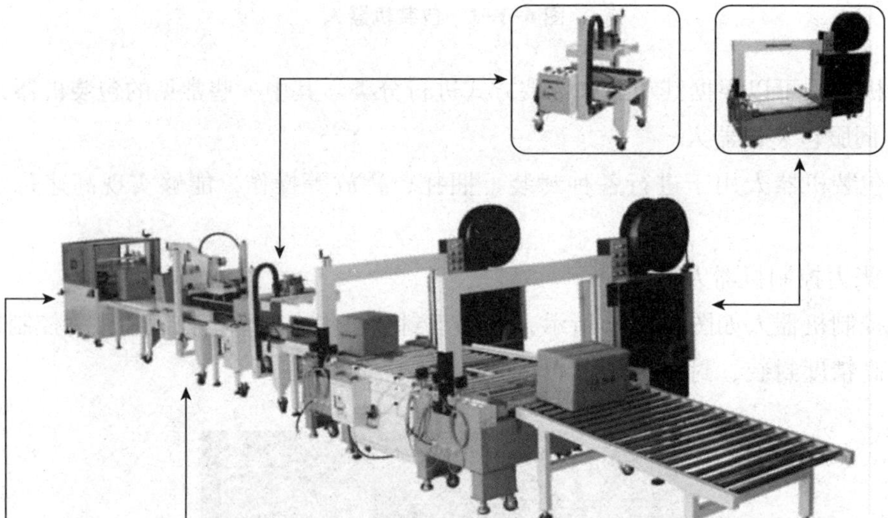

图 6-1-4　智能包装作业线

智能包装作业线的主要组成部分如下。

1. 输送系统

输送系统是将各台完成部分包装的自动包装机和包装机器人连接起来，使之成为一条自动线的重要系统，担负着包装工序间的传送任务，使包装材料（或包装容器）和被包装物料进入智慧包装作业线，使成品离开智慧包装作业线。

2. 称重分装系统

称重分装系统是智能包装作业线的核心，这一部分的作用是将物料分拣、组合、包装到相应的包装材料当中。通过机器视觉和传感等技术对产品实现全自动的称量和数量分装等操作。

3. 包装封口系统

智能包装作业线的包装封口系统主要包括气动打包机、拉链封口机、真空包装机等设备，可以实现多种包装方式和包装材质的封口工作。

4. 物品检测和质量控制系统

物品检测和质量控制系统基于先进的图像识别、传感等技术，可以快速、准确地识别和监测物品的重量、体积、标签等，在不影响生产效率的情况下，实现严格的质量控制和管理。

5. 数据监控和管理系统

数据监控和管理系统主要通过物联网技术实时获取各设备的运行数据和统计数据，分析、统计和跟踪生产数据，包括生产效率和产能、质量数据、成本数据等，从而实现规模化的生产和管理。

智能包装作业线具有高效、准确、稳定、可靠和安全等优点，能实现生产自动化、可控化、信息化，从源头控制产品的质量，避免了机械化和手工生产过程中人为操作缺陷，减少了员工数量，提高了生产效率，提高了企业的经济效益。此外，智能包装作业线还具有高度智能化、灵活性和可扩展性等特点，为不同行业的不同企业提供了更加个性化和智能化的包装生产解决方案。

三、智能包装设备的功能

1. 自动化操作

智能包装设备采用先进的自动化技术，结合精确的工艺控制和传感器系统，实现对整个包装过程的自动化管理与执行，确保生产计划的精准实施。

2. 高效快速

智能包装设备用于高速、高效的生产环境，通过优化包装流程，显著提升生产速度和产出质量，从而增强整体生产线的性能。

3. 高精度

智能包装设备能够精准地完成包装，避免人为操作带来的误差和浪费，进而提升产品质量和市场竞争力。

4. 智能控制

通过集成激光、光电传感器和智能化控制系统，智能包装设备具有自主控制、自动调节、自我诊断等智能特性。

5. 自适应性能

智能包装设备能够灵活地自动追踪和调整其操作参数，以适应不断变化的生产条件和环境，确保持续稳定的生产性能。

四、智能包装设备的应用

智能包装设备广泛应用于众多领域，具体内容如下。

（1）食品行业。

在食品行业中，智能包装设备的应用可以提供快速而准确的多件打包及自动化封包流程，从而大幅提升包装效率和确保食品质量。这对于那些需要包装保鲜的产品，如新鲜蔬菜、肉类等，尤为重要。

（2）医疗行业。

使用智能化设备可以保证合格品的生产连续性和透明度，实现无菌、无污染的包装环境。使用智能化控制技术控制产品品质和细节，多用于包装药品、手术工具包等。

（3）化工行业。

为了提高化工产品的安全性，在化工行业中采用智能包装设备来封装液体和粉末状态的化工产品，实现自动化包装和高质量销售。

（4）其他行业。

智能包装设备同样适用于家电、家具、服饰等多种生活用品的包装过程，展现了其多功能性和灵活性。

智能包装设备在各个领域都有广泛的应用和发展前景，具有加工效率高、产品质量高和人工成本低等优势，可以随着自动化技术和信息技术的不断发展，填补现有市场缺口，成为未来智能制造的重要组成部分。

◉**思政园地**

党的二十大提出“加快发展方式绿色转型”

推动经济社会发展绿色化、低碳化是实现高质量发展的关键环节。加快推动产业结构、能源结构、交通运输结构等调整优化。实施全面节约战略，推进各类资源节约集约利用，加快构建废弃物循环利用体系。完善支持绿色发展的财税、金融、投资、价格政策和标准体系，发展绿色低碳产业，健全资源环境要素市场化配置体系，加快节能降碳先进技术研发和推广应用，倡导绿色消费，推动形成绿色低碳的生产方式和生活方式。

任务实施

步骤 1：小组角色分配。

1~4 人为一组，组内角色的划分可参见表 6-1-1，根据实际情况进行调整。

表 6-1-1　组内角色的划分

参考角色	参考人数
包装员	3
信息员	1

步骤 2：模拟货物包装作业。

领取模拟货物（书本和蔬菜）和包装材料，分析货物属性，准备进行货物的包装工作。

两种货物分别使用________和________进行包装，包装时注意各包装形式的要求，严格按照要求包装，包装好的货物如表 6-1-2 所示。

表 6-1-2　包装好的货物

模拟货物	照片
书本	

续 表

模拟货物	照片
蔬菜	

步骤 3：绘制和粘贴货物包装标志。

根据货物和货物包装属性，绘制相应的包装标志。

标志的颜色一般为________。如果包装件的颜色使标志显得不清晰，则可选用其他颜色印刷，也可在印刷面上选用适当的对比色，一般应避免采用红色和橙色。粘贴的标志采用白底印黑色形式。

标志的标打，可采用______、______、______、______及______等方法。印刷时，外框线及标志名称都要印上；喷涂时，外框线及标志名称则可以省略。

将绘制好的包装标志，分别粘贴到包装件上的正确位置。箱状包装位于________；袋/捆状包装位于________；桶形包装位于________。

步骤 4：检查包装及标志。

最后检查货物的包装是否符合标准，以及包装标志使用的准确性。

任务评价

学生互评表

<table>
<tr><td>任务名称</td><td colspan="7">认知智能包装设备</td></tr>
<tr><td>班级</td><td></td><td>组别</td><td></td><td>姓名</td><td></td><td>学号</td><td></td></tr>
<tr><td colspan="2">评价项目
（占比）</td><td colspan="4">评价标准</td><td>满分
（分）</td><td>得分
（分）</td></tr>
<tr><td colspan="2">考勤（10%）</td><td colspan="4">学生考勤情况（无故旷课、迟到、早退，一次扣 10 分，请假一次扣 2 分）</td><td>10</td><td></td></tr>
<tr><td rowspan="2">学习能力
（10%）</td><td>合作学习能力</td><td colspan="4">小组合作参与程度（优秀为 6 分，良好为 4 分，一般为 2 分，未参与为 0 分）</td><td>6</td><td></td></tr>
<tr><td>个人学习能力</td><td colspan="4">个人自主探究参与程度（优秀为 4 分，良好为 2 分，未参与为 0 分）</td><td>4</td><td></td></tr>
</table>

续　表

评价项目（占比）		评价标准	满分（分）	得分（分）
工作过程（60%）	小组角色分配	小组成员积极配合（优秀为10分，良好为8分，一般为6分，未参与为0分）	10	
	模拟货物包装作业	能根据货物属性正确完成包装（每错一处扣5分）	10	
	绘制和粘贴货物包装标志	能正确绘制和粘贴货物包装标志（每错一处扣5分）	20	
	检查包装及标志	能完成包装及标志的检查（每错一处扣5分）	20	
工作成果（20%）	成果完成情况	能按规范及要求完成任务（未完成一处扣2分）	10	
	成果展示情况	能正确认识智能包装设备（失误一次扣5分）	10	
总得分				

教师评价表

任务名称	认知智能包装设备						
授课信息							
班级		组别		姓名		学号	

评价项目（占比）		评价标准	满分（分）	得分（分）
考勤（10%）		学生考勤情况（无故旷课、迟到、早退，一次扣10分，请假一次扣2分）	10	
学习能力（10%）	合作学习能力	小组合作参与程度（优秀为6分，良好为4分，一般为2分，未参与为0分）	6	
	个人学习能力	个人自主探究参与程度（优秀为4分，良好为2分，未参与为0分）	4	
工作过程（60%）	小组角色分配	小组成员积极配合（优秀为10分，良好为8分，一般为6分，未参与为0分）	10	
	模拟货物包装作业	能根据货物属性正确完成包装（每错一处扣5分）	10	
	绘制和粘贴货物包装标志	能正确绘制和粘贴货物包装标志（每错一处扣5分）	20	
	检查包装及标志	能完成包装及标志的检查（每错一处扣5分）	20	
工作成果（20%）	成果完成情况	能按规范及要求完成任务（未完成一处扣2分）	10	
	成果展示情况	能正确认识智能包装设备（失误一次扣5分）	10	
总得分				

任务反思

在完成任务的过程中遇到了哪些问题，应如何解决？

知识巩固

1.（单选题）（　　）可以实现快速的计量、捆扎、封装等工作，速度比人工操作快得多，且更加准确、精密。

A. 智能仓储设备　　B. 智能分拣设备

C. 智能包装设备　　D. 智能配送设备

2.（单选题）下列选项中（　　）不属于智能包装设备的优势。

A. 安全又卫生　　B. 精度高、速度快

C. 稳定性低　　D. 降低人工成本

3.（单选题）（　　）用于进行各种封装、捆扎、叠放等操作，能够实现高速稳定的包装作业。

A. 伺服包装机器人　　B. 张力控制机器人

C. 精密标识机器人　　D. 智能包装作业线

4.（多选题）下列选项中（　　）属于智能包装作业线的主要组成部分。

A. 输送系统　　B. 称重分装系统

C. 包装封口系统　　D. 物品检测和质量控制系统

5.（判断题）智能包装设备能够灵活地自动追踪和调整其操作参数，以适应不断变化的生产条件和环境，确保持续稳定的生产性能。（　　）

任务二　认知智能流通加工设备

任务目标

知识目标	了解流通加工的作用 掌握流通加工设备的分类 掌握常见的智能流通加工设备
技能目标	能够正确分析流通加工设备的应用场景 能够根据业务需求选用合适的流通加工设备
素养目标	具备绿色流通加工意识

任务发布

欣达物流的客户主要是零售、电子商务行业的企业。为了满足客户的需求，欣达物流开展了流通加工服务，其主要目的是为客户提供定制化的服务，通过对物品进行特殊加工，从而使其更适合客户。欣达物流的客户——××家庭用品制造商生产的产品包括厨房用品、洗涤用品和卫浴用品等。该客户需要将其产品定制为多种规格和风格的产品，以适应不同的消费者需求。欣达物流为此开发了定制化的流通加工服务，该服务包括货物接收、分类检查、特殊加工等服务。通过这项流通加工服务，欣达物流帮助××家庭用品制造商满足了消费者的个性化需求，同时增强了××家庭用品制造商的竞争力。请思考下列问题。

1. 欣达物流需要哪些流通加工设备？
2. 此案例中，体现出流通加工有何作用？
3. 企业通过哪些方式才能实现绿色流通加工？

知识储备

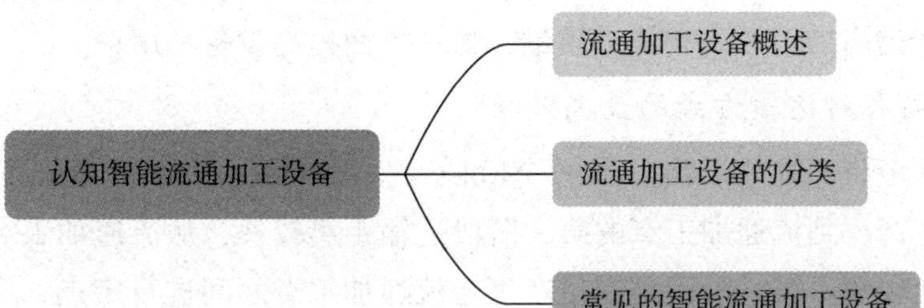

一、流通加工设备概述

（一）流通加工设备的含义

流通加工是为了提高物流速度和物品的利用率，在物品进入流通领域以后，按照客户的要求对物品实施的简单加工作业活动的总称。简单加工作业活动包括包装、分割、计量、分拣、刷标志、拴标签、组装、组配等。

流通加工设备是指完成流通加工任务的专门设备。在流通加工过程中，尽管流通加工设备的使用会发生实体损耗和价值转移，但通过对流通中的物品进行加工，可以改变或完善物品的原有形态，实现生产与消费之间的桥梁和纽带功能，并使物品在流通过程中增值。

（二）流通加工的作用

流通加工大多是简单加工，而不是复杂加工，它是对生产加工的一种辅助及补充。这种为流通所进行的加工与直接为消费所进行的加工在目的上是有所区别的，也是流通加工不同于一般生产加工的特殊之处。流通加工的作用具体体现在以下几个方面。

1. 提高原材料的利用率

通过集中的流通加工活动，可以将从生产厂直接运输来的标准化产品按照客户的特定需求进行精准裁剪或加工。例如，对钢板进行剪裁、切裁，将木材加工成各种长度及大小的板材、方型材等。这样的集中加工不仅优化了原材料的使用方式，实现了资源高效利用，而且带来了显著的技术经济效益。

2. 方便客户

用量小或有临时需要的客户，不具备进行高效率初级加工的能力，通过流通加工可以使客户省去进行初级加工的投资、设备、人力，从而为客户提供便利。

3. 提高加工效率和设备利用率

在分散式加工中，由于生产周期和节奏的限制，加工设备可能时而过度使用，时而空闲，导致加工过程不均衡，无法充分利用设备的加工能力。流通加工面向全社会，拥有大量的加工需求和广泛的任务范围，可以通过建立集中化的加工中心，采用高效、先进的专业设备，一方面提高加工效率和加工质量，另一方面提高设备利用率。

4. 充分发挥各种运输方式的最高效率

流通加工环节将实物的运输分成两个阶段。一般来说，由于流通加工点设置在消费地，因此，从生产厂到流通加工点的第一阶段运输距离较长，从流通加工点到消费地的第二阶段运输距离较短。第一阶段是在生产厂与流通加工点之间进行定点、直达、大批量的远距离运输，因此，可以采用水运、铁运等运输方式；第二阶段则可利用汽车和其他小型车辆来运输流通加工后的多规格、小批量产品。这样可以充分发挥各种运输方式的最高效率，加快运输速度，节省运力和费用。

5. 改变功能，提高收益

在流通过程中对产品进行简单的加工，改变其某些功能，不仅可以发挥上述作用，还能提高产品的销售经济效益。例如，许多出口的制成品（如洋娃娃、轻工纺织产品、工艺美术品等）进行简单的包装加工后，改变了产品的外观，仅此一项工作就可使产品售价提高20%以上。

（三）流通加工的种类

随着流通加工在物流服务中的作用日益增强，其种类已经越来越多，其服务范围也更加广泛，具体包括以下几个方面。

①为弥补生产领域加工不足的深加工。例如，在生产领域只能进行基础加工，如圆木、板材等，进一步的下料、切材等精细化加工可以由流通加工完成。

②为满足需求多样化而进行的服务性加工。例如，对钢材卷板进行的舒展、剪切加工，对平板玻璃按需要规格进行的开片加工，等等。

③为保护产品进行的加工。例如，水产品、肉类、蛋类的保鲜、保质的冷冻加工和防腐加工等；丝、麻、棉制品的防虫、防霉加工等。还有，为防止金属材料的锈蚀而进行的喷漆、涂防锈油，运用手工、机械或化学方法除锈等；木材的防腐朽、防干裂加工等。

④为提高物流效率，方便物流进行的加工。有些商品本身的形态使之难以进行物流操作，而且商品在运输、装卸搬运过程中极易受损，因此需要进行适当的流通加工加以弥补，从而使物流各环节易于操作，提高物流效率，降低物流损失。例如，把造纸用的木材磨成木屑的流通加工。

⑤为促进销售的流通加工。例如，对贝类进行挑选、除杂；使用粮食加工除杂机去除粮食中的杂质；将过大包装的散装物分装成适合依次销售的小包装的分装加工；等等。

⑥为提高加工效率的流通加工。许多生产企业的初级加工由于数量有限、加工效率不高，难以投入先进科学技术，而流通加工以集中加工的形式，解决了单个企业加工效率不高的弊病。

⑦为提高原材料利用率进行的流通加工。在一些生产企业的初级加工中原材料利用率不高，而流通加工解决了单个企业原材料利用率不高的弊病。例如，将鱼类的内脏加工成某些药物或饲料、将鱼鳞加工成高级黏合剂等。

⑧为衔接不同的运输方式，使物流合理化的流通加工。例如，散装水泥中转仓库把散装水泥装袋、将大规模散装水泥转化为小规模散装水泥的流通加工，衔接了水泥厂大批量运输和工地小批量运输的需要。

⑨以提高经济效益、追求企业利润为目的的流通加工。这种类型的流通加工是经营的一环，可以形成一种“利润中心”的经营形态，在满足生产和消费要求的基础上取得利润，同时在市场和利润引导下使流通加工在各个领域中有效开展。

⑩生产与流通一体化的流通加工。例如，混凝土搅拌车可以根据客户的要求，把沙子、水泥、石子、水等按比例要求装入可旋转的罐中，在配送路途中，车辆边行驶边搅拌，到达施工现场后，混凝土已经均匀搅拌好了。

（四）智能流通加工设备

智能流通加工设备是基于人工智能、物联网、自动控制和机器视觉等技术开发的高科技设备，具备更高的自动化水平、更高的生产效率和更低的故障率。以下是一些常见的智能流通加工设备。

①智能输送设备。采用物联网技术，将货物传感器与计算机系统相连接，实现货物传输、排序、组合、分拣等功能，大大提高生产效率和准确性。

②智能标识设备。采用机器视觉和人工智能技术，能够自动识别和读取产品标签信息，并将信息反馈到计算机系统中，从而实现产品自动标识、分拣和包装等。

③智能码垛设备。采用物联网、机器视觉和人工智能技术，能够自动识别货物、优化码垛方案，通过机器手臂和输送机械将货物码垛到指定位置，大大提高了生产效率和准确性。

④智能装盘设备。采用机器视觉、物联网和机器控制技术，能够自动识别和分拣各种尺寸和形状的产品，完成自动装盘、定位和分拨等作业。

⑤智能包装设备。采用物联网、机器视觉和自动控制技术，能够自动识别各种形状和尺寸的包装，完成自动包装、封箱和标识等作业。

智能流通加工设备可以大大提高生产效率和质量，减少人工干预，降低故障发生率，有助于实现现代化生产方式和智能化流通加工。

二、流通加工设备的分类

按照不同的标准，流通加工设备可以分成不同的种类。

（一）按流通加工形式分类

按流通加工形式的不同，流通加工设备可分为以下几种类型。

1. 冷链设备

组合式保鲜冷库就是一种常见的冷链设备，它能够为蔬菜、水果等新鲜农产品提供一个适宜的温湿度环境，以模拟其自然生长状态，从而保持农产品的新鲜度。

2. 分选加工设备

分选加工设备是针对产品规格和质量差异较大的特性而设计的设备，旨在对这些产品进行分类和筛选，以满足市场对特定规格产品的需求。这些设备通常包括自动分选机、重量选别机、色选机等，它们能够根据产品的大小、重量、颜色或其他品质特征进行快速、准确的分选。通过使用分选加工设备，生产商不仅能够提高产品的一致性和市场竞争力，还能够减少人工分选的成本和错误，提高整体的生产效率。

3. 精制加工设备

精制加工设备主要用于农、牧、副、渔等产品的切分、洗净、分装等简单加工，如将洗净的海鲜切成片，然后进行晒干、分装的过程中所用到的部分设备。

4. 剪切加工设备

剪切加工设备是指进行下料加工和将大块的钢板裁小或裁成毛坯的设备，如剪板机。

5. 分装加工设备

分装加工设备是指在销售地按照销售要求将大包装改成小包装、运输包装改成销售包装等，便于销售的加工设备。

6. 集中下料设备

以对木材的集中下料为例，集中下料设备是指在流通加工中将原木材锯成各种型材，同时将碎木碎屑集中起来加工成各种规格的板材，并进行打眼、凿孔等初级加工的设备。

7. 配煤加工设备

配煤加工设备是指将各种煤及一些其他发热物质，按不同的配方进行掺配加工，生产出各种不同发热量的燃料的设备。目前很多火力发电厂都在进行配煤加工研究和实践。

（二）按加工对象分类

按加工对象的不同，流通加工设备可分为以下几种类型。

1. 生鲜食品流通加工设备

生鲜食品流通加工设备可分为生鲜食品冷冻加工设备、生鲜食品分选加工设备、生鲜食品精制加工设备和生鲜食品分装加工设备。

2. 木材加工设备

针对木材自重轻、运输体积大、车船满载困难、装车捆扎不易的特点，木材加工设备主要用来对木材进行磨制、压缩、锯裁等加工。

3. 玻璃加工设备

玻璃加工设备主要是指对玻璃进行加工，包括各种各样的切割机在内的专用机械。对玻璃进行精加工还需要清洗机、磨边机、雕刻机、烤花机、拉管机、分选机、堆垛机、瓶罐检验包装设备、玻璃加工工具、金刚石砂轮等。

4. 水泥加工设备

水泥加工设备通过输入熟料并在流通加工点使用粉磨设备进行磨细，根据实际情况进行配料加工，以满足客户要求，这是水泥流通加工的重要形式。集中搅拌混凝土是水泥加工的另一种重要形式，主要设备包括混凝土搅拌机械、混凝土搅拌站、混凝土输送泵等。

5. 金属加工设备

某些金属材料的长度、规格不完全适合客户，若采用单独剪板下料方式，设备闲置时间长、人力消耗大，而采用集中剪板、集中下料方式，可以避免单独剪板的一些弱点，提高原材料利用率。流通中进行加工的金属材料主要有钢、铁、铜、铝、各种合金等。金属加工设备是对上述金属材料进行剪切、折弯、下料、切削加工的机械，主要分为成型设备和切割加工设备等。

6. 煤炭加工设备

煤炭加工设备主要包括除矸加工设备、管道输送煤浆加工设备、配煤加工设备等。

7. 机械产品及零配件流通加工设备

机械产品及零配件流通加工设备主要有组装加工设备、开张成型加工设备等。

8. 其他通用流通加工设备

其他通用流通加工设备主要有裹包集包设备，如裹包机、装盒机等；印贴条码标签设备，如网印设备、喷印设备、条码打印机；拆箱设备，如拆箱机、拆柜工具；称重设备，如称重机、地磅等。

三、常见的智能流通加工设备

（一）冷链设备

冷链设备是一系列专门设计用于在低温环境下储存、运输和处理易腐物品的设备。该类设备能够有效地延长易腐物品的保质期，确保其在供应链过程中的新鲜度和质量。运用冷链设备进行易腐物品的运输、储存，可以有效控制易腐物品在物流过程中的环境温度，在保持物品鲜度的同时，还可以减少因物品变色、变质、腐烂等带来的损耗，降低运营成本。冷链设备主要用于食品和医疗行业。常用的冷链设备有冷库、冷藏车及冷藏箱等。

（二）金属加工设备

流通领域的金属加工设备主要是指对金属材料进行剪切、折弯、下料、切削加工的机械，应用较多的是剪板机、折弯机和冲剪机。

1. 剪板机

剪板机是在各种板材的流通加工中应用比较广泛的一种剪裁设备，如图 6-2-1 所示。它能剪切各种厚度的板材，其工作过程主要是板材在剪板机的上下刀刃作用下受剪，产生分离变形。一般剪切时下剪刀固定不动，上剪刀向下运动。其中，钢板剪切机按照工艺用途，可以分为多用途剪板机和专用剪板机；按照传动方式，可以分为机械传动式剪板机和液压传动式剪板机；按照上下刀片的相对位置，可以分为平刃剪板机和斜刃剪板机；按照刀架运动方式，可以分为直线式剪板机和摆动式剪板机。

图 6-2-1　剪板机

2. 折弯机

折弯机主要用于板料、带料的折弯成型加工，如图 6-2-2 所示。

图 6-2-2　折弯机

3. 冲剪机

冲剪机采用机械传动，机架为钢板焊接结构，有足够的强度和刚度，能对方钢、圆钢、槽钢、工钢、角钢进行剪切、冲孔、模剪，如图 6-2-3 所示。

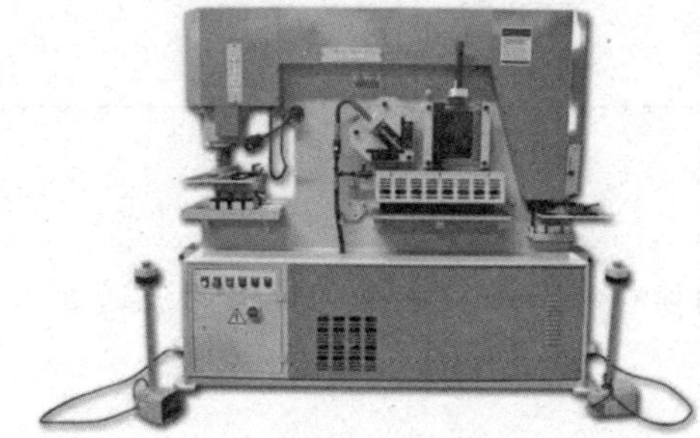

图 6-2-3　冲剪机

（三）玻璃加工设备

流通领域的玻璃加工设备主要是指对玻璃进行切割的各种专用机械。平板玻璃的“集中套裁、开片供应”是重要的流通加工方式，这种加工方式可以大大提高平板玻璃的利用率。玻璃切割机的种类很多，大多数玻璃套裁中心都装有全自动数控玻璃切割机。全自动数控玻璃切割机从取玻璃、切割玻璃，到分离玻璃都由计算机自动控制，操作简单方便，生产效率高，如图 6-2-4 所示。

图 6-2-4　全自动数控玻璃切割机

此外，万能水切割机适用于玻璃、石材等硬制材料的切割加工，它采用超高压水枪进行切割加工，切割的物体表面平整、光洁，设备操作方便，无粉尘污染。万能水切割机如图 6-2-5 所示。

图 6-2-5　万能水切割机

扫一扫

扫描右侧二维码，阅读材料，了解嘉士伯啤酒的流通加工。

任务实施

步骤 1：选择合适的流通加工设备。

请为欣达物流选择合适的流通加工设备，并将表 6-2-1 补充完整。

表 6-2-1　　选择合适的流通加工设备

流通加工的内容	描述	流通加工设备图片
定制加工	根据客户需求，设计定制化加工方案，将厨房用品、洗涤用品和卫浴用品等进行特殊加工或组装，如增加智能芯片等，特殊加工完成后，进行质量检测	
	定制加工完成后，将厨房用品、洗涤用品和卫浴用品等进行物流包装，以保护其安全运输	
	在物流包装外添加标识，用于标记不同的产品以及它们的相关信息，如生产信息（批次号、生产日期、保质期等）和物流信息（物流车次、目的地等），这样能够有效管理各种产品，跟踪物流运输状态	

步骤 2：分析流通加工的作用。

步骤 3：思考绿色流通加工的实现方式。

绿色流通加工是指将环保理念和绿色生产技术引入流通加工中，采用低碳、节能、环保等手段，实现对物品的定制化加工和改进，以减少生产对环境的影响。

绿色流通加工的实现有多种方式，其中主要包括以下几个方面。

任务评价

学生互评表

<table>
<tr><td>任务名称</td><td colspan="7">认知智能流通加工设备</td></tr>
<tr><td>班级</td><td></td><td>组别</td><td></td><td>姓名</td><td></td><td>学号</td><td></td></tr>
<tr><td colspan="2">评价项目
（占比）</td><td colspan="4">评价标准</td><td>满分
（分）</td><td>得分
（分）</td></tr>
<tr><td colspan="2">考勤（10%）</td><td colspan="4">学生考勤情况（无故旷课、迟到、早退，一次扣10分，请假一次扣2分）</td><td>10</td><td></td></tr>
<tr><td rowspan="2">学习能力
（10%）</td><td>合作学习能力</td><td colspan="4">小组合作参与程度（优秀为6分，良好为4分，一般为2分，未参与为0分）</td><td>6</td><td></td></tr>
<tr><td>个人学习能力</td><td colspan="4">个人自主探究参与程度（优秀为4分，良好为2分，未参与为0分）</td><td>4</td><td></td></tr>
<tr><td rowspan="3">工作过程
（60%）</td><td>选择合适的流通加工设备</td><td colspan="4">能根据业务需求选择合适的流通加工设备（每错一处扣4分）</td><td>20</td><td></td></tr>
<tr><td>分析流通加工的作用</td><td colspan="4">能根据案例描述分析流通加工的作用（每少一条扣4分）</td><td>20</td><td></td></tr>
<tr><td>思考绿色流通加工的实现方式</td><td colspan="4">能描述绿色流通加工的实现方式（每少一条扣5分）</td><td>20</td><td></td></tr>
<tr><td rowspan="2">工作成果
（20%）</td><td>成果完成情况</td><td colspan="4">能按规范及要求完成任务（未完成一处扣2分）</td><td>10</td><td></td></tr>
<tr><td>成果展示情况</td><td colspan="4">能正确认识智能流通加工设备（失误一次扣5分）</td><td>10</td><td></td></tr>
<tr><td colspan="7">总得分</td><td></td></tr>
</table>

教师评价表

<table>
<tr><td>任务名称</td><td colspan="7">认知智能流通加工设备</td></tr>
<tr><td>授课信息</td><td colspan="7"></td></tr>
<tr><td>班级</td><td></td><td>组别</td><td></td><td>姓名</td><td></td><td>学号</td><td></td></tr>
<tr><td colspan="2">评价项目
（占比）</td><td colspan="4">评价标准</td><td>满分
（分）</td><td>得分
（分）</td></tr>
<tr><td colspan="2">考勤（10%）</td><td colspan="4">学生考勤情况（无故旷课、迟到、早退，一次扣10分，请假一次扣2分）</td><td>10</td><td></td></tr>
</table>

续　表

评价项目（占比）		评价标准	满分（分）	得分（分）
学习能力（10%）	合作学习能力	小组合作参与程度（优秀为 6 分，良好为 4 分，一般为 2 分，未参与为 0 分）	6	
	个人学习能力	个人自主探究参与程度（优秀为 4 分，良好为 2 分，未参与为 0 分）	4	
工作过程（60%）	选择合适的流通加工设备	能根据业务需求选择合适的流通加工设备（每错一处扣 4 分）	20	
	分析流通加工的作用	能根据案例描述分析流通加工的作用（每少一条扣 4 分）	20	
	思考绿色流通加工的实现方式	能描述绿色流通加工的实现方式（每少一条扣 5 分）	20	
工作成果（20%）	成果完成情况	能按规范及要求完成任务（未完成一处扣 2 分）	10	
	成果展示情况	能正确认识智能流通加工设备（失误一次扣 5 分）	10	
总得分				

任务反思

在完成任务的过程中遇到了哪些问题，应如何解决？

知识巩固

1.（单选题）关于流通加工的理解，正确的是（　　）。

A. 流通加工的对象是不进入流通过程的商品，不具有商品的属性，因此流通加工的对象不是最终产品，而是原材料、零配件、半成品

B. 一般来讲，如果必须进行复杂加工才能形成人们所需要的商品，那么，这种复杂加工应专设生产加工过程，而流通加工大多是简单加工，而不是复杂加工，因此，流通加工可以说是对生产加工的取消或代替

C. 从价值观点看，生产加工的目的在于创造商品的使用价值，而流通加工则在于完善和提高商品的使用价值

D. 流通加工的组织者是从事流通工作的人，能密切结合流通的需要进行某种加工活

动，从加工单位来看，流通加工与生产加工都是由生产企业完成的

2.（单选题）根据流通加工定义，下列属于流通加工的是（　　）。

A. 某工厂采购布匹、纽扣等材料，加工成时装并在市场上销售

B. 某运输公司用冷藏车运输水果，使之在运到目的地时保持新鲜

C. 杂货店将采购的西红柿按质量分成每斤 1 元和每斤 2 元两个档次销售

D. 将马铃薯通过洗涤、破碎、筛理等工艺加工成淀粉

3.（单选题）将钢板进行剪板、切裁；钢筋或圆钢裁制成毛坯；木材加工成各种长度及大小的板材、方型材等加工方式是（　　）加工。

A. 生产　　B. 来样　　C. 来料　　D. 流通

4.（多选题）属于生产资料流通加工的是（　　）。

A. 木材流通加工

B. 玻璃流通加工

C. 水泥流通加工

D. 大包装或散装物品分装成适合依次销售的小包装物品的分装加工

5.（多选题）关于流通加工的理解，（　　）是不正确的。

A. 流通加工可以是对生产加工的取消或代替

B. 流通加工的目的在于完善商品的使用价值并在不做太大改变的情况下提高使用价值

C. 从加工单位来看，流通加工与生产加工都由生产企业完成

D. 流通加工具有生产制造活动的一般性质

项目七　物流集装单元设备

任务一　认知周转箱

任务目标

知识目标	了解周转箱的定义与分类 掌握周转箱的优势与功能 掌握周转箱的循环共用模式
技能目标	能够合理分析周转箱的特点 能够根据货物特性选择合适的周转箱
素养目标	具备效率及服务意识

任务发布

CF 集团下属 GU 物流有限公司（以下简称 GU 物流）从事汽车零部件的仓储、运输业务，因业务量扩大，GU 物流内部集装单元设备数量逐渐不能满足业务需求，按照公司的规划，首要任务是补充周转箱，吴凯负责此次任务，你来协助他完成，并思考以下问题。

1. 周转箱有哪几种类型？
2. 在实际业务中使用周转箱有哪些优势？
3. 周转箱有哪些循环共用模式？

知识储备

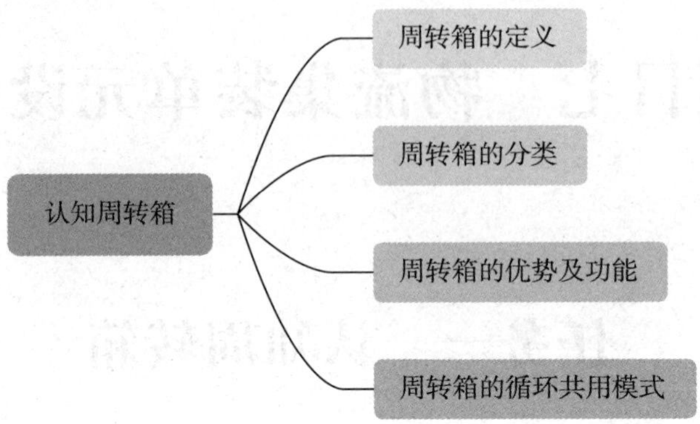

一、周转箱的定义

周转箱，也称为物流箱，是广泛应用于物流运输、配送、储存、流通加工等环节的集装单元设备。周转箱可与多种物流设备相配合，适用于仓库、生产现场等多种场合。随着物流管理越来越被重视，周转箱能够帮助企业进行物流容器的通用化、一体化管理，是生产及流通企业进行现代化物流管理的必要设备之一。

二、周转箱的分类

周转箱按照结构的不同，可分为可堆叠式周转箱、可斜插式周转箱和可折叠式周转箱，分别如图 7-1-1（a）、图 7-1-1（b）和图 7-1-1（c）所示。

1. 可堆叠式周转箱

可堆叠式周转箱的承重比较大，可以很整齐地堆放，规格整齐划一，结构设计合理，箱体四面均有新型一体化无障碍把手，符合人体工程学原理，便于操作人员更有效、更安全地抓取箱体。可堆叠式周转箱占用空间较大，被广泛应用于汽车、医药、烟草、家电等行业物流中的运输、储存、流通加工等闭环回路配送系统。

2. 可斜插式周转箱

可斜插式周转箱一般采用改良 PP（聚丙烯）材质，防潮、耐用、易清洗，空箱可互相插入堆放，节省空间，能有效减少运输成本，满载时可堆垛四层，可机械化搬运，实现流通合理化，提高工作效率，便于管理。该种周转箱常用于物流配送过程，特别适合烟草、图书等行业使用。

3. 可折叠式周转箱

可折叠式周转箱折叠后的体积只有组立时体积的 1/4，具有占地少、组合方便等优点，能耐酸、耐碱、耐油污，无毒无味，可用于盛放食品等，清洗方便，周转便捷，空箱可折叠，堆放整齐，便于管理，节省空间。该种周转箱广泛用于汽车、家电、电子等行业。

（a）　　（b）　　（c）

图 7-1-1　可堆叠式周转箱、可斜插式周转箱和可折叠式周转箱

三、周转箱的优势及功能

（一）周转箱的优势

周转箱具有以下优势。

①重量轻。周转箱的重量轻，便于人工搬运，并降低运输成本。

②抗压性好。周转箱在使用、流转过程中，经常会受到各种外力的作用，包括正常使用情况下承受的负荷和受到意外的撞击、破坏。为使箱体不受损坏或产生较大的变形，周转箱的箱体有良好的拉伸强度、压缩强度、冲击强度、蠕变强度、弯曲刚性及表面硬度等。

③对内装物的适应性好，既能对商品起到足够的保护作用，又不影响周转箱的使用性能。盛装食品一类商品的周转箱，其卫生性能符合相关卫生法规的规定。

④受污染后容易清洗，不妨碍周转箱的重复使用。

⑤便于堆垛，有良好的堆垛稳定性。

（二）周转箱的功能

周转箱作为物流行业中不可或缺的集装单元设备，其在物流运输、配送、储存、流通加工等环节发挥着至关重要的作用。周转箱主要具备以下功能：提高物流效率，降低物流成本；提升货物安全，减少货物损坏和丢失的风险；促进供应链协同，适应多样化需求；支持绿色物流，增强企业形象。通过对周转箱功能的深入理解和合理应用，企业能够有效地提升其物流系统的效能，实现物流管理的现代化和可持续发展。其中，在生鲜产品物流中，周转箱使用频率较高，主要具有以下功能。

①提高生鲜产品的流通率。

②降低生鲜产品的损耗。

③降低生鲜产品包装和物流成本。

④提高生鲜产品卫生水平，减少资源消耗和环境污染。

表7-1-1为周转箱与传统纸箱在生鲜产品流转中的费用对比，从表中可以看出，采用周转箱后流转中的费用降低了50%以上。

表7-1-1　周转箱与传统纸箱在生鲜产品流转中的费用对比

作业方式	载具数量	载具费用	人工费用	合计费用
周转箱	承重20千克的周转箱1200个、托盘50个	周转箱租赁费1260元，托盘租赁费350元	叉车作业，人工费用100元	1710元
传统纸箱	承重20千克的纸箱1200个	纸箱每个2.8元，一共3360元	装卸人工费用400元	3760元

四、周转箱的循环共用模式

循环共用是为了实现高效物流和资源有效循环。在区域或全国范围保障托盘、周转箱等运输包装物循环共用的网络及运营模式，是物流集装单元设备合理应用的模式之一。以生鲜农产品为例，在周转箱循环共用模式下，生鲜周转箱循环共用服务商为农户提供生鲜周转箱，并将这些装满生鲜产品的周转箱从田间地头直接运送到零售终端。待零售终端将生鲜产品售出，服务商会对这些回收的周转箱进行检查、维修、清洗等，以便下次循环共用。

周转箱的循环共用模式主要有三种：租赁模式、交换模式和押金模式。

1. 租赁模式

租赁模式是周转箱循环共用的主流模式，租赁模式下周转箱的循环共用流程如图7-1-2所示。在该模式下，周转箱可贯穿于供应链全流程，大大降低了物流装卸成本，减少了包装费用，同时减少了货损。

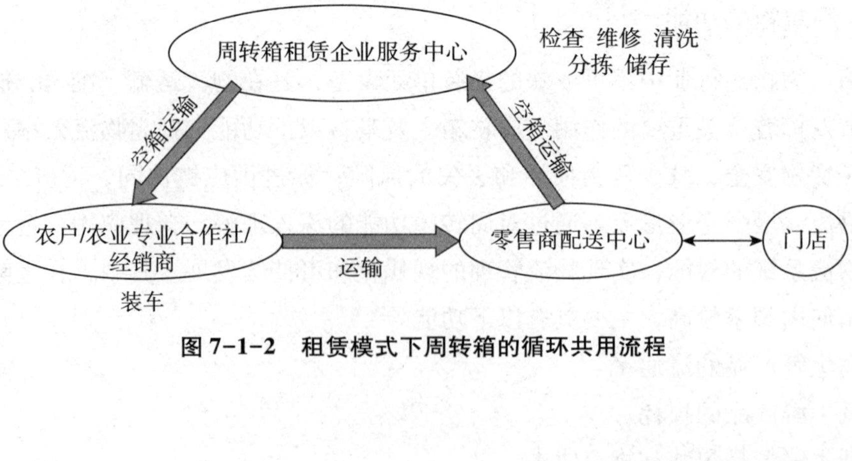

图7-1-2　租赁模式下周转箱的循环共用流程

2. 交换模式

交换模式主要运用于“农超对接”的流通渠道中，对上下游企业协同水平要求高。例如，农业专业合作社或蔬果经销商与超市共同购买同一个公司生产的同种规格的周转箱，农业专业合作社或蔬果经销商用该周转箱盛装蔬果后送到超市，然后交换回同样数量的空箱。

3. 押金模式

押金模式主要用于蔬果批发市场中，蔬果流通渠道中某个主体（超市/农业专业合作社/蔬果经销商）购买一批周转箱，当向上游采购蔬果或向下游销售蔬果时，通过收取押金或办理借用手续的方式，将一定数量的周转箱空箱或满箱转移到上下游使用，当周转箱归还时，再归还押金或办理退还手续。

任务实施

步骤1：分组讨论。

根据班级人数进行分组，每组5~6人，每组设一名组长，组长带领组员收集周转箱的相关资料，讨论任务发布中的问题。

（1）周转箱有哪几种类型？

（2）在实际业务中使用周转箱有哪些优势？

（3）周转箱有哪些循环共用模式？

步骤2：了解周转箱的分类及特点。

小组讨论，将表7-1-2补充完整。

表7-1-2　周转箱的分类及特点

序号	周转箱分类	特点	适用行业
1		承重比较大，可以很整齐地堆放，规格整齐划一，结构设计合理，箱体四面均有新型一体化无障碍把手，符合人体工程学原理，便于操作人员更有效、更安全地抓取箱体	

续 表

序号	周转箱分类	特点	适用行业
2		防潮、耐用、易清洗，空箱可互相插入堆放，节省空间，能有效减少运输成本，满载时可堆垛四层，可机械化搬运，实现流通合理化，提高工作效率，便于管理	
3		具有占地少、组合方便等优点，能耐酸、耐碱、耐油污，无毒无味，可用于盛放食品等，清洗方便，周转便捷，空箱可折叠，堆放整齐，便于管理，节省空间	广泛用于汽车、家电、电子等行业

步骤 3：分析 GU 物流所需周转箱类型。

任务评价

学生互评表

<table>
<tr><td>任务名称</td><td colspan="7">认知周转箱</td></tr>
<tr><td>班级</td><td></td><td>组别</td><td></td><td>姓名</td><td></td><td>学号</td><td></td></tr>
</table>

<table>
<tr><td colspan="2">评价项目
（占比）</td><td>评价标准</td><td>满分
（分）</td><td>得分
（分）</td></tr>
<tr><td colspan="2">考勤（10%）</td><td>学生考勤情况（无故旷课、迟到、早退，一次扣 10 分，请假一次扣 2 分）</td><td>10</td><td></td></tr>
<tr><td rowspan="2">学习能力
（10%）</td><td>合作学习能力</td><td>小组合作参与程度（优秀为 6 分，良好为 4 分，一般为 2 分，未参与为 0 分）</td><td>6</td><td></td></tr>
<tr><td>个人学习能力</td><td>个人自主探究参与程度（优秀为 4 分，良好为 2 分，未参与为 0 分）</td><td>4</td><td></td></tr>
<tr><td rowspan="3">工作过程
（60%）</td><td>分组讨论</td><td>与小组成员认真、积极讨论，共同完成实践目标（优秀为 10 分，良好为 8 分，一般为 6 分，未参与为 0 分）</td><td>10</td><td></td></tr>
<tr><td>填写表单</td><td>能将表 7-1-2 补充完整（每少一空扣 7 分）</td><td>35</td><td></td></tr>
<tr><td>分析 GU 物流所需周转箱</td><td>能正确分析 GU 物流所需周转箱（选错扣 15 分）</td><td>15</td><td></td></tr>
<tr><td rowspan="2">工作成果
（20%）</td><td>成果完成情况</td><td>能按规范及要求完成任务（未完成一处扣 2 分）</td><td>10</td><td></td></tr>
<tr><td>成果展示情况</td><td>能正确认识周转箱（失误一次扣 5 分）</td><td>10</td><td></td></tr>
<tr><td colspan="4">总得分</td><td></td></tr>
</table>

教师评价表

<table>
<tr><td>任务名称</td><td colspan="8">认知周转箱</td></tr>
<tr><td>授课信息</td><td colspan="8"></td></tr>
<tr><td>班级</td><td></td><td>组别</td><td></td><td>姓名</td><td></td><td>学号</td><td colspan="2"></td></tr>
<tr><td colspan="3">评价项目
（占比）</td><td colspan="4">评价标准</td><td>满分
（分）</td><td>得分
（分）</td></tr>
<tr><td colspan="3">考勤（10%）</td><td colspan="4">学生考勤情况（无故旷课、迟到、早退，一次扣 10 分，请假一次扣 2 分）</td><td>10</td><td></td></tr>
<tr><td rowspan="2">学习能力
（10%）</td><td colspan="2">合作学习能力</td><td colspan="4">小组合作参与程度（优秀为 6 分，良好为 4 分，一般为 2 分，未参与为 0 分）</td><td>6</td><td></td></tr>
<tr><td colspan="2">个人学习能力</td><td colspan="4">个人自主探究参与程度（优秀为 4 分，良好为 2 分，未参与为 0 分）</td><td>4</td><td></td></tr>
<tr><td rowspan="3">工作过程
（60%）</td><td colspan="2">分组讨论</td><td colspan="4">与小组成员认真、积极讨论，共同完成实践目标（优秀为 10 分，良好为 8 分，一般为 6 分，未参与为 0 分）</td><td>10</td><td></td></tr>
<tr><td colspan="2">填写表单</td><td colspan="4">能将表 7-1-2 补充完整（每少一空扣 7 分）</td><td>35</td><td></td></tr>
<tr><td colspan="2">分析 GU 物流所需周转箱</td><td colspan="4">能正确分析 GU 物流所需周转箱（选错扣 15 分）</td><td>15</td><td></td></tr>
<tr><td rowspan="2">工作成果
（20%）</td><td colspan="2">成果完成情况</td><td colspan="4">能按规范及要求完成任务（未完成一处扣 2 分）</td><td>10</td><td></td></tr>
<tr><td colspan="2">成果展示情况</td><td colspan="4">能正确认识周转箱（失误一次扣 5 分）</td><td>10</td><td></td></tr>
<tr><td colspan="8">总得分</td><td></td></tr>
</table>

任务反思

在完成任务的过程中遇到了哪些问题，应如何解决？

知识巩固

1. （单选题）周转箱按照结构的不同，可分为（　　）、可折叠式周转箱、斜插式周转箱。

A. 封闭式周转箱　　　　B. 敞开式周转箱

C. 可堆叠式周转箱　　D. 可组合式周转箱

2.（多选题）周转箱也称为物流箱，具有（　　）的特点。

A. 无毒　　B. 防潮　　C. 不耐用　　D. 重量轻

3.（多选题）在生鲜产品物流中，（　　）属于周转箱的功能。

A. 提高生鲜产品的流通率

B. 降低生鲜产品的损耗

C. 降低生鲜产品包装和物流成本

D. 提高生鲜产品卫生水平，减少资源消耗和环境污染

4.（判断题）周转箱具有制造成本低、坚固、耐用、清洗方便等优点。（　　）

5.（判断题）周转箱是一种适合短途运输，可以长期重复使用的销售包装。（　　）

任务二　认知托盘

任务目标

知识目标	了解托盘的概念和特点 了解托盘的规格标准 掌握托盘的种类
技能目标	能够正确识别托盘的类型 能够合理分析托盘的堆码方式 能够根据货物特性选择合适的托盘
素养目标	具备效率及服务意识

任务发布

GU 仓库是专门用于存放汽车零部件等货物的物流设施。GU 仓库的货架上放置着多个货物托盘，这些货物托盘用于储存不同种类的货物。由于仓库的工作强度大，员工忙忙碌碌地将托盘上的货物取下并移动到指定的位置。然而，由于托盘在长期使用和运输过程中，出现了损坏和变形的情况，托盘的承重能力降低，导致了以下问题：堆放重物时，容易发生托盘变形或断裂，造成货物损坏或者滑落；移动时，托盘上的货物可能会掉落，导致人员受伤、货物损坏。

针对这些问题，公司指派物流服务师吴凯对现在仓库里托盘的情况进行调查，做好托盘的补充和替换的准备。

知识储备

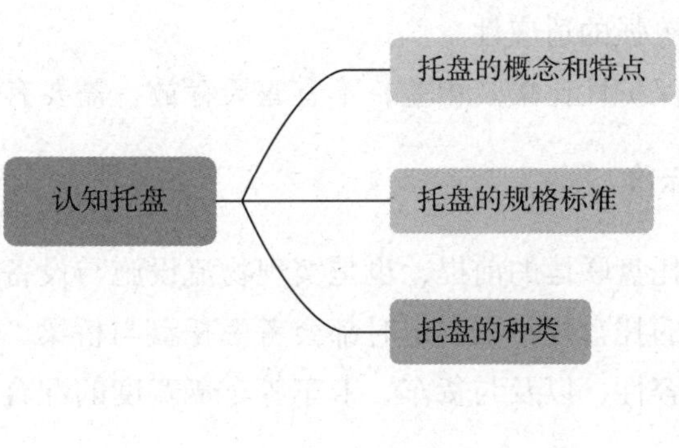

托盘的发展是与叉车同步的，叉车与托盘共同使用所形成的有效装卸系统大大促进了装卸活动的发展，大幅度提高装卸机械化水平，使长期以来在运输过程中的装卸瓶颈得到改善。可以说，托盘的出现有效地促进了物流作业水平的提高，也促进了集装箱和其他集装方式的形成和发展。现在，托盘与集装箱形成了集装系统的两大支柱。

一、托盘的概念和特点

（一）托盘的概念

为了使物品能有效地装卸、运输、保管，将其按一定数量组合放置于固定形状的台面上，这种台面有供叉车从下部插入，并将台板托起的插入口。以这种结构为基本结构的平板和在这种基本结构基础上形成的各种形式的集装器具都可统称为托盘。

（二）托盘的特点

托盘的出现促进了集装箱和其他集装器具的发展，使集装技术的多样化优势得到发挥。同集装箱相比，托盘的特点主要体现在以下几个方面。

1. 自重小

因为托盘大多采用轻质材料制成，其自重远小于集装箱，所以用托盘进行装卸搬运或运输所花费的无效劳动较少。

2. 性价比高

由于托盘造价不高，很容易实现相互替代，而集装箱由于价值较大，拥有者一般不会轻易交换其所有权。所以，托盘无须像集装箱那样频繁地返空，即使出现返空，由于托盘可折叠，浪费的运输能力也低于集装箱。

3. 装卸简单

集装箱在进行装卸作业时，操作人员或机械必须进入箱内，作业难度较大，而托盘的装卸不受空间限制，装盘之后再通过捆扎、紧固等技术作业同样可以达到要求。

4. 装载量适中

托盘的装载量虽然不及集装箱，但也比一般的包装组合要大得多，而且它对装卸搬运机械的要求不高，具有更强的适应性。

托盘的主要缺点是保护性比集装箱差，不宜露天存放，需要有仓库设施与之配套。

二、托盘的规格标准

托盘标准化是实现托盘联运的前提，也是实现物流设施与设备标准化的基础及产品包装标准化的依据。各国的托盘规格在制定时都会考虑托盘与桥梁、隧道、公路、铁路及货车站台等基础设施的兼容性，以及与货车、卡车等车辆宽度的配合度。托盘的尺寸直接影响到仓储架构的设计，如仓库支柱间的跨度、货架的尺寸等，所以改变托盘规格会涉及一系列的复杂问题，因此各国要想完全统一托盘规格确实很难。

起初，ISO（国际标准化组织）标准（ISO 6780）制定了以下 4 种托盘规格。

①1200 毫米×800 毫米，欧洲规格。

②1200 毫米×1000 毫米，欧洲、加拿大、墨西哥规格。

③1219 毫米×1016 毫米，美国规格。

④1140 毫米×1140 毫米，亚洲规格。

2003 年，国际标准化组织又通过了新方案，增加了 1100 毫米×1100 毫米和 1067 毫米×1067 毫米两种规格，变成 6 种标准规格。

《联运通用平托盘 主要尺寸及公差》（GB/T 2934—2007）作为新的国家标准，最终确定了 1200 毫米×1000 毫米和 1100 毫米×1100 毫米两种托盘规格（平面尺寸的制造公差应为-6~3 毫米），而且特别注明 1200 毫米×1000 毫米为优先推荐规格，该标准对促进托盘联运、循环，以及托盘租赁市场的健康发展起到积极的推动作用。

三、托盘的种类

托盘的种类繁多、结构各异，国内外常见的托盘主要有以下几种。

（一）平托盘

通常人们所说的托盘主要是指平托盘，可以说这是一种通用托盘，是托盘中使用量最大的一种托盘。平托盘又可以按以下方式分类。

1. 按台面分类

按台面分类，平托盘可分为单面使用型平托盘、双面使用型平托盘、翼型平托盘等，其中单面使用型平托盘和双面使用型平托盘分别如图 7-2-1（a）、图 7-2-1（b）所示。

（a）　　（b）

图 7-2-1　单面使用型平托盘和双面使用型平托盘

2. 按叉车插入方式分类

按叉车插入方式分类，平托盘可分为单向插入型平托盘、双向插入型平托盘、四向插入型平托盘三种。单向插入型平托盘只能从一个方向插入，因而在叉车操作时较为困难；

四向插入型平托盘（见图 7-2-2），可以从四个方向进叉，因而在叉车操作时较为灵活。

图 7-2-2　四向插入型平托盘

3. 按材料分类

按材料分类，托盘可分为纸制托盘、木制托盘、塑料制托盘、木塑复合托盘、钢制托盘等。

（1）纸制托盘。

纸制托盘一般由高强度蜂窝纸、高强度瓦楞纸、纤维板以及其他纸质材料制成，如图 7-2-3所示。纸制托盘具有重量轻、成本低、出口免检、环保可回收等优点，多为一次性托盘，但其承重量相对于其他托盘较小，防水、防潮性能较差。

图 7-2-3　纸制托盘

（2）木制托盘。

木制托盘是托盘中最传统和最普及的类型，如图 7-2-4 所示。由于木材具有价格低廉、易于加工、成品适应性强、便于维修、本体较轻等特点，因而被绝大多数客户采用。木制托盘的问题主要在于卫生和生产稳定性等方面，这是因为木材易受潮、易发霉、易有虫蛀，而且很难清洗。

图 7-2-4　木制托盘

（3）塑料制托盘。

塑料制托盘如图 7-2-5 所示。与木制托盘相比，塑料制托盘整体性较好，洁净卫生，在使用中具有质量轻、无钉刺、耐酸碱、无质变、易清洗等特点。

图 7-2-5　塑料制托盘

（4）木塑复合托盘。

木塑复合托盘是一种新的复合材料托盘，如图 7-2-6 所示。它主要采用挤出机挤出的木塑复合型材组装而成。它综合了木制托盘、塑料托盘和钢制托盘的优点。高密度、高强度、耐腐蚀、不吸水的型材，解决了木制托盘洁净度差、生产质量无法规范化和寿命短的问题，又具有塑料制托盘的优点，解决了塑料制托盘在结构适应性及维修维护方面的问题，同时其承载性相比塑料制托盘也大为提高，在重量及成本上又远远低于钢制托盘。其缺点在于自重较大，约为木制、塑料制托盘重量的 2 倍，人工搬运略有不便，由此造成成本优势不大。

图 7-2-6　木塑复合托盘

（5）钢制托盘。

钢制托盘是用角钢等异型钢材焊接制成的托盘，如图 7-2-7 所示。和木制托盘一样，钢制托盘也有插入型和单面使用型、双面使用型等各种形式。钢制托盘比木制托盘重，人力搬运较为困难。最近采用轻钢结构，可制成最低重量为 35 千克的 1100 毫米×1100 毫米钢制托盘，可使用人力搬移。钢制托盘的最大特点是强度高，不易损坏和变形，维修工作量较小。钢制托盘制成翼型平托盘有优势，这种托盘不仅可使用叉车装卸，也可利用两翼套吊器具进行吊装作业。

图 7-2-7　钢制托盘

（二）柱式托盘

柱式托盘，如图 7-2-8 所示，四个角有用于固定、可卸式的柱子，如果从对角的柱子上端用横梁连接，那么可使柱子成为门框架。柱式托盘可以防止托盘上所放置的货物在运输、装卸等过程中发生塌垛而损坏，同时利用柱子支撑承重，可以将托盘堆高叠放，而不会压坏下面托盘上的货物。

图 7-2-8　柱式托盘

（三）箱式托盘

箱式托盘是指托盘上面带有箱式容器的托盘，即在托盘四个边上有板式、栅栏式、网式等各种栏板，从而组成一个箱体，如图 7-2-9 所示。栏板有固定式、折叠式和可卸式三种。由于四周栏板不同，栏式托盘又有不同叫法，如四周栏板为栅栏式的也称笼式托盘或集装笼。箱式托盘的防护能力强，可有效防止塌垛，防止货损，同时，由于四周有栏板，这种托盘装运范围较大，不但能装运整齐码垛的集装货，而且可装运各种形状不规则的散货。

图 7-2-9　箱式托盘

（四）轮式托盘

轮式托盘的基本结构是在柱式托盘或箱式托盘下部装上小型轮子，如图 7-2-10 所示。这种托盘具有柱式托盘、箱式托盘的优点，多用于一般杂货的运送。轮式托盘可利用轮子做滚上滚下的装卸，也有利于装放车内、舱内后移动其位置，所以轮式托盘有很强的搬运性，不需要搬运机械即实现搬运。此外，轮式托盘在生产物流系统中，还可以兼作作业车辆，利用轮子做短距离运动。

图 7-2-10　轮式托盘

（五）滑片托盘

滑片托盘是一种新型托盘，是由瓦楞纸、板纸或塑料简单折曲而成的板状托盘，也叫薄板托盘。它在操作端有突出的折翼，以便进行推拉操作。按照折翼的个数不同，滑片托盘可分为单折翼型滑片托盘、双折翼型滑片托盘、三折翼型滑片托盘和四折翼型滑片托盘。滑片托盘和木制托盘相比，有重量轻、保管空间利用充分、价格低等优点。

（六）特种专用托盘

由于托盘制作简单、造价低，所以对于某些运输数量较大的货物，可按其特殊要求制造出装载效率高、装运方便的特种专用托盘。

（1）航空托盘。

航空托盘是航空货运时常用的托盘，一般采用铝合金制造，为适应各种飞机货舱及舱门的限制，一般制成平托盘，托盘上所载物品用网罩来固定。

（2）油桶专用托盘。

油桶专用托盘是专门用来装运标准油桶的异型平托盘，如图 7-2-11 所示。油桶专用托盘有稳固油桶的波形槽或挡板，油桶竖放于托盘上面，由于波形槽或挡板的作用，不会发生滚动位移，还可多层堆垛，解决了桶形物“难堆垛、高码放”的困难，也方便了储存。

图 7-2-11　油桶专用托盘

（3）轮胎专用托盘。

轮胎本身有一定的耐水、耐蚀性，因而在物流过程中无须密闭，且轮胎本身很轻，装放于集装箱中不能充分发挥集装箱的载重能力，采用轮胎专用托盘集装是一种很好的选择。

（4）货架式托盘。

货架式托盘是一种框架式托盘，框架正面尺寸比平托盘稍宽，以保证托盘能放入架内，架子的深度比托盘宽度窄，以保证托盘能搭放在架上。架子下部有四个支脚，形成叉车进叉的空间。将这种货架式托盘叠高组合，便成了托盘货架。这种货架式托盘也是托盘货架的一种，是货架与托盘的结合物。

（5）长尺寸物托盘。

长尺寸物托盘是专门用于装放长尺寸材料的托盘，这种托盘堆高码放后便形成了组装式长尺寸货架。

任务实施

步骤 1：分小组调研常见的托盘。

分小组调研市面上的托盘，收集相关信息，对托盘的种类进行汇总，填写表 7-2-1。

表 7-2-1 托盘分类

名称	图片

步骤 2：分析托盘的堆码方式。

查询资料，总结托盘的堆码方式，至少列出 3 种。

____

____

____

步骤 3：分析 GU 仓库最适合采用的托盘。

基于货物特性及主要储存货物的类别，可得出 GU 仓库储存货物需要用到的托盘主要有__________________。

任务评价

学生互评表

<table>
<tr><td>任务名称</td><td colspan="7">认知托盘</td></tr>
<tr><td>班级</td><td></td><td>组别</td><td></td><td>姓名</td><td></td><td>学号</td><td></td></tr>
<tr><td colspan="2">评价项目
（占比）</td><td colspan="4">评价标准</td><td>满分
（分）</td><td>得分
（分）</td></tr>
<tr><td colspan="2">考勤（10%）</td><td colspan="4">学生考勤情况（无故旷课、迟到、早退，一次扣 10 分，请假一次扣 2 分）</td><td>10</td><td></td></tr>
<tr><td rowspan="2">学习能力
（10%）</td><td>合作学习能力</td><td colspan="4">小组合作参与程度（优秀为 6 分，良好为 4 分，一般为 2 分，未参与为 0 分）</td><td>6</td><td></td></tr>
<tr><td>个人学习能力</td><td colspan="4">个人自主探究参与程度（优秀为 4 分，良好为 2 分，未参与为 0 分）</td><td>4</td><td></td></tr>
<tr><td rowspan="3">工作过程
（60%）</td><td>分小组调研常见的托盘</td><td colspan="4">能根据图片填写托盘名称（每错一处扣 7 分）</td><td>35</td><td></td></tr>
<tr><td>分析托盘的堆码方式</td><td colspan="4">能描述托盘的堆码方式（每少一条扣 5 分）</td><td>15</td><td></td></tr>
<tr><td>分析 GU 仓库最适合采用的托盘</td><td colspan="4">能分析所需托盘类型（每错一处扣 10 分）</td><td>10</td><td></td></tr>
<tr><td rowspan="2">工作成果
（20%）</td><td>成果完成情况</td><td colspan="4">能按规范及要求完成任务（未完成一处扣 2 分）</td><td>10</td><td></td></tr>
<tr><td>成果展示情况</td><td colspan="4">能正确认识托盘（失误一次扣 5 分）</td><td>10</td><td></td></tr>
<tr><td colspan="7">总得分</td><td></td></tr>
</table>

教师评价表

<table>
<tr><td>任务名称</td><td colspan="7">认知托盘</td></tr>
<tr><td>授课信息</td><td colspan="7"></td></tr>
<tr><td>班级</td><td></td><td>组别</td><td></td><td>姓名</td><td></td><td>学号</td><td></td></tr>
<tr><td colspan="2">评价项目
（占比）</td><td colspan="4">评价标准</td><td>满分
（分）</td><td>得分
（分）</td></tr>
<tr><td colspan="2">考勤（10%）</td><td colspan="4">学生考勤情况（无故旷课、迟到、早退，一次扣 10 分，请假一次扣 2 分）</td><td>10</td><td></td></tr>
<tr><td rowspan="2">学习能力
（10%）</td><td>合作学习能力</td><td colspan="4">小组合作参与程度（优秀为 6 分，良好为 4 分，一般为 2 分，未参与为 0 分）</td><td>6</td><td></td></tr>
<tr><td>个人学习能力</td><td colspan="4">个人自主探究参与程度（优秀为 4 分，良好为 2 分，未参与为 0 分）</td><td>4</td><td></td></tr>
<tr><td rowspan="3">工作过程
（60%）</td><td>分小组调研常见的托盘</td><td colspan="4">能根据图片填写托盘名称（每错一处扣 7 分）</td><td>35</td><td></td></tr>
<tr><td>分析托盘的堆码方式</td><td colspan="4">能描述托盘的堆码方式（每少一条扣 5 分）</td><td>15</td><td></td></tr>
<tr><td>分析 GU 仓库最适合采用的托盘</td><td colspan="4">能分析所需托盘类型（每错一处扣 10 分）</td><td>10</td><td></td></tr>
<tr><td rowspan="2">工作成果
（20%）</td><td>成果完成情况</td><td colspan="4">能按规范及要求完成任务（未完成一处扣 2 分）</td><td>10</td><td></td></tr>
<tr><td>成果展示情况</td><td colspan="4">能正确认识托盘（失误一次扣 5 分）</td><td>10</td><td></td></tr>
<tr><td colspan="7">总得分</td><td></td></tr>
</table>

任务反思

在完成任务的过程中遇到了哪些问题，应如何解决？

知识巩固

1. （单选题）最适合用于装载不规则货物的托盘是（　　）。

A. 轮式托盘　　B. 柱式托盘　　C. 箱式托盘　　D. 平托盘

2. （单选题）托盘的特点不包括（　　）。

A. 提高运输效率，降低劳动强度

B. 减少货损货差事故

C. 投资比较小，收益比较快

D. 承重力强

3. （单选题）托盘种类繁多、结构各异，使用量最大的托盘是（　　）。

A. 平托盘　　B. 柱式托盘　　C. 箱式托盘　　D. 轮式托盘

4. （多选题）托盘的优势主要体现在（　　）方面。

A. 自重小　　B. 性价比高　　C. 存放容易

D. 装卸简单　　E. 装载量适中

5. （判断题）由于纸具有软、薄的特点，所以不能用纸来制作托盘。（　　）

任务三　认知集装箱

任务目标

知识目标	了解集装箱的概念和优缺点 掌握集装箱的分类
技能目标	能够正确梳理集装箱的类型及优点 能够根据货物特性选择合适的集装箱
素养目标	具备效率及服务意识

任务发布

现有一批货物从中国广州运往美国纽约，为了保证货物的安全和便捷运输，GU 物流选择使用集装箱运输。GU 物流在接到客户的运输订单后，制订具体的计划。根据货物种类、数量等，确定需要使用的集装箱数量和尺寸。为了在项目落地时，能够选择最合适的方案，公司委派吴凯进行集装箱的调研工作，由你来协助完成相关任务。

知识储备

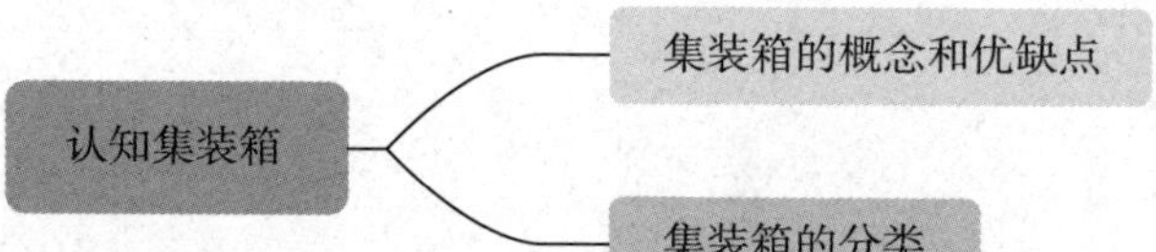

集装箱的诞生引发了全球运输组织的改变，使运输体系更完善，运输规模更大，运输服务的品质更高，推进了全球经济一体化的快速发展。集装箱是集装单元化最直接、最具体的表现。

一、集装箱的概念和优缺点

（一）集装箱的概念

集装箱也称货箱或货柜，是集装单元器具的主要形式。根据国际标准化组织对集装箱所下的定义与技术要求，集装箱作为一种运输设备，应满足以下要求。

①具有足够的强度，能长期反复使用。

②适用于一种或多种运输方式运送货物，途中无须倒装。

③设有供快速装卸的装置，便于从一种运输方式转到另一种运输方式。

④便于箱内货物装满和卸空。

⑤内容积等于或大于 1 立方米。

《物流术语》（GB/T 18354—2021）对集装箱的定义为具有足够的强度，可长期反复使用的适于多种运输工具而且容积在 1 立方米以上（含 1 立方米）的集装单元器具。集装箱应用广泛，在铁路运输、公路运输和水路运输中，集装箱能一次装入若干散货，运输途中更换车、船时，无须将货物从箱内取出换装，可以有效地减少装卸搬运的次数，节约装卸搬运的时间和成本，减少货损，提高运输效益和安全性。

（二）集装箱的优缺点

1. 集装箱的优点

作为现今应用广泛的集装运输设备，集装箱有着自身特殊的优点。

（1）强度高、保护性强。

集装箱由于自身结构的特点，其强度比较高，保护能力强，因而集装箱载货货损较小。

（2）功能多。

集装箱自身有着小型仓库的作用，方便货物运输保管，使用集装箱可以不再配置中转仓库。

（3）有利于充分利用空间。

集装箱便于垛放，节省占地面积，有利于充分利用空间。

（4）集装数量大。

与其他集装设备相比，集装箱的集装数量较大，在散货的集装方式中，优势尤为明显。

（5）标准化程度高。

集装箱的标准化使之具备一系列的优点，便于对货物和承运设备做出规划，同时，采用通用设备也能简化工艺，提高装卸效率。

（6）适用于组织多式联运。

由于集装箱在不同运输方式之间可以直接换装，这就提高了作业效率，非常适合不同运输形式之间的联合运输。

2. 集装箱的缺点

集装箱在具备诸多优点的同时，也有着一些不可避免的缺点。

（1）自重大。

集装箱的自重大，无效运输和装卸的比重比较大，降低了物流效率。

（2）造价高。

集装箱的自身造价高，限制了其更为广泛的应用范围，同时也增加了物流成本。

（3）返空难。

集装箱的空箱返回运输浪费了人力、物力，在每次物流运作中分摊成本较高。

二、集装箱的分类

随着集装技术的不断进步，集装箱的使用范围更加广泛。为了适应不同货物的物流要求和不同的物流环境，人们研制和开发了各种不同类型的集装箱。这些集装箱在外观、结构、强度、尺寸和造价上各有不同特点。

（一）按用途进行分类

1. 通用集装箱

通用集装箱又称为杂货集装箱或者干货集装箱，是最常见的一种集装箱，如图 7-3-1 所示，占集装箱总数的 70%~80%。这类集装箱可用来装载除液体货物和需调温货物外的一般杂货，适合装载对运输条件无特殊要求的各种不同规格的杂货，也可以进行集装运输。这种集装箱的应用范围极为广泛，其结构常采用封闭防水式，开门形式有多种。其规格尺寸、自重与载重、容积一般均采用国际标准或国家标准。通用集装箱内部不装有其他特殊设备，但为了防止装载杂货时箱内货物移动和倒塌，在箱底和侧壁上设有系环，以便能系紧货物。

图 7-3-1　通用集装箱

2. 保温集装箱

对于一些需要冷藏或保温的货物，为了运输和暂时保存的需要，集装箱内部装有温度控制设备，箱体也采用隔热保温材料或隔热保温结构。

（1）冷藏集装箱。

冷藏集装箱是专为运输途中要求保持一定温度的冷冻货或低温货设计的特殊集装箱，

如图 7-3-2 所示。

图 7-3-2　冷藏集装箱

（2）低温恒温集装箱。

低温恒温集装箱也称为隔热集装箱，能保持一定低温，保证箱内货物能在低温下保质、保鲜而不使其冻结，一般在箱壁采用隔热材料，用于防止温度上升过快，以保持货物的鲜度。

3. 通风集装箱

通风集装箱具有专门的通风窗口，适用于装载初加工皮货、带根的植物或蔬菜，及其他需要一定程度通风和防潮的一般杂货。为能有效地保证新鲜货物在运输途中不损坏和腐烂变质，在侧壁或端壁设有 4~6 个通风窗口。为防止渗出物污染箱体，便于后续清洗，在箱的内壁涂一层玻璃纤维加强塑料。为了排除集装箱内部渗进的水，箱底必须设有放水旋塞。

4. 散货集装箱

散货集装箱是一种密闭式的，适用于装载谷物、硼砂、树脂等各种散堆颗粒状、粉末状物料的集装箱，可节约包装且提高装卸效率。为便于清扫和洗刷，集装箱的内底板采用玻璃钢制成，侧壁的内衬板一般用刨平的木板，这样的结构能提高卸载的溜滑效果。箱顶一般开有 2~3 个装货口，通常为圆形或方形，端壁门下部开有两个卸货口，散货集装箱顶部的装货口应设置水密性良好的盖，以防雨水浸入箱内。散货集装箱如图 7-3-3 所示。

图 7-3-3　散货集装箱

5. 罐式集装箱

罐式集装箱适合装运食品、酒品、药品、化工品中的流体货物，如图 7-3-4 所示。罐式集装箱主要由罐体和箱体框架两部分组成。箱体框架一般用高强度钢制成，其强度和尺寸应符合国际标准，角柱上装有国际标准角配件。罐体材料有钢和不锈钢两种，罐体外采用保温材料形成双层结构，使罐内液体与外界充分隔热。对于随外界温度下降而增加黏度的货物，装卸时需要加热，故在罐体的下部设有加热器，罐上设有测试罐内温度变化的温度计。罐上还设有水密性良好的装货口，货物从罐顶的装货口进入，卸货时，货物从排出口靠重力作用自行流出，或者将货物从顶部装货口吸出。

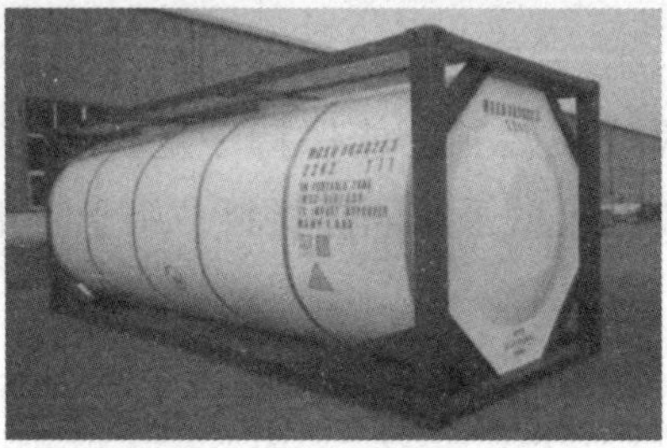

图 7-3-4　罐式集装箱

6. 汽车集装箱

汽车集装箱是一种专门为装运汽车而设计制造的集装箱，如图 7-3-5 所示。其特点是在集装箱的框架内安装有简易箱底，无侧壁，可载运一层或两层小型轿车。

图 7-3-5　汽车集装箱

（二）按构成材料进行分类

由于集装箱在运输途中经常受各种外力的作用和环境的影响，因此集装箱的制造材料要有足够的刚度和强度，应该尽量采用质量轻、强度高、维修保养费用低的材料，并且材料既要价格低廉，又要便于获取。目前，世界上广泛使用的集装箱按构成材料可以分为以下几种。

1. 铝合金集装箱

铝合金集装箱的表面部件是用铝合金铆接而成的，这类集装箱具有重量轻、箱体尺寸小、美观，并能在空气中形成氧化膜、耐腐蚀的优点，但造价相对较高。这类集装箱主要适用于航空运输等运价较高，但对无效运载要求严格的运输方式。

2. 钢制集装箱

钢制集装箱是用钢材制成的，其特点是强度大、结构牢固、密封性能好、价格低，但重量大、防腐蚀性较差。钢质集装箱是目前应用最多的一种集装箱。

3. 玻璃钢集装箱

玻璃钢集装箱是由玻璃纤维和树脂混合，加入适当的强塑剂后，胶附于胶合板两面而制成的集装箱。它具有强度高、刚性好、耐腐蚀和防止箱内结露等优点，缺点是易老化。

4. 不锈钢集装箱

不锈钢集装箱主要由不锈钢制成。与钢制集装箱相比，它具有重量轻、防腐蚀性能高的优点。

（三）其他类型集装箱

1. 开顶集装箱

开顶集装箱也称敞顶集装箱，是一种顶部可开启的集装箱，如图 7-3-6 所示。开顶集装箱的特点是吊机可从集装箱上面进行货物装卸，既不易损坏货物，又便于在箱内将货物固定住。

图 7-3-6　开顶集装箱

2. 台架集装箱和平台集装箱

台架集装箱是没有箱顶和侧壁，甚至连端壁也去掉，只有底板和四个角柱的集装箱，如图 7-3-7 所示。此类集装箱的特点是箱底较厚，箱底的强度比普通集装箱大，但其内部高度则比一般集装箱低，在下侧梁和角柱上设有系环，可把装载的货物系紧。台架集装箱没有水密性，不能装运怕湿的货物，适合装载形状不一的货物。

图 7-3-7　台架集装箱

平台集装箱是在台架集装箱的基础上简化而成的，是只保留底板的一种特殊结构的集装箱，如图 7-3-8 所示。

图 7-3-8　平台集装箱

3. 框架集装箱

框架集装箱没有顶和左右侧壁，箱端（包括门端和盲端）可拆卸，货物可从箱子侧面进行装卸，适合装载“长大笨重”货物，如钢材、重型机械等。这种集装箱的主要特点是密封性差、自重大。普通集装箱因采用整体结构，箱子所受应力可通过箱板扩散，而框架集装箱则以箱底承受货物的重量，其强度要求很高，故集装箱底部较厚。

扫一扫

扫描右侧二维码，观看视频，了解集装箱。

任务实施

步骤 1：分小组调研常见的集装箱。

根据集装箱不同的分类方式调研常见的集装箱，填写表 7-3-1。

表 7-3-1　常见的集装箱

分类方式	集装箱
用途	
构成材料	
箱体构造	

步骤 2：分析集装箱的优点。

通过查询资料，梳理出集装箱的优点。

____

____

____

____

步骤 3：分析 GU 物流最适合采用的集装箱。

基于货物特性及主要运输方式，可得出 GU 物流运输货物需要用到的集装箱主要是________________。

任务评价

学生互评表

<table>
<tr><td>任务名称</td><td colspan="8">认知集装箱</td></tr>
<tr><td>班级</td><td></td><td>组别</td><td></td><td>姓名</td><td></td><td>学号</td><td colspan="2"></td></tr>
<tr><td colspan="3">评价项目
（占比）</td><td colspan="4">评价标准</td><td>满分
（分）</td><td>得分
（分）</td></tr>
<tr><td colspan="3">考勤（10%）</td><td colspan="4">学生考勤情况（无故旷课、迟到、早退，一次扣 10 分，请假一次扣 2 分）</td><td>10</td><td></td></tr>
<tr><td rowspan="2">学习能力
（10%）</td><td colspan="2">合作学习能力</td><td colspan="4">小组合作参与程度（优秀为 6 分，良好为 4 分，一般为 2 分，未参与为 0 分）</td><td>6</td><td></td></tr>
<tr><td colspan="2">个人学习能力</td><td colspan="4">个人自主探究参与程度（优秀为 4 分，良好为 2 分，未参与为 0 分）</td><td>4</td><td></td></tr>
</table>

续　表

<table>
<tr><th colspan="2">评价项目
（占比）</th><th>评价标准</th><th>满分
（分）</th><th>得分
（分）</th></tr>
<tr><td rowspan="3">工作过程
（60%）</td><td>分小组调研常见的集装箱</td><td>能根据不同分类方式找到对应集装箱（每少一项扣 2 分，每错一处扣 2 分）</td><td>25</td><td></td></tr>
<tr><td>分析集装箱的优点</td><td>能正确分析集装箱的优点（每少一条扣 5 分）</td><td>30</td><td></td></tr>
<tr><td>分析最适合 GU 物流的集装箱</td><td>能正确分析 GU 物流所需集装箱（每错一处扣 5 分）</td><td>5</td><td></td></tr>
<tr><td rowspan="2">工作成果
（20%）</td><td>成果完成情况</td><td>能按规范及要求完成任务（未完成一处扣 2 分）</td><td>10</td><td></td></tr>
<tr><td>成果展示情况</td><td>能正确认识集装箱（失误一次扣 5 分）</td><td>10</td><td></td></tr>
<tr><td colspan="4">总得分</td><td></td></tr>
</table>

教师评价表

<table>
<tr><td>任务名称</td><td colspan="8">认知集装箱</td></tr>
<tr><td>授课信息</td><td colspan="8"></td></tr>
<tr><td>班级</td><td></td><td>组别</td><td></td><td>姓名</td><td></td><td>学号</td><td colspan="2"></td></tr>
<tr><td colspan="3">评价项目
（占比）</td><td colspan="4">评价标准</td><td>满分
（分）</td><td>得分
（分）</td></tr>
<tr><td colspan="3">考勤（10%）</td><td colspan="4">学生考勤情况（无故旷课、迟到、早退，一次扣 10 分，请假一次扣 2 分）</td><td>10</td><td></td></tr>
<tr><td rowspan="2">学习能力
（10%）</td><td colspan="2">合作学习能力</td><td colspan="4">小组合作参与程度（优秀为 6 分，良好为 4 分，一般为 2 分，未参与为 0 分）</td><td>6</td><td></td></tr>
<tr><td colspan="2">个人学习能力</td><td colspan="4">个人自主探究参与程度（优秀为 4 分，良好为 2 分，未参与为 0 分）</td><td>4</td><td></td></tr>
<tr><td rowspan="3">工作过程
（60%）</td><td colspan="2">分小组调研常见的集装箱</td><td colspan="4">能根据不同分类方式找到对应集装箱（每少一项扣 2 分，每错一处扣 2 分）</td><td>25</td><td></td></tr>
<tr><td colspan="2">分析集装箱的优点</td><td colspan="4">能正确分析集装箱的优点（每少一条扣 5 分）</td><td>30</td><td></td></tr>
<tr><td colspan="2">分析最适合 GU 物流的集装箱</td><td colspan="4">能正确分析 GU 物流所需集装箱（每错一处扣 5 分）</td><td>5</td><td></td></tr>
<tr><td rowspan="2">工作成果
（20%）</td><td colspan="2">成果完成情况</td><td colspan="4">能按规范及要求完成任务（未完成一处扣 2 分）</td><td>10</td><td></td></tr>
<tr><td colspan="2">成果展示情况</td><td colspan="4">能正确认识集装箱（失误一次扣 5 分）</td><td>10</td><td></td></tr>
<tr><td colspan="8">总得分</td><td></td></tr>
</table>

任务反思

在完成任务的过程中遇到了哪些问题，应如何解决？

知识巩固

1. （单选题）集装箱减少了（　　）作业。

A. 运输　　B. 装卸和搬运　　C. 包装　　D. 储存

2. （单选题）（　　）又称集装箱堆场，是指保管空箱、重箱的场地，是码头堆场中除前方堆场以外的部分。

A. 集装箱码头　　B. 后方堆场

C. 集装箱　　D. 集装箱船泊位

3. （多选题）集装箱具有（　　）优点。

A. 强度高　　B. 功能多　　C. 节省空间　　D. 造价低

4. （判断题）冷藏集装箱只有一种类别，那就是集装箱内带有冷冻机的机械式冷藏集装箱。(　　)

5. （判断题）散货集装箱是一种密闭式的，适用于装载谷物、硼砂、树脂等各种散堆颗粒状、粉末状物料的集装箱，可节约包装且提高装卸效率。(　　)

项目八　智能运输设施与设备

任务一　认知交通运输设施

任务目标

知识目标	了解常见的运输方式 掌握五种运输方式的设施组成
技能目标	能正确掌握不同运输方式的特点 能分析不同运输方式中运输设施的构成
素养目标	树立民族自信，激发爱国热情

任务发布

MD 集团下属 MJ 国际物流有限公司（以下简称 MJ）是一家专业从事国际物流运输服务的公司，MJ 以全球网络为依托，为客户提供可靠、全面的物流供应链解决方案，以及水运、空运、陆运及物流管理服务。

MJ 致力于提供卓越的物流服务，持续优化物流设施。MJ 以提高效率、降低成本和提升服务质量为目标，使运输设施能够适应不断变化的商业和技术环境。

知识储备

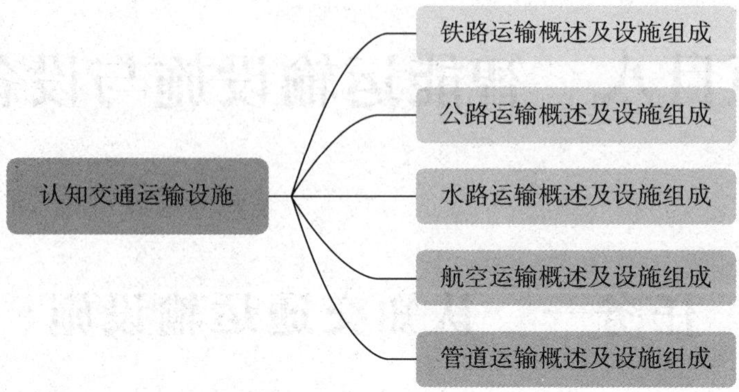

一、铁路运输概述及设施组成

（一）铁路运输的定义

铁路运输是使用铁路列车运送客货的一种运输方式。铁路运输主要承担长距离、大批量货物的运输任务，是在干线运输中起主力运输作用的运输方式。

（二）铁路运输的特点

铁路运输作为我国运输业中的主要运输方式，其特点如下。

①运输能力强，运输成本较低。目前，我国铁路的一列货运列车，一般可以运送数千吨货物，重载单元列车可运送 8000 吨左右的货物。从运输成本来看，铁路运输比公路运输和航空运输的成本低得多，因此，铁路运输适合大批量、低值货物的长距离运输。

②速度比较快。作为长途运输的主要方式，其运行速度比水路运输速度快得多。

③安全可靠。铁路运输基本上不受气候条件的影响，可一年四季不分昼夜地进行，并有可靠的安全行车设施和运行制度。

④货损货差率高。由于装卸次数多，货损货差率通常比其他运输方式高。

⑤通常需要依靠其他运输装备，才能实现“门到门”的运输。

⑥对铁路路线的依赖性强。一旦某一路段发生故障，将影响全线正常运行。

⑦建设周期长，初期投资大。修建铁路时，需要开凿隧道、修建桥梁等，需要大量钢材、水泥、木材等材料及施工设备。

（三）铁路货物运输的方式

铁路货物运输的方式分为整车货物运输、零担货物运输和集装箱货物运输，这是根据托运货物的数量、性质、包装、体积、形状和运送条件等确定的。

1. 整车货物运输

铁路运输中的整车货物运输是指货物足以装满一辆或多辆铁路货车进行运输的方式。整车运输适合于大宗货物运输，如煤炭、粮食、木材、钢材、矿石等大宗货物的运输，在铁路运输中，整车货物运输占很大的比重。一些货物进出量大的工厂，如钢厂、化工厂、电厂等，一般铺设了铁路专用线，延伸到工厂内部的货场，货车沿专用线进入货场，在那里直接装卸货物。铁路专用线的使用可以减少倒载次数，提高装卸效率。

2. 零担货物运输

铁路运输中的零担货物运输则是指货物不足以占用整辆铁路货车，需要与其他货物合并装运的方式。零担运输非常适合商品流通中品种繁杂、量小批多、时间紧迫、到达站点分散等特殊情况下的运输任务，弥补了整车货物运输在运输零星货物方面的不足。

3. 集装箱货物运输

集装箱货物运输是指先将货物装入集装箱，再将集装箱作为一个单元装卸到货车上进行运输的方式。集装箱的装卸可以借助机械完成，从而大大提高了装卸效率，缩短了运输时间，这种运输方式便于实现公铁联运、海铁联运，使从送货人到收货人的连贯运输成为可能，同时能够有效防止货物在运输途中的丢失和损毁。

（四）铁路运输设施的组成

1. 线路

铁路线路是由路基、桥隧建筑物和轨道组成的一个整体的工程结构，它是机车和列车运行的基础。

（1）路基。

路基由路基本体、路基排水设备、路基防护设施和路基加固设施几部分组成，如图8-1-1所示。

图 8-1-1　路基

路基是为铺设轨道供列车运行而修建的土工建筑物，它除承受轨道和列车静载荷和动载荷以外，还受各种人为因素和自然因素的影响。路基要求坚实而稳固，能承受沉重的压力，并经常保持完好状态，使列车能按规定的最高速度安全、平稳、不间断地运行。

（2）桥隧建筑物。

桥隧建筑物是桥梁、隧道和涵洞等的总称，供铁路线路跨越江河、沟谷或其他交通线等天然和人为障碍。有一定承载力的架空建筑物称为桥梁；建设在路堤内的过水建筑物称为涵洞；供铁路线路克服高度障碍，穿过山岭或江河修筑的建筑物称为隧道。桥隧建筑物与路基连成一体，才能形成线路。

（3）轨道。

轨道是由道床、钢轨、轨枕、连接零件、道岔和防爬设备等组成的。轨道承受着机车的压力，这些力由钢轨传给轨枕，由轨枕传给道床，再逐步扩散，直到传给路基。其单位面积的压力越来越小，直至完全适应路基的承载力。因此，轨道的各部分要求有足够的强度，坚固耐用，并具有弹性，在结构尺寸和材质方面要互相配合，满足线路年通过运量和最高行车速度的要求。

2. 铁路枢纽场站

铁路运输中，一般把供列车到发、会让或越行的，并具有配线的分界点，称为铁路枢纽场站。铁路枢纽场站经常办理货物运输业务，是货物运输的起始、中转和终到地点。因此，铁路枢纽场站是铁路运输的生产基地。为了完成运输作业，铁路枢纽场站上设有货物运输设备及与列车运行有关的各项技术设备。

二、公路运输概述及设施组成

（一）公路运输的定义

公路运输的主要工具是汽车，也可以使用其他的专用车辆在公路上进行运输，它是我国货物运输的主要形式之一。公路运输主要承担铁路运输、水路运输难以发挥优势的近距离、小批量的货运任务，以及水路运输、铁路运输难以到达地区的长途、大批量货运任务。公路运输的灵活性强，在一些可以使用铁路运输、水路运输的地区，较长距离的大批量运输任务也可以使用公路运输。

（二）公路运输的特点

1. 机动灵活，适应性强

由于公路运输网一般比铁路运输网、水路运输网的密度要大十几倍，分布面也广，因此，公路运输车辆可以“无处不到、无时不有”。公路运输在时间方面的机动性也比较强，车辆可随时调度、装运，各环节之间的衔接时间较短。尤其是对货运量的多少具有很强的适应性，汽车的载重吨位有小（0.25～1 吨）有大（200～300 吨），既可以单个车辆独立运输，也可以由若干车辆组成车队同时运输，这一点对抢险救灾工作和军事运输具有特别重要的意义。

2. 可实现“门到门”直达运输

由于汽车体积较小，中途一般也不需要换装，除了可沿分布较广的路网运输，还可离开路网深入工厂、农田、住宅等地，即可以把货物从始发地门口直接运送到目的地门口，实现“门到门”直达运输，这是其他运输方式无法与公路运输比拟的优势之一。

3. 在中、短途运输中，运送速度较快

在中、短途运输中，由于公路运输可以实现“门到门”直达运输，中途不需要倒运、转乘就可以直接将货物运达目的地。因此，与其他运输方式相比，货物在途时间较短，运送速度较快。

4. 原始投资少，资金周转快

公路运输与铁路运输、水路运输、航空运输方式相比，所需固定设施简单，车辆购置费用一般也比较低。因此，投资兴办容易，投资回收期短。有关资料表明，在正常经营情况下，公路运输的投资每年可周转 1~3 次，而铁路运输则需要 3~4 年才能周转一次。

5. 容易掌握车辆驾驶技术

与火车司机或飞机驾驶员的培训要求相比，汽车驾驶技术比较容易掌握，对汽车驾驶员的各方面素质要求相对也比较低。

6. 运量较小，运输成本较高

汽车的载重量比火车、轮船小得多，行驶阻力大，所消耗的燃料又是价格较高的液体汽油或柴油，因此，公路运输成本仅次于航空运输成本。

7. 运行持续性较差

有关统计资料表明，在各种现代运输方式中，公路运输的平均运距是最短的，运行持续性较差。

8. 安全性较低，污染环境

随着公路运输的发展，汽车货运数量增加，交通事故也急剧增加。汽车所排出的尾气和产生的噪声也严重地威胁着人类的健康，是大城市环境污染的主要污染源之一。

（三）公路运输设施的组成

公路运输设施包括道路、货运站、公路交通工程及沿线设施。

1. 道路

道路由路基、路面、桥涵、隧道等构成。

（1）路基。

路基是公路的基本结构，是支撑路面结构的基础，与路面共同承受行车荷载的作用，同时经受气候变化和各种自然灾害的侵蚀和影响。路基结构形式可以分为填方路基、挖方路基和半填半挖路基等。

（2）路面。

路面是铺筑在公路路基上与车轮直接接触的结构层，承受和传递车轮荷载，承受磨耗，经受自然气候和各种自然灾害的侵蚀和影响。对路面的基本要求是具有足够的强度、稳定性能、平整度和抗滑性能等。路面结构一般由面层、基层、底基层与垫层组成。

（3）桥涵。

桥涵是指公路跨越水域、沟谷和其他障碍物时修建的构造物。桥涵的设计首先要满足公路功能、技术等级通行能力及减灾防灾等的要求，还需要综合考虑地形地貌、河流水文、河床地质、通航要求、河堤防洪、泄洪排涝和环境影响等因素进行系统设计。

（4）隧道。

公路隧道通常是指建造在山岭、江河和城市地面下，供车辆通过的工程构造物。按所处位置可分为山岭隧道、水底隧道和城市隧道。

2. 货运站

货运站是货物运输过程中进行货物集结、暂存、装卸搬运、信息处理和车辆检修等活动的场所。货运站具有运输组织功能、中转换装功能、装卸储存功能、多式联运和运输代理功能、通信功能和综合服务功能。

3. 公路交通工程及沿线设施

公路交通工程及沿线设施由交通安全设施、服务设施和管理设施组成，这些设施应按统筹规划、总体设计的原则配置。理想的公路条件、交通条件、环境条件是保证交通安全出行的三大因素，公路交通标志的设置反映了上述条件的真实信息。齐全的公路交通标志能有效地保护公路交通工程及沿线设施，保障交通秩序，提高运输效率和减少交通事故，其主要功能是对车辆、驾驶员和行人起限制、警告和引导作用。

三、水路运输概述及设施组成

（一）水路运输的定义

水路运输是指利用船舶，在江、河、湖泊、人工水道及海洋上运送旅客和货物的一种运输方式。水路运输按其航行的区域，大体上可分为内河运输和海洋运输两种类型。

内河运输是指利用船舶、排筏和其他浮运工具，在江、河、湖泊、水库及人工水道上的运输。

海洋运输又可分为远洋运输、近洋运输和沿海运输。远洋运输指的是跨越大洋的运输，通常涉及我国与其他国家或地区之间的海洋运输，可以穿越四大洋中的一个或多个；近洋运输不跨越大洋，是在我国与其他国家或地区之间，只经过沿海或太平洋（或印度洋）的部分水域；沿海运输指的是我国沿海区域各港之间的海洋运输。

（二）水路运输的特点

水路运输的特点包括以下几个方面。

①建设投入小。水路运输所通过的航道大多是天然形成的，港口设施一般为政府修建，不像公路或铁路运输那样需要投入大量资金用于修筑公路或铁路。

②运量大。随着造船技术的不断进步，船舶正逐渐趋向大型化，更大的船舶可以一次性运输更多的货物，可以实现规模经济，有助于减少水路运输的整体费用，提高物流效率。

③运价低。船舶运载量大，使用时间长，运输里程远，与其他运输方式相比，水路运输的单位运输成本较低。

④运输速度慢。货船体积大，水流阻力高，受风力影响大，因此运输速度较慢。

⑤连续性差。水路运输受自然条件和气候的影响较大，运输的连续性较差。

（三）水路运输设施的组成

水路运输设施不仅包括港口和航道，还涵盖了一系列的基础服务设施（如锚地、导航设施）。港口作为船舶装卸货物的重要场所，通常设有码头、船坞、货仓、集装箱堆场等设施。航道指可供船舶航行的水域，包括天然水道和人工运河，必须有足够的水深和宽度，以及适当的导航标志，保障船舶的安全通行。锚地位于港口附近或在进港前的水域中，是供船舶等待进港或避风停泊的地方，需要有良好的水深和海床条件，以确保船舶可以安全地抛锚。导航设施包括灯塔、浮标、信号站等，它们为船舶提供重要的导航信息和警示信号，保障夜间或能见度低时的航行安全。

四、航空运输概述及设施组成

（一）航空运输的定义

航空运输指通过空中运行的各种航空器，如热气球、飞艇和飞机等，实现客货运输的一种运输方式。航空运输主要适合运载的货物有两类：一类是价值高、运费承担能力很强的货物，如贵重设备的零部件、高档产品等；另一类是紧急需要的物资，如救灾抢险物资等。

（二）航空运输的特点

航空运输的特点包括以下几个方面。

①运输速度快，节省其他费用。航空运输在各种运输方式中运输速度最快，这也是航空运输的最大优势，且距离越长，所能节省的时间越多。因而航空运输适用于中长距离的邮件、精密货物、贵重货物和鲜活易腐货物的运输。

②不受地理条件的限制。飞机在空中运行，受航线条件限制的程度相对较小，可跨越地理障碍。航空运输的这一优点使其成为执行紧急任务必不可少的手段。

③安全、可靠。随着科技进步和管理方式的不断改善，航空运输的安全性得到了显著加强。

④基本建设周期短，投资少。发展航空运输的设备条件是添置飞机和修建机场，在一定条件下与修建铁路和公路相比，添置飞机和修建机场的建设周期短、占地少、投资少、收效快。

⑤运输成本高。航空运输比其他运输方式的运输成本都要高，它只适合运输贵重货物。

⑥运输能力小。不适宜大件货物或大批量货物的运输。

⑦连续性差。航空运输容易受气候影响，恶劣天气可能造成飞机停飞、延误和偏航，甚至在运输中遇到寒流侵袭，运输连续性差。

（三）航空运输设施的组成

1. 航路

航路是根据地面导航设施建立的走廊式保护空域，是飞机航线飞行的领域。其划定是以连接各个地面导航设施的直线为中心线，在航路范围内规定上限高度、下限高度和宽度。对在其范围内飞行的飞机，要实施空中交通管制，航路是由国家统一划定的有一定安全性的空中通道。划定航路的目的是维护空中交通秩序，提高空间利用率，保证飞行安全。航路分为两部分：一是航站区空域，供飞机进出机场用；二是航线空域，用于连接各航站区。

2. 航空港

航空港是运输旅客、货物的集散地，包括飞行区、客货运输服务区和机务维修区三个部分，航空港布局示意图如图 8-1-2 所示。

图 8-1-2　航空港布局示意图

（1）飞行区。

飞行区是保证飞机安全起降的区域，内有跑道、滑行道、停机坪、目视助航设施及其他保障飞行安全的设施，在航空港内占地面积最大。

（2）客货运输服务区。

客货运输服务区是为旅客、货主提供地面服务的区域。其主体是候机楼，此外还有客机坪、停车场和进出港道路系统等。

（3）机务维修区。

机务维修区是飞机维护修理和航空港正常工作所必需的具有各种机务设施的区域。

3. 通信导航系统

通信导航系统是确保飞机在起飞、飞行和降落过程中能够安全、准确地引导和控制的关键设施。例如，指挥塔台作为机场的控制中心，负责监控飞机的地面运行，包括推出、滑行、起飞和降落。

五、管道运输概述及设施组成

（一）管道运输的定义

管道运输是一种由大型钢管、泵站和加压设备等完成运输工作的运输方式。世界上大部分的石油、天然气都是通过管道运输的，管道还可以用于运送固体物料的浆体，如煤炭和矿石的浆体。管道如图 8-1-3 所示。管道运输是大宗流体货物运输最有效的方式，不动的管道本身就是运货的载体，油泵或压缩机将能量直接作用在流体上。

图 8-1-3　管道

（二）管道运输的特点

管道运输的特点包括以下几个方面。

①运量大。不同于铁路运输、公路运输等其他运输方式，管道运输可以连续运行。例如，一条管径为720毫米的管道每年可以运送易凝高黏原油2000多万吨，一条管径1200毫米的原油管道年运输量可达1亿吨。

②建设投资相对较小，占地面积少，受地理条件限制少。管道建设的投资和施工周期均不到铁路的1/2。管道通常埋于地下，只有泵站、首末站占用一些土地，占地面积少。管道可以从河流、湖泊、铁路和公路下穿过，也可以翻越高山，横穿沙漠，一般不受地形与坡度的限制，可以缩短运输里程。

③连续性强。由于管道埋于地下，管道运输基本不受气候影响，可以长期稳定运行。

④运费低。管道输送流体能源，主要依靠每60~70千米设置的增压站提供压力能量，设备运行比较简单，易于就地自动化和进行集中遥控。先进的管道增压站已可以完全做到无人值守。由于节能和高度自动化，管道运输用人较少，运输费用大大降低。

⑤环保。管道运输沿线不产生噪声，漏失污染少，有利于保护环境。

⑥灵活性较差。管道运输中调节运量及改变运输方向的幅度较小。

⑦通用性差。就某一具体管道而言，该运输方式只限于单项货物的运输。

扫一扫

扫描右侧二维码，阅读材料，了解西气东输工程中的管道运输。

（三）管道运输设施的组成

1. 管道线路设施

管道线路设施是管道运输的主体，主要有石油管道和天然气管道。管道线路设施主要包括以下几个部分。

①管道主体，由钢管及管阀件组焊接而成。

②管道防腐保护设施。

③管道的水工防护设施、抗震设施、管堤、管桥及管道专用涵洞和隧道等设施。

2. 管道站库设施

按照管道站库位置的不同，管道站库设施可分为首站、中间站和末站；按照运输介质的不同，管道站库设施又可分为输油站和输气站。输油站包括增压站、加热站、热泵站、减压站和分输站等；输气站包括压气站、调压计量站和分输站等。

3. 管道附属工程

管道附属工程主要包括管道沿线修建的通信线路工程、供电线路工程和道路工程，此外，还有管理机构、维修机构及生活基地等设施。

◉思政园地

党的二十大提出“促进区域协调发展”

深入实施区域协调发展战略、区域重大战略、主体功能区战略、新型城镇化战略，优化重大生产力布局，构建优势互补、高质量发展的区域经济布局和国土空间体系。推动西部大开发形成新格局，推动东北全面振兴取得新突破，促进中部地区加快崛起，鼓励东部地区加快推进现代化。支持革命老区、民族地区加快发展，加强边疆地区建设，推进兴边富民、稳边固边。推进京津冀协同发展、长江经济带发展、长三角一体化发展，推动黄河流域生态保护和高质量发展。高标准、高质量建设雄安新区，推动成渝地区双城经济圈建设。健全主体功能区制度，优化国土空间发展格局。推进以人为核心的新型城镇化，加快农业转移人口市民化。以城市群、都市圈为依托构建大中小城市协调发展格局，推进以县城为重要载体的城镇化建设。坚持人民城市人民建、人民城市为人民，提高城市规划、建设、治理水平，加快转变超大特大城市发展方式，实施城市更新行动，加强城市基础设施建设，打造宜居、韧性、智慧城市。发展海洋经济，保护海洋生态环境，加快建设海洋强国。

任务实施

步骤 1：分小组调研不同运输方式的特点。

常见的运输方式包括铁路运输、公路运输、水路运输、航空运输及管道运输等，不同的运输方式具有不同的特点。填写表 8-1-1。

表 8-1-1　不同运输方式的特点

运输方式	特点
铁路运输	
公路运输	
水路运输	
航空运输	

续 表

运输方式	特点
管道运输	

步骤 2：分析不同运输方式中运输设施的构成。

通过查询资料，分析不同运输方式中运输设施的构成。

任务评价

学生互评表

任务名称	认知交通运输设施						
班级		组别		姓名		学号	

<table>
<tr><td colspan="2">评价项目
（占比）</td><td>评价标准</td><td>满分
（分）</td><td>得分
（分）</td></tr>
<tr><td colspan="2">考勤（10%）</td><td>学生考勤情况（无故旷课、迟到、早退，一次扣 10 分，请假一次扣 2 分）</td><td>10</td><td></td></tr>
<tr><td rowspan="2">学习能力
（10%）</td><td>合作学习能力</td><td>小组合作参与程度（优秀为 6 分，良好为 4 分，一般为 2 分，未参与为 0 分）</td><td>6</td><td></td></tr>
<tr><td>个人学习能力</td><td>个人自主探究参与程度（优秀为 4 分，良好为 2 分，未参与为 0 分）</td><td>4</td><td></td></tr>
<tr><td rowspan="2">工作过程
（60%）</td><td>分小组调研不同运输方式的特点</td><td>能正确分析不同运输方式的特点（每少一项扣 2 分，每错一处扣 2 分）</td><td>30</td><td></td></tr>
<tr><td>分析不同运输方式中运输设施的构成</td><td>能正确分析不同运输方式中运输设施的构成（每错一处扣 6 分）</td><td>30</td><td></td></tr>
<tr><td rowspan="2">工作成果
（20%）</td><td>成果完成情况</td><td>能按规范及要求完成任务（未完成一处扣 2 分）</td><td>10</td><td></td></tr>
<tr><td>成果展示情况</td><td>能正确认识交通运输设施（失误一次扣 5 分）</td><td>10</td><td></td></tr>
<tr><td colspan="4">总得分</td><td></td></tr>
</table>

教师评价表

<table>
<tr><td>任务名称</td><td colspan="7">认知交通运输设施</td></tr>
<tr><td>授课信息</td><td colspan="7"></td></tr>
<tr><td>班级</td><td></td><td>组别</td><td></td><td>姓名</td><td></td><td>学号</td><td></td></tr>
<tr><td colspan="2">评价项目
（占比）</td><td colspan="4">评价标准</td><td>满分
（分）</td><td>得分
（分）</td></tr>
<tr><td colspan="2">考勤（10%）</td><td colspan="4">学生考勤情况（无故旷课、迟到、早退，一次扣 10 分，请假一次扣 2 分）</td><td>10</td><td></td></tr>
<tr><td rowspan="2">学习能力
（10%）</td><td>合作学习能力</td><td colspan="4">小组合作参与程度（优秀为 6 分，良好为 4 分，一般为 2 分，未参与为 0 分）</td><td>6</td><td></td></tr>
<tr><td>个人学习能力</td><td colspan="4">个人自主探究参与程度（优秀为 4 分，良好为 2 分，未参与为 0 分）</td><td>4</td><td></td></tr>
<tr><td rowspan="2">工作过程
（60%）</td><td>分小组调研不同运输方式的特点</td><td colspan="4">能正确分析不同运输方式的特点（每少一项扣 2 分，每错一处扣 2 分）</td><td>30</td><td></td></tr>
<tr><td>分析不同运输方式中运输设施的构成</td><td colspan="4">能正确分析不同运输方式中运输设施的构成（每错一处扣 6 分）</td><td>30</td><td></td></tr>
<tr><td rowspan="2">工作成果
（20%）</td><td>成果完成情况</td><td colspan="4">能按规范及要求完成任务（未完成一处扣 2 分）</td><td>10</td><td></td></tr>
<tr><td>成果展示情况</td><td colspan="4">能正确认识交通运输设施（失误一次扣 5 分）</td><td>10</td><td></td></tr>
<tr><td colspan="7">总得分</td><td></td></tr>
</table>

任务反思

在完成任务的过程中遇到了哪些问题，应如何解决？

知识巩固

1.（单选题）铁路货物运输的方式分为整车货物运输、零担货物运输和（　　）三种。

A. 拼车货物运输　　B. 集装箱货物运输

C. 包车货物运输　　D. 托盘货物运输

2.（单选题）由于大型船舶体积大、（　　），所以航速一般较低。

A. 重量轻　　B. 风力大　　C. 重量大　　D. 水流阻力大

3.（判断题）我国铁路的一列货物列车，一般可以运送数千吨货物，重载单元列车可运送 8000 吨左右的货物。(　　)

4.（判断题）有一定承载力的架空建筑物称为桥梁，埋设在路堤内的过水建筑物称为隧道。(　　)

5.（判断题）货运站是货物运输过程中进行货物集结、暂存、装卸搬运、信息处理和车辆检修等活动的场所。(　　)

任务二　认知智能运输设备

任务目标

知识目标	了解智能运输设备的概念 了解智能运输设备的特点
技能目标	能够正确识别智能运输设备 能够合理分析不同智能运输设备的特点及应用
素养目标	树立民族自信，激发爱国热情

任务发布

MJ 拟对现在的智能运输设备进行调研，制定公司运输设备升级方案。张华是 MJ 的一名高级物流员，此次调研工作由张华完成。

知识储备

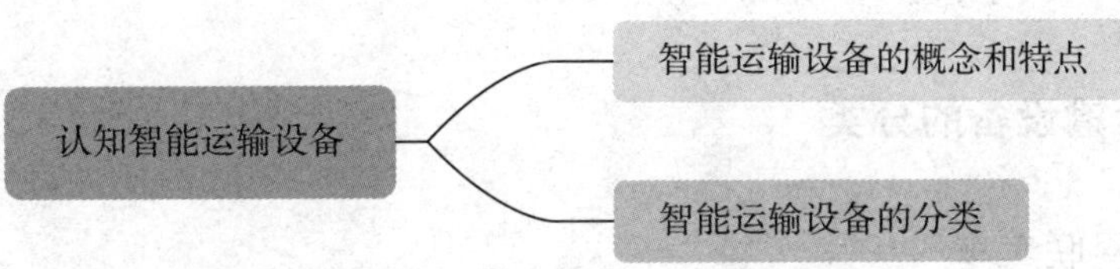

一、智能运输设备的概念和特点

（一）智能运输设备的概念

智能运输设备是指基于物联网技术、智能控制技术和自动化技术等先进技术，实现运输设备自动化、智能化和信息化的一类设备。其主要功能是通过智能控制、自动化等手段，完成物品的运输、搬运、仓储等各个环节，实现对运输设备运行状态的实时监控、调度和管理，以提高物流运输效率和质量，降低物流成本。

（二）智能运输设备的特点

1. 自动化

智能运输设备使用先进的自动化技术，实现智能化运输，避免了人为因素对运输效率和质量的影响。

2. 准确性高

智能运输设备的运作误差极小，避免了人为因素产生的误差，运输准确率高，提升运输效率。

3. 可视化控制

通过物联网技术，可以实现对各个运输设备的实时监控，便于运营管理、调度和控制。

4. 信息化

智能运输设备的运行状态以及其他相关数据都会被计算机系统收集、统计和传输，适合进行大数据处理。

5. 可编程化

智能运输设备支持编程定制，物流企业可以根据需要进行相关设置和调整，实现更高效的运输流程。

总之，智能运输设备使用高新技术，实现运输设备的智能化和自动化，可应用于物流、工业自动化等领域，提高物流效率和质量，降低物流成本，是推进智能制造的关键因素。

二、智能运输设备的分类

（一）智能网联汽车

智能网联汽车（Intelligent and Connected Vehicle，ICV）是指搭载先进的车载传感器、控制器、执行器等装置，并融合现代通信与网络技术，使车辆能与周围的其他车辆、道路基础设施、行人以及云端服务平台进行智能化的信息交换和共享。智能网联汽车是当今汽车行业的一个发展趋势，是将先进的智能化、信息化、网联化和自动化技术应用于汽车领域的产物，通过对车辆的智能化管理和控制，实时监控车辆状态，以此提高行车安全性和出行质量，致力于实现更加绿色、智能化和便捷的出行方式。

智能网联汽车如图 8-2-1 所示。

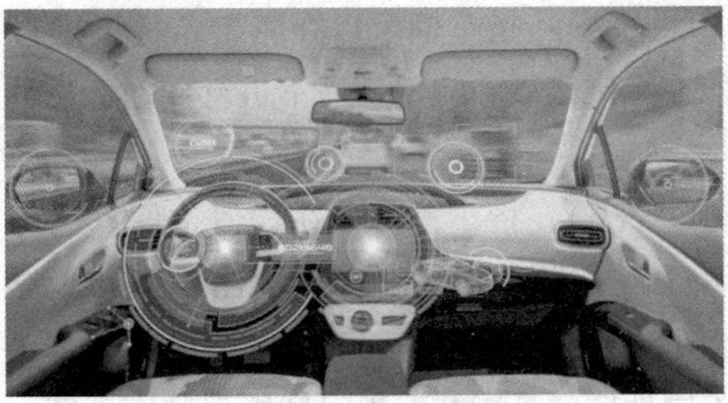

图 8-2-1　智能网联汽车

智能驾驶分级通常使用 SAE International（国际自动机工程师学会）的六级分类，具体内容如图 8-2-2 所示。

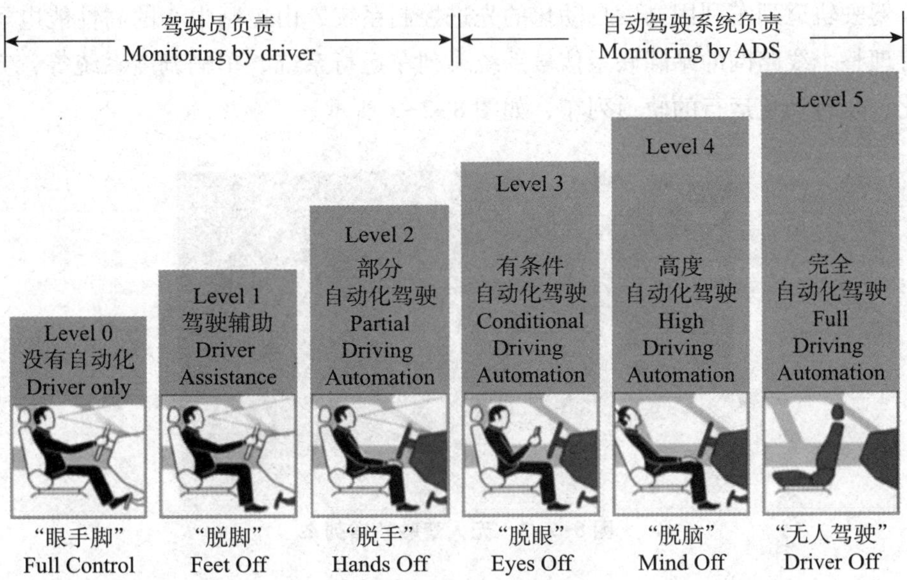

图 8-2-2　智能驾驶分级

①没有自动化（Level 0）：指车辆完全需要人类驾驶员驾驶，所有系统都由人类驾驶员控制。

②驾驶辅助（Level 1）：指车辆可以辅助驾驶，但需要人类驾驶员控制车辆，例如，自动启停、保持车道线、自动刹车等。

③部分自动化驾驶（Level 2）：指车辆可以在特定条件下进行自动化驾驶，但需要人类驾驶员随时准备接手控制，例如，自适应巡航控制、自动变道等。

④有条件自动化驾驶（Level 3）：指车辆可以在特定条件下进行自动化驾驶，但人类驾驶员可以选择是否参与驾驶。当车辆未能处理当下所遇情况时，人类驾驶员需要在短时间内接手控制。例如，拥堵情况下的自动化驾驶。

⑤高度自动化驾驶（Level 4）：指车辆可以在特定条件下进行自动化驾驶，无需人类驾驶员接管控制，但只能在特定区域和特定环境下进行操作。例如，在特定的高速公路上进行自动化驾驶。

⑥完全自动化驾驶（Level 5）：指车辆可以在任何条件下进行自动化驾驶，无需任何人类驾驶员干预。车辆可以自主进行各种操作，例如，在城市道路上行驶和停车。

这些分级的定义是为了方便大众和厂商对于智能驾驶的技术水平及智能驾驶人机交互模式的理解，有助于在不同地区、不同情况下对智能驾驶实现统一的标准化管理。随着智能驾驶技术的不断提升和普及，智能驾驶将在未来的出行和物流运输中扮演越来越重要的角色。

（二）无人驾驶轨道列车

无人驾驶轨道列车利用高度自动化的先进控制系统，由控制中心的高性能电子计算机监控和管理整个线路网的站际联系信号系统、列车运行系统、车辆调度系统等，完全实现了无人化、全自动化运行的轨道列车，如图 8-2-3 所示。

图 8-2-3　无人驾驶轨道列车

目前国际上尚未出现针对无人驾驶轨道列车的具体分级标准，但可以将其分为以下几个层次。

①基础层：实现列车无人驾驶技术，机车驾驶员处于在列车内值班的状态，随时可以接管车辆。

②基础加层：实现列车无人驾驶和智能出入库技术，在适当区间实现列车的自主控制和自动通行，并且实现列车在车站进行自动加减挂车的操作，保持机车驾驶员在列车内值班的状态。

③部分自动化层：在满足一定技术和环境条件下，列车实现自主控制通行，机车驾驶员处于离线值班状态，当控制系统检测到列车或环境存在异常情况或无法判断时，系统会向机车驾驶员发送紧急信息，由驾驶员控制列车恢复正常运行。

④高度自动化层：列车的整个运作流程实现自主控制通行，机车驾驶员处于离线维护

状态，系统能够检测到列车的各种参数，及时调整列车的运行方向、速度等状态，实现列车行驶过程中的全自动化操作和自我决策。

根据上述的无人驾驶轨道列车分级，可以看出无人驾驶轨道列车技术尚处在起步阶段，未来随着技术的不断发展和环境条件的不断改善，其在安全、稳定、环保等方面都将取得长足的进步和发展。

在国外，英国、法国、德国、丹麦、迪拜和澳大利亚等国家都依托自身的条件和技术建设了无人驾驶轨道列车。

在国内，由我国自主知识产权经营的无人驾驶轨道列车陆续开始示范工程建设并运行，这些线路分别是香港南港岛线、上海轨道交通 8 号线（三期工程）、北京地铁燕房线、上海轨道交通浦江线。

无人驾驶轨道列车应用非常广泛，可以在多个领域中发挥重要作用，而随着技术不断革新和发展，无人驾驶轨道列车必将成为公共交通的重要组成部分，为人们的生产生活带来更多的便利和效益。

（三）无人机

无人机指的是不需要人员操作就可以实现飞行任务的飞行器，通过遥控器、自动控制系统、GPS 等控制无人机的方向、高度和速度等。无人机在近年来越来越广泛地应用于航拍、物流、农业、安保等领域，并且发展出了许多不同类型的无人机。与载人飞机相比，无人机具有体积小、造价低、使用方便、环境要求低、生存能力较强等优点，如图8-2-4所示。

图 8-2-4　无人机

国内外无人机相关技术飞速发展，无人机系统种类繁多、用途广、特点鲜明，致使其在尺寸、质量、航程、航时、飞行高度、飞行速度等多方面都有较大差异。由于无人机的多样性，出于不同的考量会有不同的分类方法。

①按飞行平台构型分类，无人机可分为固定翼无人机、旋翼无人机、无人飞艇、伞翼无人机、扑翼无人机等。

②按用途分类，无人机可分为军用无人机和民用无人机。军用无人机可分为侦察无人机、诱饵无人机、电子对抗无人机、通信中继无人机、无人战斗机以及靶机等；民用无人机可分为巡查/监视无人机、农用无人机、气象无人机、勘探无人机以及测绘无人机等。

③按尺度分类，无人机可分为微型无人机、轻型无人机、小型无人机及大型无人机。微型无人机是指空机重量小于 0.25 千克，最大飞行真高不超过 50 米，最大平飞速度不超过 40 千米/小时，无线电发射设备符合微功率短距离技术要求，全程可以随时人工介入操控的无人机。轻型无人机是指空机重量不超过 4 千克且最大起飞重量不超过 7 千克，最大平飞速度不超过 100 千米/小时，具备符合空域管理要求的空域保持能力和可靠被监视能力，全程可以随时人工介入操控的无人机，但不包括微型无人机。小型无人机是指空机重量不超过 15 千克且最大起飞重量不超过 25 千克，具备符合空域管理要求的空域保持能力和可靠被监视能力，全程可以随时人工介入操控的无人机，但不包括微型、轻型无人机。中型无人机是指最大起飞重量不超过 150 千克的无人机，但不包括微型、轻型、小型无人机。大型无人机，是指最大起飞重量超过 150 千克的无人机。

④按活动半径分类，无人机可分为超近程无人机、近程无人机、短程无人机、中程无人机和远程无人机。超近程无人机活动半径在 15 千米以内，近程无人机活动半径在 15~50 千米，短程无人机活动半径在 50~200 千米，中程无人机活动半径在 200~800 千米，远程无人机活动半径大于 800 千米。

⑤按任务高度分类，无人机可以分为超低空无人机、低空无人机、中空无人机、高空无人机和超高空无人机。超低空无人机任务高度一般在 0~100 米，低空无人机任务高度一般在 100~1000 米，中空无人机任务高度一般在 1000~7000 米，高空无人机任务高度一般在 7000~18000 米，超高空无人机任务高度般大于 18000 米。

（四）智能船舶

所谓智能船舶，是指通过传感器通信、物联网、互联网等技术手段，自动感知和获得船舶自身、海洋环境等方面的信息和数据，并基于计算机技术、自动控制技术和大数据处理和分析技术，在船舶航行、维护保养、货物运输等方面实现智能化运行的船舶。智能船舶示意图如图 8-2-5 所示。

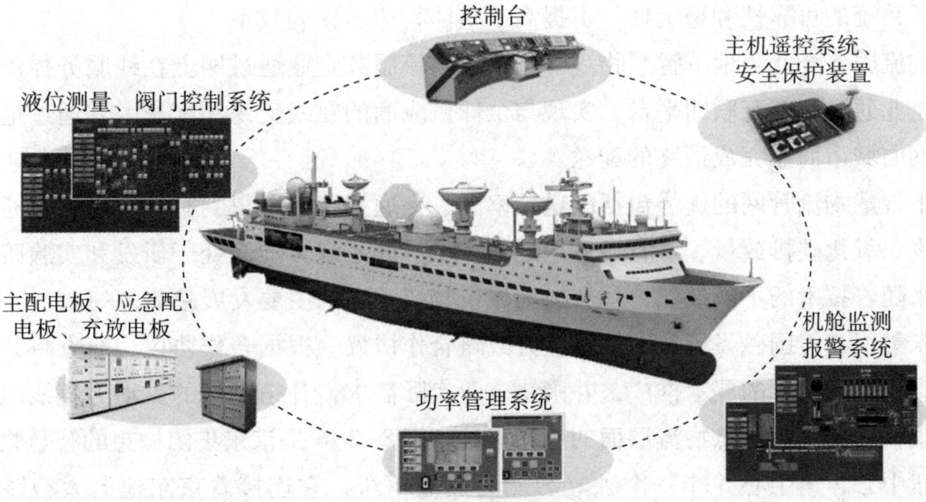

图 8-2-5　智能船舶示意图

智能船舶的分级没有具体的国际标准，但可分为以下层级。

①自动化监控层：采用传感通信、自动控制等技术，可对单个或多个船舶系统进行数据采集、处理、分析、报告和控制等，但所有的航行任务和操作仍由人工控制。

②辅助决策层：在自动化监控层的基础上，引入人工智能、机器学习等技术，实现对船舶航行过程中的各项数据的分析和预测，并给出辅助决策，帮助决策者更好地管理船舶。

③部分自动化层：在辅助决策层的基础上，进一步采用机器视觉和自主感知等技术，实现船舶对环境和情况的感知、识别和模拟，以实现部分自主驾驶的目的。

④高度自动化层：基于部分自动化层，船舶在航行过程中实现对船速、船向、道路等基本信息的自主感知和选择，成为具有完全自主驾驶能力的船舶。

需要注意的是，目前智能船舶仍处于发展初期，随着技术的革新和市场需求的不断增长，智能船舶将不断发展和创新，未来智能船舶的应用将越来越多、越来越高效。

（五）地下智慧物流管网

地下智慧物流管网是一种基于物联网、自动控制、人工智能等技术的智能化物流管网系统。它系统性地解决了城市中道路快速交通的拥堵问题，实现了对城市物流配送的自动化、智能化操作。

地下智慧物流管网主要包括三个部分。

①地下管道：地下智慧物流管网中的地下管道是解决城市道路过于拥堵的关键，采用了新材料、新技术，为物流配送提供更快速、更安全、更高效的通行道路。

②智能化控制中心：智能化控制中心集中管理地下智慧物流管网的所有设备和流程，并通过自动化控制、可视化呈现、数据分析等手段实现对管道的智能化监测和管理。这不

仅提高了系统的可靠性和稳定性，也提高了整体物流运作的效率。

③物流服务企业：地下智慧物流管网中的物流服务企业通过网上在线服务提供配送业务。各企业通过智能互联网平台，实现与全球供应商的在线交易和配送，并通过地下智慧物流管网向城市商家完成最终的配送。

地下智慧物流管网的优势包括配送效率高、交通拥堵问题得到有效解决、交通事故率低、减少二氧化碳排放量、节省城市用地等。虽然此系统目前尚处于研发和实验阶段，但是在未来随着技术的不断成熟，将会成为城市物流配送的主要发展趋势之一。

京东集团与美国磁飞机技术公司签订战略合作协议。根据合作协议，双方将共同加强磁动力直线驱动技术的展示推广，并围绕企业实际需求，开拓丰富的磁动力直线驱动技术应用场景，助推其在智慧物流层面的应用落地。图 8-2-6 是京东集团构想的智慧物流地下智能枢纽中心，该中心并非一个独立智能的运输枢纽，它连接着京东地上大型转运中心（无人仓）和城市末端配送网点（无人站等）。

图 8-2-6　京东集团构想的智慧物流地下智能枢纽中心

任务实施

步骤 1：总结常见的运输设备。

常见的运输方式包括铁路运输、公路运输、水路运输、航空运输及管道运输等，不同的运输方式可以采用不同的运输设备完成运输任务，参照图 8-2-7 列出具体的设备名称。

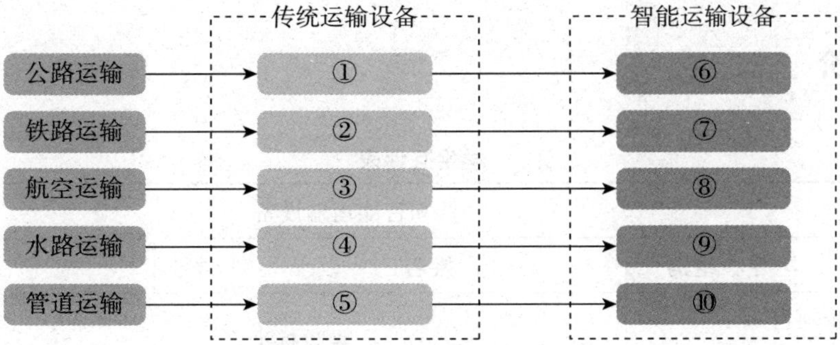

图 8-2-7　常见的运输设备

①____________________；②____________________；

③____________________；④____________________；

⑤____________________；⑥____________________；

⑦____________________；⑧____________________；

⑨____________________；⑩____________________。

步骤 2：分析不同智能运输设备的特点及应用。

查询资料，分析不同智能运输设备的特点及应用，将表 8-2-1 补充完整。

表 8-2-1　　不同智能运输设备的特点及应用

智能运输设备	特点	应用
智能网联汽车	通过计算机系统和通信技术实现车辆之间和车辆与基础设施之间的交互，具备了自动驾驶、自主泊车、自主跟踪等功能	
地下智慧物流管网		地下管道物流配送、城市物流配送
无人机	具有高效率、低成本的特点，可在各种复杂环境下实现自主起飞、降落和货物投放等操作	
智能船舶		沿海运输、沿江运输、物流配送
无人驾驶轨道列车	由复杂的深度学习算法和自动控制系统控制，实现无人驾驶功能，具有高度的准确性和安全性	

任务评价

学生互评表

<table>
<tr><td>任务名称</td><td colspan="7">认知智能运输设备</td></tr>
<tr><td>班级</td><td></td><td>组别</td><td></td><td>姓名</td><td></td><td>学号</td><td></td></tr>
<tr><td colspan="2">评价项目
（占比）</td><td colspan="4">评价标准</td><td>满分
（分）</td><td>得分
（分）</td></tr>
<tr><td colspan="2">考勤（10%）</td><td colspan="4">学生考勤情况（无故旷课、迟到、早退，一次扣 10 分，请假一次扣 2 分）</td><td>10</td><td></td></tr>
<tr><td rowspan="2">学习能力
（10%）</td><td>合作学习能力</td><td colspan="4">小组合作参与程度（优秀为 6 分，良好为 4 分，一般为 2 分，未参与为 0 分）</td><td>6</td><td></td></tr>
<tr><td>个人学习能力</td><td colspan="4">个人自主探究参与程度（优秀为 4 分，良好为 2 分，未参与为 0 分）</td><td>4</td><td></td></tr>
<tr><td rowspan="2">工作过程
（60%）</td><td>总结常见的运输设备</td><td colspan="4">能根据不同运输方式找到对应的运输设备（每少一项扣 3 分，每错一处扣 3 分）</td><td>30</td><td></td></tr>
<tr><td>分析不同智能运输设备的特点及应用</td><td colspan="4">能正确分析智能运输设备的特点及应用（每错一处扣 6 分）</td><td>30</td><td></td></tr>
<tr><td rowspan="2">工作成果
（20%）</td><td>成果完成情况</td><td colspan="4">能按规范及要求完成任务（未完成一处扣 2 分）</td><td>10</td><td></td></tr>
<tr><td>成果展示情况</td><td colspan="4">能正确认识智能运输设备（失误一次扣 5 分）</td><td>10</td><td></td></tr>
<tr><td colspan="7">总得分</td><td></td></tr>
</table>

教师评价表

<table>
<tr><td>任务名称</td><td colspan="7">认知智能运输设备</td></tr>
<tr><td>授课信息</td><td colspan="7"></td></tr>
<tr><td>班级</td><td></td><td>组别</td><td></td><td>姓名</td><td></td><td>学号</td><td></td></tr>
<tr><td colspan="2">评价项目
（占比）</td><td colspan="4">评价标准</td><td>满分
（分）</td><td>得分
（分）</td></tr>
<tr><td colspan="2">考勤（10%）</td><td colspan="4">学生考勤情况（无故旷课、迟到、早退，一次扣 10 分，请假一次扣 2 分）</td><td>10</td><td></td></tr>
<tr><td rowspan="2">学习能力
（10%）</td><td>合作学习能力</td><td colspan="4">小组合作参与程度（优秀为 6 分，良好为 4 分，一般为 2 分，未参与为 0 分）</td><td>6</td><td></td></tr>
<tr><td>个人学习能力</td><td colspan="4">个人自主探究参与程度（优秀为 4 分，良好为 2 分，未参与为 0 分）</td><td>4</td><td></td></tr>
</table>

续　表

评价项目（占比）		评价标准	满分（分）	得分（分）
工作过程（60%）	总结常见的运输设备	能根据不同运输方式找到对应的运输设备（每少一项扣3分，每错一处扣3分）	30	
	分析不同智能运输设备的特点及应用	能正确分析智能运输设备的特点及应用（每错一处扣6分）	30	
工作成果（20%）	成果完成情况	能按规范及要求完成任务（未完成一处扣2分）	10	
	成果展示情况	能正确认识智能运输设备（失误一次扣5分）	10	
总得分				

任务反思

在完成任务的过程中遇到了哪些问题，应如何解决？

知识巩固

1.（单选题）下列（　　）不属于智能运输设备。

A. 智能网联汽车　　B. 无人机

C. 地下智慧物流管网　　D. 穿梭车

2.（单选题）智能运输设备的发展现状为（　　）。

A. 正在蓬勃发展，各个领域的应用越来越广泛

B. 处于初期阶段，应用领域十分有限

C. 国内发展得已经十分成熟，正在向国外输出

D. 已经发展到了极致，没有更多的创新

3.（多选题）智能运输设备的主要优点是（　　）。

A. 提高运输效率　　B. 实现可视化控制

C. 降低运输事故率　　D. 减少人力成本

4.（多选题）智能运输设备如果出现故障，会造成（　　）。

A. 物流配送速度下降　　B. 物流合作伙伴的信任度下降

C. 成本降低　　D. 安全性降低

5.（判断题）智能运输设备可以提高运输效率、减少人力成本、降低运输事故率等，但它也存在着出现故障的风险。（　　）

扫一扫

扫描右侧二维码，查看参考答案。